# 종교와 담론

한국 사회의
주요 쟁점들에 대한
개신교 보수의 담론 분석

**종교와 담론**
한국 사회의 주요 쟁점들에 대한 개신교 보수의 담론 분석

지은이 / 장형철
펴낸이 / 조유현
편   집 / 이부섭
디자인 / 박민희
펴낸곳 / 늘봄

등록번호 / 제300-1996-106호 1996년 8월 8일
주소 / 서울시 종로구 동숭4길 9(동숭동 19-2)
전화 / 02)743-7784
팩스 / 02)743-7078

초판발행 / 2021년 5월 30일

ISBN 978-89-6555-093-8  93230

이 저서는 2018년 대한민국 교육부와 한국연구재단의 지원을 받아
수행된 연구임 (NRF-2018S1A6A4A01038085).

※ 값은 표지에 있습니다.

# 종교와 담론

한국 사회의 주요 쟁점들에 대한 개신교 보수의 담론 분석

장형철 지음

늘봄

# 차 례

책 머리에 / 8

**1장  한국 개신교 보수는 누구인가?**

1. 다수의 보수와 소수의 진보 … 14

2. 한국 개신교 보수의 기원: 초기 내한 선교사와 한국 개신교 … 18

3. 한국 개신교의 성장과 개신교 보수의 발전 … 23

4. 2000년 이후 나타난 변화: 정교분리에서 정치참여로 … 31


**2장  비판적 담론 분석이론**

1. 담론이란 무엇인가? … 38

2. 담론과 주체 … 40

3. 이데올로기 또는 저항으로서의 담론과 담론 분석 … 43

4. 담론으로 본 종교 … 47

5. 비판적 담론 분석이론 … 49

   5-1. 비판적 담론 분석의 목적 … 51

   5-2. 비판적 담론 분석이론 … 54

   5-3. 비판적 담론 분석의 세 차원 … 57

   5-4. 중요한 개념들 … 61

**3장  IMF 경제위기 이후 개신교 보수의 경제 담론: 부자와 축복**

　1. IMF 경제위기와 한국 사회의 부자 담론 … 69

　2. IMF 이후 중산층의 변화와 개신교 … 71

　3. 설교의 담론적 특성 … 76

　4. 담론으로서 설교가 갖는 사회적 성격 … 77

　5. 분석할 설교들 … 79

　6. 설교에 나타난 부자 담론과 축복 담론 분석 … 83

　　　6-1. 텍스트의 장르들 … 84

　　　6-2. 텍스트에 나타난 담론들 … 86

　　　6-3. 텍스트의 스타일들 … 96

　7. 한국 개신교 보수의 부자 담론과 축복 담론의 특징 … 99

　　　7-1. 텍스트 행위 차원 … 99

　　　7-2. 담론적 행위 차원 … 100

　　　7-3. 사회적 행위 차원 … 101

　8. 정리 … 108

**4장**  2000년 이후 개신교 보수의 정치 담론: 국가와 대통령

    1. 종교와 정치 ⋯ 112

    2. 국가조찬기도회와 한국기독교총연합회 ⋯ 116

    3. 개신교 보수의 정치 담론 분석 ⋯ 125

        3-1. 텍스트의 장르들 ⋯ 125

        3-2. 텍스트에 나타난 담론들 ⋯ 130

        3-3. 텍스트의 스타일들 ⋯ 145

    4. 개신교 보수의 정치 담론의 특징 ⋯ 148

        4-1. 텍스트 행위 차원 ⋯ 148

        4-2. 담론적 행위 차원 ⋯ 149

        4-3. 사회적 행위의 차원 ⋯ 152

    5. 개신교 보수가 생산한 정치 담론의 근본주의적 성격 ⋯ 157

    6. 정리 ⋯ 160


**5장**  개신교 보수의 문화 담론: 동성애와 타종교

    1. 동성애 반대 담론 ⋯ 165

        1-1. 동성애 반대 담론의 배경 ⋯ 165

        1-2. 동성애 반대 담론의 생산자들 ⋯ 169

        1-3. 개신교 보수의 동성애 반대 담론 분석 ⋯ 173

        1-4. 개신교 보수의 동성애 반대 담론 특징 ⋯ 220

    2. 타종교 담론 ⋯ 230

        2-1. 개신교 보수의 타종교 담론 분석 ⋯ 234

        2-2. 개신교 보수의 타종교 담론 특징 ⋯ 248

    3. 정리 ⋯ 253

**6장  시민사회와 관련된 쟁점들에 대한 개신교 보수의 담론**

1. 박근혜 대통령 탄핵 촛불 시위 반대 담론 … 257

   1-1. 박근혜 대통령 탄핵 촛불 시위 반대 담론 분석 … 259

   1-2. 박근혜 대통령 탄핵 촛불 시위 반대 담론 특징 … 276

2. 담임목사직 세습 담론 … 281

   2-1. 담임목사직 세습 담론 분석 … 283

   2-2. 담임목사직 세습 담론 특징 … 300

3. 종교인 과세 비판 담론 … 309

   3-1. 종교인 과세 비판 담론 분석 … 309

   3-2. 종교인 과세 비판 담론 특징 … 311

4. 사립학교법 개정 반대 담론 … 326

   4-1. 사립학교법 개정 반대 담론 분석 … 329

   4-2. 사립학교법 개정 반대 담론 특징 … 329

5. 역사 교과서 국정화 찬성 담론 … 342

   5-1. 역사 교과서 국정화 찬성 분석 … 344

   5-2. 역사 교과서 국정화 찬성 특징 … 354

6. 정리 … 357


**7장  한국 개신교 보수가 생산한 담론들의 특징**

1. 제1 원리로 사용되는 반공주의 … 361

2. '차별(또는 역차별)', '위헌', 그리고 '교회(또는 종교)의 특수성'의 반복 사용 … 368

3. 개신교 보수가 생산한 담론들의 역사적 불연속성과 담론들의 합체 … 370

4. 개신교 보수의 결의론 … 373

5. 한국 개신교 보수의 종파적 특성 … 376

**참고문헌** … 384

**찾아보기** … 392

## 책 머리에

이 책은 2000년대 이후 정치, 경제, 문화, 그리고 시민사회와 관련된 한국 사회의 주요 쟁점들에 대한 개신교 보수의 담론들을 분석한 연구서이다. 개신교 보수의 담론들은 한국 개신교 보수의 인식과 태도를 드러낼 뿐만 아니라 한국 사회 안에서 그들이 하는 행위 즉, 개신교 보수의 사회적 행위이기도 하다. 그러므로 이 책은 한국 사회의 주요 쟁점들에 대한 개신교 보수의 담론들이 어떤 인식과 세계관(또는 신앙관) 아래 생산되고 작동하는지 그리고 그 담론들의 사회적 기능은 무엇인지 분석하는 것을 목적으로 한다.

그렇다면 담론을 생산한 주체인 개신교 보수는 누구인가? 무엇을 개신교 보수라고 부르는가? 연구 대상인 개신교 보수를 규정하는 것이 먼저 필요하다. 그래서 1장에서는 개신교 보수의 형성 과정과 성격을 개념화하여 분석대상을 구체화하였다. 좀 더 자세히 말하자면 1장은 한국 개신교 보수라는 개념을 사회적이고 역사적으로 논의하고 한국 개신교 보수의 형성과 발전과정 그리고 그 특징은 무엇인지 논의한다. 또한, 2000년 이후 나타난 한국 개신교 보수의 새로운 모습을 살펴본다. 그리고 나서 한국 사회의 주요 쟁점에 대한 개신교 보수의 담론을 분석한다. 구체적으로 각 장의 주제별로 보수적인 목회자, 교단, 그리고 기관이나 단체들이 생산 유포한 담론들을 최대한 수집하고 분류하고 분석하였다. 이러한 과정은 각 장에서 설명되었다.

이러한 담론들을 분석하기 위해 이 책에서는 연구방법으로서 비판적 담론 분석이론(CDA : critical discourse analysis theory)을 사용한다. 비판적 담론 분석이론은 2장에서 자세히 소개하였다. 구체적으로 2장에서는 담론이 무엇이고 어떤 일을 할 수 있는지 그리고 비판적 담론 분석이론은 무엇이고 주요 개념들은 무엇인지 설명되었다.

본격적으로 담론 분석을 실시한 3장부터 7장까지의 내용을 간략히 소개하면 이렇다. 3장은 한국 사회 안에서 부자(富者) 담론이 가장 강력하고 풍성하게 생산되었던 IMF 경제위기(1997년) 이후부터 2012년까지 십여 년간 개신교 보수가 생산한 경제 담론을 부자와 축복을 중심으로 분석한다. 4장은 정치 담론 분석으로서 개신교 보수의 대표적인 단체인 국가조찬기도회와 한국기독교총연합회가 2000년 이후 생산한 정치 담론을 국가와 대통령을 중심으로 분석한다. 5장은 문화 담론 분석으로서 2000년대 들어와 가장 민감하고 커다란 사회 쟁점으로 등장한 동성애에 대한 한국 개신교 보수의 반대 담론을 분석한다. 또한, 5장에서는 개신교 보수가 타종교에 대해 어떤 인식과 태도를 보이는지 담론 분석을 통해 파악한다. 구체적으로 이주민을 중심으로 국내에서 성장하고 있는 이슬람과 불교에 대한 개신교 보수의 담론을 분석한다. 6장은 시민사회 관련 담론 분석으로서 박근혜 대통령 탄핵 촛불, 담임목사직 세습, 종교인 과세, 사학법 개정 그리고 역사 교과서 국정화에 대한 개신교 보수의 담론을 차례로 분석한다. 그리고 각 담론이 시민사회와 엇갈리는 지점을 살펴본다. 마지막으로 7장은 결론으로서 한국 사회의 쟁점들에 대하여 개신교 보수가 생산한 담론들의 전체적인 특징들을 논의한다. 구체적으로 각각 다른 여러 가지 사회적 쟁점에서 제1 원리처럼 사용하는 반공주의, 순교, 역차별, 위헌, 교회(또는 종교)의 특수성 등을 반복해서 강조하며 거론하는 개신교 보수의 담론을 전체적으로 살펴본다. 나아가서 이러한 개신교 보수의 담론들에서 나타나는 역사적 불연속성과 담론들의 합체, 결의론적 판단, 그리고 종파적 특성을 논의한다.

이 책에서 분석한 담론들의 수집 과정에 대해 밝히겠다. 우선 담론 수집은 문헌 자료, 교단과 단체의 공식 사이트 방문, 신문기사 스크랩, 유튜브 영상 검색 등을 통해 이루어졌다. 특히 활발하고 공개적으로 활동하여 사회적 영향력을 행사하는 목회자, 교회, 교단, 기관, 단체들이 생산 유포한 담론들을 최대한 수집하였다. 물론 쉽지는 않았다. 연구가 절반 정도를 넘어 한창 진행 중일 때 코로나19 팬데믹이라는 거대한 장애물이 닥쳐왔다. 교회 방문 거부, 대면 거부, 주요 자료를 소장한 국립중앙도서관과 국회도서관 등의 폐관 등으로 어려움이 작지 않았다. 그러나 최선의 노력을 다한 결과로 많은 양의 담론의 텍스트들이 수집되었다. 이렇게 수집된 담론 텍스트들을 쟁점별로 분류하여 분석하였다.

그중에서 대표적인 것들을 각 장에서 직접 인용하였는데 이는 담론을 직접 보여주고 이에 대한 분석을 실제로 보여주려 했기 때문이다. 그리고 직접 인용된 담론 맨 앞에 나오는 번호는 저자가 부여한 텍스트 번호이다. 이는 각 장의 뒷부분에서 그 인용을 다시 논의하고 분석할 때 혼동을 피하고 바로 찾아볼 수 있도록 독자의 편의를 위해 부여한 텍스트 번호이다. 그리고 밑줄 친 부분 역시 저자의 담론 분석을 독자들이 쉽게 이해할 수 있도록 임의로 넣은 것이다. 직접 인용이 끝나고 나면 출판된 괄호 안에 제목과 개인이나 조직(교단 등)과 연합 단체의 이름과 문건 제목, 그리고 발표 날짜를 넣었다. 그러나 설교집의 경우 출판된 도서이므로 각주로 출처를 밝혔다. 출판도서를 제외하고 대부분의 인용들은 구글, 다음, 네이버와 같은 포털 사이트에서 검색하면 개인일 경우 주로 개인 블로그, 홈페이지, 신문기사 또는 유튜브 동영상으로 나온다. 그리고 교단이나 연합 단체일 경우 주로 해당 공식 사이트에서 전문을 찾을 수 있음을 밝혀둔다. 홈페이지가 없는 단체일 경우 신문에 보도된 내용을 활용하였고, 이 경우 해당 신문의 이름과 보도 날짜와 그리고 기사 제목을 각주로 표기하였다.

마지막으로 저자로서 간단한 소회를 말하려 한다. 나의 아버지는 평생을 화학자로 사셨다. 중화학공업 중심으로 산업 발전을 이루어 가던 시대에 아버지의 전공은 삶에 불편함을 주지 않았을 것이다. 그런데 나는 화학을 배워본 적이 없다. 아버지는 오히려 아들이 잘 먹고 잘사는 삶과 다소 멀어지는 공부를 하러 신학교에 가겠다고 하자 흔쾌히 허락해주셨다. 그리고 뜻한 바 없었지만, 하나님이 인도하시는 데로 따라 살다 보니 공부를 계속하게 되었다. 결국, 학위를 마치고 지금까지 15년 정도 연구자로 살았다. 그동안 천학비재(淺學菲才)를 자주 통감하였다. 그리고 여기저기 신세만 지고 살았다. 앞으로 연구할 수 있는 시간이 더 남아있다면 그 시간 동안만 열심히 해보려 한다. 얼마나 멀리 가고 얼마나 잘 할 수 있을지 주님만이 아시겠지만. 공부하고 연구한다는 핑계로 자주 뵙지 못한 부모님께 죄송한 마음으로 이 책을 바친다. 그리고 고통이 다가왔을 때 힘과 위로를 준 가족에 감사한다. 또한 출판을 기꺼이 허락해 준 늘봄, 항상 기억하겠다.

2021년 초안산 철쭉들의 향연에 감동하며
장형철

# 한국 개신교 보수는 누구인가?

# 1장 _ 한국 개신교 보수는 누구인가?

이 책에서 비판적 담론 분석이론으로 분석하려는 대상은 2000년대 이후 한국 개신교 보수가 생산한 사회의 주요 쟁점들에 대한 담론들이다. 그런데 개신교 보수의 담론을 본격적으로 분석하기에 앞서 선행되어야 할 일이 있다. 그것은 바로 한국 개신교 보수를 규정하는 것이다. 그러므로 이 장에서는 한국 개신교 내에서 보수의 크기는 어느 정도인지, 한국 개신교 보수는 구체적으로 어떻게 형성되고 발전하였으며 그 특성은 무엇인지. 그리고 2000년대 들어와 이전과 한국 개신교 보수의 달라진 모습을 살펴본다.

## 1. 다수의 보수와 소수의 진보

보수라는 용어는 진보라는 용어와 대치 또는 대조되는 의미로 주로 정치적인 용어로 많이 사용한다. 다소 환원적으로 보일 위험이 있지만, 보수는 주로 역사와 전통을 중시하는 반면에 진보는 변화와 개혁을 강조한다고 말할 수 있다. 그러므로 보수와 진보의 차이는 크다. 그런데 보수와 진보의 차이는 정치의 영역에서만 존재하지 않는다. 보수와 진보의 차이는 종교에서도 드러난다.

한국 개신교의 경우 보수진영과 진보진영의 신앙과 신학은 많이 다르다. 김성건에 의하면 일반적으로 신학적 보수진영은 인간의 죄성을 강조하면서 인간들이 이 세상에서 추구하는 하나님 나라에 대해서 근본적으로 비관적인 전망을 갖는다. 그로부터 사회변혁보다 개인과 가족을 돌보는 것을 추구하며 자비심에 의한 자선적 행위로 대표되는 사회봉사에 치중한다. 반면, 신학적 진보진영은 하나님의 형상을 따라 창조된 인간의 이성과 잠재력을 강조하면서 인간들이 이 세상에서 하나님 나라를 건설하는 것을 상대적으로 낙관하는 경향을 보인다. 그래서 이들은 정의를 추구하기 위해서 사회봉사보다 주로 사회적 행위 곧, 정치적이고 경제적인 행위를 통해 사회의 구조를 개혁시키고자 한다.[1]

그런데 한국 개신교를 보수와 진보로 나눈다면 보수가 다수이고 진보는 소수이다. 개신교 보수는 다수의 교인이 포함된 교단, 목회자 그리고 연합 단체들로 구성된 개신교 집단이라고 볼 수 있다. 먼저 교단을 살펴보자. 다수의 개신교 교단들은 신앙적으로 개인구원을 지향할 뿐만 아니라 사회적으로도 체제 유지적이다. 일부 개신교 교단들만 신앙적으로 사회구원 지향적이고, 사회적으로 체제 비판적이다. 이러한 차이로 인해 개신교 교단은 보수와 진보로 나

---

1) 김성건, 『종교와 정치』 (서울: 하늘향, 2020), 186.

뉘어 양극화되는 경향이 있다. 그리고 신앙과 실천의 차이로 인해 보수와 진보간의 갈등 양상이 점점 심화되고 있다.[2]

　　그러면 어느 교단이 보수적이고 어느 교단이 진보적인지 살펴보자. 이원규는 한국 개신교를 교단에 따라 자유주의, 중도, 보수, 근본주의 등으로 나누어 본다. 자유주의 교단으로는 한국기독교장로회, 중도적인 교단으로는 기독교대한감리회와 대한예수교장로회 통합, 보수 교단으로는 기독교대한성결교회, 대한예수교장로회 합동, 기독교한국침례회, 근본주의에 가까운 교단으로는 기독교대한하나님의성회와 예수교대한성결교회가 있다.[3] 그리고 이원규는 교단별 교리적 신앙의 차이는 크다고 주장한다. 축자 영감설, 성서의 기적 이야기, 예수의 동정녀 탄생, 예수의 재림에 대한 신앙의 차이가 크기 때문이다. 보수적 교단일수록 정통주의 신앙을 확고히 고수하고, 자유주의적 교단일수록 그러한 신앙과 멀리 떨어져 있다.[4] 그리고 타종교에 대한 배타주의 성향도 교단 간의 차이가 두드러져 보수 교단일수록 매우 강한 배타적 성향을 보인다.[5]

　　교단 내외의 정치적 상황에 따라 달라질 수 있지만, 이원규의 네 가지 구분을 편의상 둘로 나눈다면 보수적인 교단과 근본주의적인 교단을 보수로, 자유주의적인 교단과 중도적인 교단을 진보로 나누어 볼 수 있다. 전제적인 비율로 본다면 보수 교단들이 진

---

2) 이원규, 『종교사회학의 이해』 (파주: 나남, 2019), 473.

3) 앞의 책, 470.

4) 앞의 책, 472.

5) 앞의 책, 472.

보적인 교단보다 더 많은 신자를 확보하고 있다.[6] 특히 장로교 교단은 여러 교단으로 분열되어있지만, 한국기독교장로회를 제외하고 합동, 합신, 고신, 대신, 백석 등 대부분의 장로교 교단들은 보수적 성향을 가지고 있다. 그리고 대한예수교장로회 통합 또한 이원규는 중도적인 교단으로 분류하였지만, 상황에 따라 보수적인 성향을 자주 드러내고 있다. 각 장에서 분석하는 사회 주요 쟁점에 대한 담론의 텍스트들(대통령, 국가, 동성애, 타종교, 탄핵 촛불 반대, 세습, 종교인 과세, 사립학교법 개정 반대, 역사 교과서 국정화 등등)을 생산한 목회자들의 적지 않은 비중을 대한예수교장로회 통합 소속 목회자들이 차지하고 있다.

이제 목회자의 경우를 살펴보자. 목회자의 경우 소속하고 있는 교단에 따라 보수적인 성향이 주로 나타난다. 그러나 교단의 성향과 달리 보수적인 성향을 나타내는 목회자도 있다. 특히 초대형 교회 목회자의 경우 그러하다. 예를 들어 초대형 교회인 금란교회의 담임목사였던 김홍도 목사는 중도적인 성향을 유지해온 기독교대한감리회 소속이지만 보수를 넘어 근본주의적인 성향을 나타낸다. 김홍도 목사는 근본주의의 특징 중의 하나인 근대적 합리성을 거부한다.[7]

개신교 보수진영은 교단과 목회자뿐만 아니라 개신교 연합단체에서도 확인할 수 있다. 연합단체의 경우 보수적인 성향을 강하게 드러내는 기관으로 한국기독교총연합회, 국가조찬기도회, 한국

---

6) 앞의 책, 470.

7) 장형철, "한국 개신교의 근본주의적 특성에 대한 종교 사회학적 고찰-형성과 발전을 중심으로", 「신학사상」 184집 (2019), 221-225.

교회연합 그리고 한국교회총연합 등이 있으며 진보적인 성향을 나타내는 기관으로 한국기독교교회협의회(NCCK)가 있다. 그러나 보수적인 성향을 나타내는 연합단체의 회원 교단이 압도적으로 많다. 예를 들어 2012년 한국기독교총연합회는 대한예수교장로회 합동, 대한예수교장로회 통합, 기독교대한성결교회, 기독교대한하나님의성회 등 77개의 회원 교단을 가지고 있었다. 반면에 같은 해 한국기독교교회협의회는 한국기독교장로회, 대한성공회, 대한예수교장로회 통합, 기독교대한감리회, 한국구세군, 기독교대한복음교회, 기독교한국루터회, 한국정교회 대교구, 기독교대한복음교회 9개 교단만이 회원으로 참가하고 있었다.

## 2. 한국 개신교 보수의 기원: 초기 내한 선교사와 한국 개신교

보수가 다수인 한국 개신교의 특징은 최근에 형성되어 나타난 것이 아니라 초기 역사에서부터 찾을 수 있다. 이 특징은 보수적인 신앙과 신학교육을 받은 초기 내한 선교사들로부터 시작되었다. 19세기 말과 20세기 초에 내한한 미국 개신교 선교사들의 신앙 양태는 청교도주의, 경건주의, 복음주의 등 매우 보수적이었다.[8] 한국 개신교의 주류 교단이라고 할 수 있는 장로교와 감리교 선교사들의 신학 배경에서 이를 확인할 수 있다. 장로교 초기 선교사들은 프린스턴신학교(Princeton Theological Seminary), 맥코믹신학교(McCormick Theological Seminary), 무디성경학원(Moody Bible

---

8) 이덕주, 『한국 토착교회 형성사 연구』 (서울:한국기독교역사연구소, 2000), 89.

Institute) 등과 같은 보수 신학교를 졸업한 선교사들이 다수였다. 특히 19세기 보수적 칼뱅주의 신학교로서 프린스턴신학교는 근본주의자 존 그리샴 메이천(John Gresham Machen)이 1906년에서 1929년까지 재직하기도 하였다. 이덕주가 정리한 역사 자료를 살펴보면 개신교 초기에 내한한 프린스턴신학교 출신 선교사가 장로교 선교사 13명 중 12명이 메이천의 재직 시기에 공부한 선교사들이었다.[9] 그중 로버츠(Stacy L. Roberts)는 장로교 평양신학교 교장을 역임하기도 하였다. 그리고 철저한 보수주의와 청교도적인 엄격성과 경건성을 강조하는 맥코믹신학교 출신이 11명이었으며, 무디성경학원 출신은 5명이었다.[10] 감리교 선교사들의 경우 감리교사관학교로 불리는 엄격한 신앙 훈련으로 유명한 드류신학교(Drew Theological Seminary) 출신이 6명이 있었다. 물론 드류신학교는 이성과 감성의 조화 그리고 경건주의와 복음주의의 조화를 추구한다는 점에서 보수적인 프린스턴신학교와는 다른 점이 있지만, 감리교 선교사들도 대체로 보수적인 성향을 가지고 있었다.[11] 일례로 류대영에 의하면 1907년 장로교의 신앙고백서 「대한쟝로교회 신경」과 1890년 감리교회의 신앙고백서 「미이미 교회 강례」의 핵심적인 내용(성서의 절대적 권위 인정, 그리스도 동정녀 탄생, 그리스도의 대속과 육체적 부활과 재림)은 크게 다르지 않다.[12]

배덕만도 초기 미국 선교사 중 상당수가 근본주의적 성향을 띠

---

9) 앞의 책, 57-59.

10) 앞의 책, 58.

11) 앞의 책, 61-63.

12) 류대영, 『초기 미국 선교사 연구 1884-1990』 (서울: 한국기독교역사연구소, 2001), 92, 93.

었다고 주장한다.[13] 나아가 배덕만은 근본주의적 성향을 가진 미국 선교사들이 신학교육을 통해 근본주의를 초기 한국 개신교에 조직적으로 이식한 것으로 보인다고 주장한다.[14] 이러한 근거로서 1920년대 장로교 평양신학교와 감리교 협성신학교의 신학교육 과정 속에는 기초적 수준 혹은 근본주의적 차원에 한정되도록 하는 제도적 장치가 있었다.[15] 실제로 두 학교 모두 성경 관련 교과목이 상당 부분을 차지하고 있다. 다만 영어, 일본어, 국어, 히브리어, 헬라어를 포함한 교양과목의 비중이 감리교 협성신학교가 장로교 평양신학교보다 높았다.[16] 이는 장로교의 신학이 감리교의 신학보다 더 보수적인 성향이 강하였다는 것을 나타낸다.

그리고 초기 내한 선교사들의 활동과 교육과 함께 일제 강점기라는 역사적 상황으로 인해 초기 한국 개신교의 성격은 변화하였다. 초기 개신교는 민족운동과 3 · 1운동에 적극적으로 참여하는 등 민족주의적 성격을 가지고 있었다. 그러나 초기 개신교는 점차 내세 지향적인 성격으로 바뀌기 시작하였다.[17] 예를 들어 개신교의 부흥을 이끈 회개운동이었던 1907년 평양대부흥은 개신교가 내세 지향적인 개인적 차원의 감성적 종교가 되는 계기가 되었으며, 나아가서 평양대부흥의 영향을 받은 초기 개신교인들은 하나님께서

---

13) 배덕만, 2010, 『한국 개신교 근본주의』 (대전: 대장간, 33-34.

14) 앞의 책, 35.

15) 앞의 책, 34.
    이만열, 『한국 기독교와 민족의식』 (서울: 지식산업사, 1991), 482-485.

16) 한국기독교역사연구소, 『한국 기독교의 역사 II』 (서울: 기독교문사, 1990), 152-153.

17) 류대영, 『한 권으로 읽는 한국 기독교의 역사』 (서울: 한국기독교역사연구소, 2018), 6장과 8장.

정하신 위정자들에게 순종하라는 미국 선교사들의 가르침을 받아들였다.[18] 평양대부흥의 주역이었던 길선주 목사도 3·1운동에 민족대표로 적극 가담하였지만, 무죄선고를 받고 석방된 이후 종말론과 성서무오론을 주장했다. 길선주 목사는 회개를 중심으로 한 내면적 신앙 운동을 이끌었다.[19] 유동식은 길선주 목사의 성서무오론과 말세론이 한국 근본주의 신학의 기초를 만들었다고 평가한다.[20]

그러다가 한국 신학의 정초기였던 1930년대부터 한국 개신교 보수의 모습은 분명해지기 시작한다. 이 시기에 신학이 활발히 논의된 이유는 상당수의 외국 유학생들이 신학을 연구하고 귀국하였기 때문이다. 1933년을 전후해서 보수주의적 성서관의 박형룡(장로교)과 진보주의적 성서관의 김재준(장로교) 그리고 자유주의적 성서관의 정경옥(감리교)이 본격적으로 활동하기 시작하였다.[21] 그런데 보수주의는 장로교에서 많이 나타났다. 장로교는 1934년과 1935년에 여권(女權) 문제, 창세기 모세 저작 부인 사건, 아빙돈성서주석(The Avingdon Bible Commentary) 사건들을 통해 보수주의 성향을 강화하는 계기를 마련하는데, 이때 박형룡이 중요한 역할을 한다. 박형룡은 이러한 사건들에 대한 장로교 처리의 중심에 있었다. 프린스턴신학교를 졸업하고 선교사로 내한하여 당시 평양신학교 교장이었던 로버츠(Stacy L. Roberts)와 함께 박형룡은 이 사

---

18) 류대영, 『한국 근현대사와 기독교』(서울: 푸른역사), 365, 367.

19) 서정민, "한국 교회 초기 대부흥운동에서 길선주의 역할", 『한국교회사학회지』 21권 (2007년 10월), 한국교회사학회, 162-163.

20) 유동식, 『한국 신학의 광맥』 (서울: 다산글방, 2000), 71.

21) 앞의 책, 166.

건들의 조사위원회에 참여하여 연구보고서를 1935년 제24회 총회에 제출하였고, 그 보고서가 채택되었다.[22] 이때 평양의 원로급 지도자 길선주 목사도 아빙돈성서주석을 이단으로 정죄하였다.[23] 그리하여 같은 해 번역에 참여한 장로교 목사들(송창근, 김재준, 한경직)이 「신학지남」에 총회의 권고에 따르는 성명을 발표한다. 그리고 박형룡은 1935년에 한국 최초의 조직신학인 책인 『기독교 근대신학 난제 선평』을 출판한다. 이 책에서 그는 슐라이어마허, 리츨, 바르트, 신신학(新神學), 사회복음, 진화론, 마르크스 종교론, 신비주의, 무교회주의 등 비정통적인 신학들을 비판한다.[24] 유동식은 초기 선교사들이 한국 보수주의 신학의 씨를 뿌렸다면 박형룡은 근본주의적 보수주의 신학을 세운 신학자라 평가한다.[25]

그러나 박형룡의 신학이 과연 칼뱅주의를 따르고 있느냐에 대한 비판적이거나 회의적인 시각들이 있다. 먼저 그가 주장하는 성서무오론은 칼뱅의 성서 이해와 다른 면이 있다는 주장이 있다. 칼뱅의 성서주석을 연구한 이양호는 창세기 1장 15절, 사도행전 4장 5절과 7장 14절 그리고 마태복음 27장 9절 강해를 예로 들며 칼뱅은 성서무오론을 주장하지 않았다고 한다.[26] 나아가서 소요한은 박형룡의 신학은 칼뱅주의를 따르기보다 1920년대 미국 근본주

22) 박용규, "박형룡 박사의 생애, 저술 활동, 신학 사상(1928-1960)", 「신학지남」 86권 3호, 55.

23) 한국기독교역사연구소, 『한국 기독교의 역사 II』 (서울: 한국기독교역사연구소, 2005), 160.

24) 유동식, 『한국 신학의 광맥』, 224

25) 앞의 책, 222.

26) 이양호, 『칼빈의 생애와 사상』 (서울: 한국신학연구소 2001), 89, 90.

를 따르는 신학이라고 지적한다.[27] 이러한 주장들은 설득력이 있어 보인다. 실제로 프린스턴신학교에서 1923년부터 1926년까지 공부한 박형룡은 당시 재직 중이던 근본주의자 메이천에게 지대한 영향을 받았다.[28] 또한, 박형룡은 1923년 미국에서 있었던 해리 포스딕(Harry Emerson Fosdick) 목사가 자신의 설교 "근본주의자들은 승리할까(Shall Fundamentalists Win)"로 인해 이단 논란에 휩싸인 것과 1925년 있었던 고등학교에서 진화론을 가르친 교사를 재판한 스코프스 재판(Scopes Trial) 등을 목격하면서 당시 미국 내에서 개신교 근본주의의 위세를 경험했을 것으로 추측된다. 또한, 박형룡은 이후 미국 장로교의 신학적 변화를 수용하지 않는다. 그는 미국 연합장로교회가 300년 동안 신봉하던 칼뱅주의 신앙고백인 웨스트민스터 신앙고백을 1967년 개정하여 새로운 신앙고백(The Concfession of 1967)을 발표하자 이를 받아들이지 않았다.[29]

## 3. 한국 개신교의 성장과 개신교 보수의 발전

1945년 해방 이후 한국 개신교는 적산불하의 특혜를 얻게 된다. 적산은 일제 강점기 당시 일본인이 설립한 기업 및 소유했던 부동산이나 반입했다가 가져가지 않은 동산 등을 의미한다. 1945년 미 군정은 적산을 미 군정청에 귀속시켰다. 그리고 미 군정은 적산불하 권한을 일제 말에 출국당했다가 다시 입국한 재한 선교사들에

---

27) 소요한, "한국 개신교 보수주의와 토착화 신학", 「대학과 선교」 42집(2019), 156.

28) 박용규, "박형룡 박사의 생애, 저술 활동, 신학 사상(1928-1960)", 「신학지남」 86권 3호, 53

29) 유동식, 『한국 신학의 광맥』, 231.

게 부여하였다. 그리하여 일본 신도와 천리교의 소유였던 상당량의 부동산이 한국 교회와 교계에 불하되었다. 당시 최대 수혜를 입은 한국 개신교는 이를 "기독교의 승리"이며 "사교(邪敎)에 대한 역사적 심판"으로 인식한다.[30] 이러한 과정에서 개신교 보수와 진보 모두 많은 재산을 얻었다. 윤경로의 연구에 의하면 장로교회 49개, 감리교회 15개 그리고 성결교회 27개가 적산 부동산을 불하받았다.[31]

그러나 1950년 한국전쟁의 발발로 이러한 특혜의 국면은 이내 시련의 국면으로 바뀌게 된다. 한국전쟁을 거치면서 한국 개신교 보수는 전천년주의적 성서해석, 이원론적 세계관, 공산주의에 대한 혐오감, 기독교 국가 미국에 대한 신앙적 이해 등을 반공주의와 결합시켜 신학적 이데올로기를 만들었다.[32]

그리고 한국전쟁으로 인해 개신교 보수는 또 다른 성장의 기회를 얻게 된다. 한국전쟁은 교회뿐만 아니라 한국 사회 경제 문화 정치에 엄청난 충격을 주었다. 한국전쟁이 미국과 소련의 대리전 양상을 띠고, 나아가 국제적 양상으로 전개되자 세계각지의 민간단체에서 전쟁으로 피해와 재난을 당한 사람을 위해 구호물자를 보내왔다. 총 50개의 민간단체 중 기독교 관련 단체가 40여 개에 달해 가장 많았다. 그중 가장 지대한 영향을 미친 단체가 CWS(Church World Service)와 기독교세계봉사회 한국위원회(The Korea Church

---

30) 윤경로,"분단 70년, 한국 기독교의 권력 유착 사례와 그 성격", 「한국 기독교와 역사」 44호 (2016), 30-31.

31) 앞의 논문, 33-35.

32) 류대영, 『한국 근현대사와 기독교』, 374-375.

World Service: KCWS)였다.[33] 이러한 단체들을 통해 엄청난 양의 구호물자가 들어왔다. 이 전쟁 구호물자와 선교자금을 관리하고 통제하는 선교사(특히 북장로교 선교사)들과 서북지역(평안도)에서 월남한 이북신도대표회가 서로의 필요로 인해 밀착 관계를 이루었다.[34]

이 밀착 관계를 좀 더 구체적으로 살펴보자. 초기 개신교 선교사들은 선교지 분할정책을 시행하였고, 미국 북장로교 선교사들은 서북지역을 맡았다. 그러나 그들은 해방 이후 소련의 신탁통치로 인해 선교지였던 서북지역의 평양, 선천, 재령 등 주요 선교거점들을 상실한다. 반면에 미국 남장로교는 충청남도, 전라북도, 전라남도, 제주도에, 호주 장로교는 경상남도에 그리고 감리교는 경기도 충청북도 강원도에 자리를 잡고 기반을 마련하였다. 나아가서 북장로교 선교사들은 한국전쟁으로 인해 결국 선교거점으로 돌아가지 못했다. 미국 북장로교회 선교사들은 새롭게 남한에 자리를 잡아야 했다.[35] 그래서 그들은 서북지역에서 월남한 개신교인과 밀착하게 된다. 서북지역은 일제 강점기에 개신교가 부흥한 지역이었다.[36] 그러나 1946년 소련군 사령부와 김일성은 토지개혁으로 지주제를 완전히 해체한다. 이로 인해 서북지역의 개신교인들은 경제적 기반을 완전히 잃게 되었다. 나아가 소련군 사령부와 김일성에 반대하는 개신교인들은 체포되고 죽임을 당할 수 있었다. 그래서 서북지

---

33) 윤정란, 『한국전쟁과 기독교』 (파주:한울, 2015), 74-75.

34) 앞의 책, 109.

35) 앞의 책, 90.

36) 한국기독교역사연구소, 『한국 기독교의 역사 II』, 161-162.

역의 개신교인들은 대거 월남했다.[37] 월남 이후 그들은 서북지역을 선교지로 삼았던 미국 북장로교 선교사들과 밀접한 관계를 가지게 된다. 실례로 평안남도 평원 출신으로 프린스턴신학교를 졸업한 한경직 목사(전 영락교회 담임목사)는 프린스턴 출신 선교사들과 가까운 관계를 유지했다.[38] 한국전쟁을 거치면서 북장로교회 선교사들과의 관계에서 힘을 얻은 서북 출신 개신교인들은 남한 장로교의 주도권을 장악하였다. 이들은 CWS의 막대한 구호물자뿐만 아니라 미국 장로교 해외 선교부의 선교자금도 독점할 수 있었다.[39] 그리고 그들은 공산당에게 토지를 빼앗긴 경험과 한국전쟁으로 인해 투철한 반공주의를 표방한다. 반공주의는 앞으로 개신교 보수의 담론 분석에서 나타나는 주요 핵심 특징 중의 하나이다.

　　1960년대는 한국전쟁의 피해에서 벗어나 산업화와 경제개발을 시작하던 시기였다. 이 시기에 보수적인 성향을 가진 다수의 개신교 교회들은 사회통합의 역할을 수행하였다.[40] 윤승용에 의하면 박정희 정권에 의해 시작된 제3공화국(1962~72년) 기간 동안 개신교 보수는 도시화와 산업화로 인해 도시로 이동한 인구를 신자화하기 위한 복음화 운동을 시작하였다. 그리고 베트남 파병과 북한의 대남 무력노선에 대항하는 국내 정치를 추종하며 반공대회 개최 등을 통해 냉전의식을 확산시킴으로써 사회 안정에 기여하였다.[41]

---

37) 윤정란, 『한국전쟁과 기독교』, 63.

38) 앞의 책, 97-98.

39) 앞의 책, 88, 113.

40) 이원규, 『한국 교회 어디로 가고 있나』 (서울: 대한기독교서회, 2003), 213.

41) 윤승용, 『현대 한국 종교문화의 이해』 (서울: 한울, 1997), 126.

개신교 보수의 대표적인 기관 중 하나인 국가조찬기도회의 제1회가 바로 이 시기인 1966년 열렸다. 국가조찬기도회는 이후 2003년에 사단법인으로 인가되었다. 국가조찬기도회는 2020년까지 52회가 진행되고 있다.

1970년대 한국 개신교 보수는 합동전도대회나 민족복음화대회 등을 통해 그리고 성령운동과 부흥운동을 통해 적극적인 선교를 펼쳐 크게 성장하였다.[42] 그 결과 1970년대에 들어오면서 여의도 순복음교회와 같은 초대형 교회들이 나타나기 시작하였다.

그리고 1960년대 말로부터 1970년대로 들어가면서 개신교 내부의 정치적 성향은 뚜렷하게 분화되기 시작하였다. 강인철은 1969년 삼선개헌을 반대(김재준 목사)하느냐 아니면 환영(대한기독교연합회, 한국기독교연합회)하고 반독재운동을 비판(김윤찬, 박형룡, 조용기, 김준곤, 김장환 목사 등)하느냐에 따라 개신교의 보수와 진보가 뚜렷하게 갈라졌다고 주장한다.[43] 이러한 모습은 한국 내의 상황만이 아니라 해외의 상황에 영향을 받은 것이기도 하다. 말하자면 진보단체인 세계교회협의회(World Council of Churches, WCC)의 세계선교와 복음주의 위원회(Commitee of World Missions and Evangelism)가 선정한 1972년 총회의 주제는 "Salvation Today"이었다. 이 주제는 1952년 국제선교협의회 이래로 WCC의 선교신학의 중심개념이었던 "미시오 데이(Missio Dei, 하나님의 선교)"에 기초한 것이다. 약자에 대한 배려와 사회정의

---

42) 이원규, 『한국 교회 어디로 가고 있나』, 216.

43) 강인철, 『저항과 투쟁: 군사정권들과 종교』 (오산: 한신대학교 출판부, 2013c), 271.

와 분배 등을 선교적 관점에서 수렴하려는 진보적인 개념인 "미시오 데이"를 비판하는 보수 또는 복음주의 진영은 교회의 선교 행위를 통한 영혼구원을 강조한다. 그리하여 보수진영은 1974년 빌리 그래함(Billy Graham)을 중심으로 세계복음화대회(The First International Congress on World Evangelization)를 스위스 로잔에서 개최하고 존 스토트(John Stott)가 기초한 선언문인 로잔언약(Lausanne Covenant)이 발표된다. 같은 맥락에서 1975년 아시아 선교협의회(Asian Mission Association)가 열리고 서울선언(Seoul Declaration in Christian Mission)을 발표한다.

1970년대 한국 개신교 보수들은 이러한 해외 보수 복음주의의 흐름과 함께하였다. 그들은 개신교 진보 세력의 민주화 운동에 반대하고 개신교인들의 정치 참여를 비판하였다. 그들은 개신교의 정치 참여는 정교분리 위반이고, 국민총화를 저해하여 민족적 국가적 위기를 조장하며, 한국기독교교회협의회(National Council of Churches in Korea, NCCK)를 중심으로 활동하는 이들은 WCC의 재정 지원과 사주를 받는 용공주의자라고 비난하였다. 또한, 한국 개신교 보수는 반공과 개발독재 체재를 옹호하는 활동을 펼치었다. 그리고 개신교 내에서 계속 그들이 다수였다. 박정희 정권하에 민주화 운동에 지속적으로 참여한 개신교인들은 한국기독교교회협의회(NCCK)를 중심으로 활동하는 소수였다.[44]

1980년대에도 한국 교회는 보수적인 또는 우익적인 성격이 강하였다. 한국 교회는 군부독재의 관료적 권위주의 정치체제 아래서

---

44) 앞의 책, 273, 275, 277.

일부의 진보 성향의 교회를 제외하고 다수를 점하고 있는 근본주의 성향의 보수 교단과 교회들은 정치적 독재, 권위주의, 인권탄압의 문제를 안고 있는 전두환과 노태우 군사정권을 지지하고 옹호하는 친위대 혹은 후원자 역할을 하였다.[45] 예를 들어 국가조찬기도회가 계속되었고 참석자는 증가하였다. 그리고 1987년 한국개신교교단협의회가 결성되었으며, 반공을 주제로 하는 각종 기도회, 성회, 집회 등이 개최되었다.[46]

또한, 1980년대에도 다수를 차지하고 있는 한국 개신교 보수는 부흥운동, 신앙 프로그램 활성화, 교회성장론 등으로 당시의 정치적 불안, 경제적 불만, 사회적 소외감을 갖고 있는 개인들에게 심리적 안정이나 마음의 평정, 위안과 희망을 주는 치유적인 기능을 수행했다. 이러한 기능은 개신교 보수를 크게 성장하게 하였다. 그리고 이 시기에 초대형 교회들이 도시를 중심으로 본격적으로 등장하였다. 서울의 경우 한강 이남에 이른바 강남을 중심으로 초대형 교회(소망교회, 광림교회, 사랑의교회, 충현교회 등)가 등장하였다. 물론 강남 이외의 지역에도 금란교회(중랑구 망우동), 온누리교회(용산구 용산동), 명성교회(강동구 명일동)등과 같은 초대형 교회가 등장하였다. 그러나 한국 개신교 보수는 사회변혁 운동에는 도움이 되지 않았다. 그들은 제5공화국 지지자였고, 1987년 민주화 운동을 반대하며 호헌의 입장을 취하였다.[47]

1990년대에 들어와 보수적인 성격을 가진 초대형 교회들은 대

---

45) 이원규,『기독교의 위기와 희망: 종교사회학적 관점』(서울: 대한기독교서회, 2003), 208.

46) 강인철,『한국의 개신교와 반공주의』.(서울: 중심, 2006), 391-392, 248-249, 111, 281.

47) 이원규,『한국 교회 어디로 가고 있나』, 220.

부분 지교회와 지성전을 만들었다. 그리고 새로운 신자가 아닌 기존의 신자들이 교회를 옮기는 현상이 나타난다. 이러한 '수평 이동'은 교회 간 신자 수의 차별적 증감을 심화시키어 교회 규모의 양극화를 가져왔다. 그리고 이러한 과정에서 대형교회 목사들은 교인들의 절대적인 지지를 받았고, 또한 교단 정치에 큰 영향력을 행사할 수 있었다.[48] 그래서 강인철은 1990년대를 개신교 보수가 헤게모니를 확장한 시기라고 주장한다.[49]

연합단체의 측면에서도 이러한 개신교 보수의 헤게모니 확장을 볼 수 있다. 진보적인 한국기독교교회협의회(NCCK)와 대립하는 한국 개신교 보수의 연합단체인 한국기독교총연합회(한기총)가 한경직 목사를 중심으로 1989년 창립되어 1991년 사단법인으로 인가되었고 적극적인 활동을 계속한다. 이에 한국기독교교회협의회(NCCK)는 세 불리기 경쟁을 한다. 이 과정에서 1996년 기독교대한하나님의성회가 한국기독교교회협의회에 가입하면서 예수교대한장로회 통합과 함께 한국기독교교회협의회 내에서 보수적 교단의 영향력이 확대되었다.[50] 물론 한국기독교교회협의회의 보수화는 내부 진보 인사들의 보수화를 의미하는 것이 아니라 보수적인 대형 교단의 목소리가 커지면서 상대적으로 진보적 성향이 감소하고 있다는 것을 의미한다.[51]

---

48) 강인철, 『한국의 개신교와 반공주의』. 591, 598, 622.

49) 앞의 책, 621.

50) 강인철, 『민주화와 종교: 상충하는 경향들』(오산: 한신대학교 출판부, 2012), 354-355.

51) 앞의 책, 369.
    강인철, 『한국의 개신교와 반공주의』, 606.

2000년대 들어오면서 한국 개신교는 성장과 감소를 모두 경험한다. 2005년과 2015년 인구주택총조사의 결과를 비교해보면 개신교 인구는 전체 인구 대비 18.2%에서 19.7%까지 성장하여 국내 제1의 종교가 되었다. 그러나 같은 기간 동안 비종교인이 47.1%에서 56.1%로 늘어나고 종교인은 52.9%에서 43.9%로 감소하였다. 그리고 급속한 노령화가 진행되는 인구구조로 인해 개신교 인구는 중장년층 이상에서는 개신교인이 증가하였지만, 아동층, 청소년층, 청년층에서 개신교인이 현저하게 감소하고 있다.[52] 이러한 상황 가운데 수도권 주변의 신도시 개발사업으로 건설된 일산, 분당, 용인 등에 새로운 초대형 교회(거룩한빛광성교회, 벧엘교회, 만나교회, 분당우리교회, 할렐루야교회, 우리들교회, 예수소망교회, 지구촌교회 등)들이 나타난다. 이는 인구이동과 개신교 신자들의 수평 이동이 주요 요인일 것으로 추측된다.

## 4. 2000년 이후 나타난 변화: 정교분리에서 정치 참여로

한국 개신교인의 다수는 이전부터 보수적이었지만 2000년대 들어와 더욱 폭넓게 보수화된다.[53] 강인철의 분석에 의하면 1990년대 이후부터 중산층 이상의 계층은 자신들의 계층적 이익을 명확히 인식하면서 보수정당에 집중적으로 투표하는 이른바 강남/분당 우파의 가능성이 커지고 있고, 또한 중산층 가운데 기독교인(개신

---

52) 장형철, "2005년과 2015년 인구 총조사 결과 비교를 통해 본 불교, 개신교, 천주교 인구 변동의 특징: 연령 행정구역을 중심으로", 「신학과 사회」 32권 1호(2018), 189, 193.

53) 강원돈, "한국 개신교의 정치 세력화의 현실과 과제", 「종교와문화」 10권(2008), 68-69.

교인과 천주교인)은 온건화 또는 온건한 개혁성향이지만 상황에 따라 변화하고 있으며, 중하층 또는 하류층은 교회 안에서 소외되거나 아니면 오히려 강남이나 분당 기독교 우파 못지않게 보수화되고 있다.[54] 이수인에 의하면 개신교인 다수가 정치적으로 보수적이다. 포괄적으로 본다면 개신교 보수 집단은 극우적 성향, 합리적 보수와 극우의 양면적 성향, 그리고 개혁적 보수의 성향을 포함하고 있다.[55] 나아가서 이수인은 한국 개신교는 우익이나 보수 권력과 친화적인 모습이 나타나고 있다고 주장한다.[56]

이러한 개신교인의 보수화와 한국 개신교 지도자들의 정치에 대한 태도 변화는 서로 맞물려 있다. 개신교 보수 지도자들은 보수 정권과 친화적인 성향을 분명히 가지고 있지만, 형식적으로 정교분리 유지하고 있었다. 그러나 2000년대에 들어와 개신교 보수는 이전의 정교분리를 넘어서 정치 참여뿐만 아니라 직접 정치를 시도한다. 여의도순복음교회 조용기 목사는 2004년 3월 21일 주일설교에서 하늘나라를 반대하는 법을 만들지 못하게 막아야 한다는 이유로 개신교 정당 정치를 주장한다.

교회는 정치에 관심을 갖지 말라고 하는 것은 사탄의 소리입니다. 교회는 정치에 관심을 가지고 기도해야 합니다. 예수 믿는 사람을 국회로 보내야 되고, 정치적으로 국회에서 하늘나라를 반대

---

54) 강인철, 『민주화와 종교:상충하는 경향들』, 327, 331.
55) 이수인, "개신교 보수분파의 정치적 행위-사회학적 고찰", 「경제와 사회」 64호(2004), 296.
56) 이수인, "종교와 종교성 그리고 정치적 태도:불교, 개신교, 천주교를 중심으로", 「동향과전망」 88호(2013), 320.

하는 법을 못 만들도록 막아야 되는 것입니다.[57]

또한, 전광훈 목사는 한국 교회 부흥을 위해 정당 정치를 해야
한다고 주장한다. 그는 "매년 20만 명 정도의 기독교인들이 교회를
떠나고 있다. 교회가 부흥하고 있다면 기독당을 만들지 않았을 것
이다. 이제는 혁명적 발상이 필요할 때"라고 하면서 "마지막 선교는
'정치선교'다. 한국 교회가 다시 부흥하려면 정치선교를 해야 한다"
고 역설하였다.[58] 이러한 조용기 목사와 전광훈 목사의 개신교 정
당 정치의 필요성에 대한 주장은 국가와 사회 전체에 대한 관심보
다 개신교만의 이익 추구에 중심을 두고 있다. 그러나 기독교 정당
은 실제로 꾸준히 낮은 득표율을 얻었다. 2004년 한국기독당[59]이
1.1%, 2008년 기독사랑실천당[60]이 2.59%, 2012년 기독자유민주당
과 한국기독당[61]이 각각 1.2%와 0.25%, 2016년 기독자유당[62]이

57) http://www.fgtv.com/fgtv/F1/sermon_txt_cho.asp? data=1a040321(2018년 5월 21일 검색).
이철, "개신교 보수 교단 지도자들의 어제의 정교분리 오늘의 정치 참여: 분리에서 참여로의
전환에 대한 이유와 명분에 대한 연구", 164에서 재인용 하였음.

58) 김진영, "전광훈 목사, 한국 교회의 마지막 선교는 정치", 「크리스천 투데이」 2011.10.11.

59) 조용기(여의도순복음교회), 김기수(안동교회), 김준곤(한국대학생선교회, CCC) 목사 등
이 참여.

60) 김준곤, 조용기, 김동권(예장합동 증경 총회장), 최성규(순복음인천교회), 이광선(예장통합
증경 총회장, 신일교회), 이만신(한기총 명예회장), 이용규(한기총 직전 대표회장), 신신묵
(한강중앙교회 담임목사), 지덕(한기총 명예회장), 이영훈(여의도순복음교회), 민승(한아교
회), 한명국(서울침례교회) 목사들과 노승숙 장로(국민일보 회장)가 참여하고 전광훈 목사
(사랑제일교회, 이후 한국기독교총연합회 회장)가 당원 모집.

61) 기독자유당은 김충립 목사가 대표이었고 한국기독당은 정훈 목사가 창당하였다.

62) 이병왕, "기독자유당, '지지' 서명 발기인 대회 또 개최", 「뉴스앤넷」 2016.1.30. 전광훈, 이영
훈, 윤석전(연세주앙교회), 장경동(중문제일교회), 김홍도(금란교회 원로목사), 전태식(진
주초대교회) 목사 등이 '10만 서명 위원장'으로 참여.

2.64%의 득표율에 머물렀다.

그렇다면 개신교 보수는 2000년대에 들어와 왜 이러한 변화를 보이는 것일까? 류대영은 그 이유를 힘의 공백(Power Vacuum)에서 찾으려 한다.[63] 류대영은 복음주의 우파(개신교 보수)와 보수 정치권은 이전부터 친미와 반공이라는 공유하는 이념적 공감대가 있었다고 주장한다.[64] 그런데 김대중 대통령(1997~2003년)의 햇볕 정책으로 인해 보수주의적 세계관의 근간인 반공과 친미주의가 흔들리고, 이어서 노무현 대통령(2003~2008년)의 등장에 따른 정치적 혼란이 이어졌다. 그리고 두 정권의 핵심이 개입된 여러 부패 사건은 정권의 도덕성을 손상시켰다. 그리하여 진보적인 세력이 정권을 잡았지만, 보수 또는 수구 세력이 정치, 관료집단, 언론, 자본의 냉전 반공주의적 구조 속에서 여전히 힘을 발휘하고 있었다. 누구도 주도권을 쥐지 못한 이러한 상황에서 복음주의 우파(또는 개신교 보수 지도자들)는 힘의 공백을 감지한다. 그래서 그들은 이를 자신들이 채우기 위한 행동을 하였다.[65]

이러한 류대영의 논의는 2000년 이후부터 최근까지 나타나는 개신교 보수의 이전과 다른 모습을 이해하는데 중요한 실마리를 제공한다. 1990년대 말과 2000년대 초를 지나며 김대중과 노무현 대통령의 진보 정권이 이어지자 개신교 보수는 적극적으로 정치에 개입한다. 2003년 1월 11일과 19일 '평화기도회'를 시작으로 2003년 3월 1일 한기총이 주최한 '3·1절 나라와 민족을 위한 구국 금식기

---

63) 류대영, 『한국 근현대사와 기독교』, 376.

64) 앞의 책, 355.

65) 앞의 책, 374-375.

도회', 2004년 3월 1일 '친북 좌익 척결 부패 추방을 위한 3·1절 국민대회', 2004년 10월 4일 '국가보안법 폐지 반대 및 사립학교법 개정 반대 그리고 대한민국을 위한 비상 구국기도회', 2006년 6월 25일 '북핵 반대와 북한 인권을 위한 국민 화합 대회', 2006년 9월 2일 열린 '대한민국을 위한 비상 구국기도회' 등을 실례들로 제시하며 이철은 개신교 보수가 국가 안보와 사회 질서 악화를 이유로 정교분리에서 벗어나기 시작했다고 주장한다.[66] 또한, 2005년 김진홍 목사가 대표로 이끌고 서경석 목사와 전광훈 목사가 적극 참여한 뉴라이트전국연합은 좌파적인 노무현 대통령의 참여정부로 인해 한국 사회가 총체적 위기에 빠져 있다고 진단한다.[67] 개신교 보수는 이러한 적극적인 정치 참여를 통해 실질적인 성취를 하기도 하였다. 예를 들어 개신교 보수는 2006년 개정된 사립학교법을 반대하고 재개정을 요구하였다. 결국, 개신교 보수가 주도한 반대운동으로 인해 사립학교법은 2007년 본래의 개정내용이 많이 삭제되어 재개정되었다.

그러다가 보수진영이 다시 집권하자 개신교 보수는 자신들의 영향력을 확장한다. 예를 들어 이명박 대통령(2008~2013년)은 강남의 초대형 교회인 소망교회 장로였는데 길자연 목사(당시 한기총 회장)가 2011년 제43회 국가조찬기도회에서 기도 인도할 때 이명박 대통령이 무릎을 꿇고 기도를 하게 하여 논란이 있었다. 이명박

---

66) 이철, "개신교 보수 교단 지도자들의 어제의 종교 분리 오늘의 정치 참여-분리에서 참여로의 전환에 대한 이유와 명분에 대한 연구", 150.

67) 류대영, 『한국 근현대사와 기독교』, 392.

대통령도 보수 개신교 편향을 드러내었다.[68] 한편 뉴라이트전국연합을 주도하는 개신교 지도자들은 이명박 정부가 들어선 이후에도 여전히 좌파로 인한 국가위기 상황은 계속되고 있다고 주장한다.[69] 또한, 개신교 보수는 박근혜 대통령 탄핵 반대 운동에 적극적으로 동참한다. 예를 들어 한국 개신교 보수진영의 대표적인 연합단체인 한국기독교총연합회는 2017년 3월 1일 3·1절 구국기도회를 박근혜 대통령 탄핵 반대 태극기 집회 직전에 같은 장소(광화문)에서 주최하고 성직자구국결사대 결성을 발표하였다.

---

68) 강인철, 『한국의 종교, 정치, 국가』 (오산: 한신대학교 출판부, 2013), 88-91.

69) 류대영, 『한국 근현대사와 기독교』, 392.

# 비판적 담론 분석이론

# 2장 _ 비판적 담론 분석이론

## 1. 담론이란 무엇인가?

담론은 어떤 것에 관한 이야기 즉, 말 또는 언어의 덩어리이다.
담론은 언어로 만든다. 그러므로 담론에 대해서 말하려면 먼저 언
어의 특성을 살펴볼 필요가 있다. 언어는 음성과 문자로 구성되어
있고 언제나 무언가를 의미하는 기호이다. 이를 언어의 기호성이라
고 한다. 언어의 기호성은 언어가 사회적이라는 것을 보여준다. 왜
냐하면, 인간은 언어를 사용할 때 혼자서 사용하지 않기 때문이다.
인간은 언제나 언어를 다른 사람과의 관계에서 사용한다. 그리고
언어는 언제나 사회적 맥락 안에서 사용된다. 즉, 언어는 언제나 인
간의 사회적 행위와 연결되어 있다.

페어클로프(Norman Fairclough)에 의하면 언어적 현상은 사

회적이다.[1] 사람들은 사회 안에서 사회적으로 정해진 방법으로 영향을 주고받으면서 언어를 사용한다. 즉, 사람들은 사회 안에서 말하고 듣고 읽고 쓴다. 그래서 페어클로프는 또한 사회적 현상은 언어적이라고도 한다.[2] 언어는 사회적 상황 안에서 어떤 사회적 과정이나 행위를 표현만 하지 않는다. 언어는 사회적 과정이나 행위의 한 부분이기도 하다. 예를 들어 민주주의, 독재, 폭력, 테러 등과 같은 언어들을 모든 정치가들이 일률적으로 똑같은 의미와 맥락에서 사용하지 않는다. 같은 언어이지만 각 정치가는 다른 의미로 사용한다. 말하자면 보수진영의 정치가와 진보진영의 정치가는 이러한 언어들을 자신의 정치 과정의 성과물을 얻기 위한 행위나 투쟁을 할때 서로 다르게 사용하고 나아가서 다른 정치가와 양립할 수 없는 의미로 사용하기도 한다. 그러므로 언어는 단순히 어떤 의미를 표현하기 위해 사용되는 것만이 아니라 사회적 행위를 하기 위해 사용되기도 한다. 좀 더 나아가서 언어 자체가 사회적 행위라고 말할 수 있다.

그렇다면 담론은 무엇일까? 담론은 특정한 맥락에서 실제로 사용되고 있는 언어를 말한다.[3] 언어가 발화되면 다시 말해 소리를 내어 말하여지거나 문자로 쓰이면 담론이 된다. 푸코(Michel Foucault)에 의하면 담론은 언어들 또는 기호들의 연속된 집합으로 인해 구성된 것으로서 어떤 독특한 존재 양식을 부여받을 수 있는 언표(statements 또는 enouncements)이다.[4] 이러한 담론은 다차원

---

1) Norman Fairclough, *Language and Power* (Edinburgh: Pearson Education Limited, 2001), 19.
2) 앞의 책, 19.
3) James Paul Gee/이수원 외 옮김, 『담론 분석 입문: 이론과 방법』 (파주: 아카데미프레스), 40.
4) Michel Foucault, *The Archeology of Knowledge* (New York: Pantheon, 1972), 107.

적이다. 담론은 문법이나 언어가 구성한 의미 있는 단어들이나 문장들일 수 있고, 대화와 같은 상호작용일 수 있고, 강의와 같이 교수자가 학생을 가르치는 교육일 수 있고, 지식이나 의견 같은 생각의 표현일 수 있고, 의회에서의 논쟁 같은 의사소통일 수 있고, 주장과 위협일 수 있고, 인기 TV 드라마 같은 문화적 산물일 수 있고, 또는 대중 소설책과 같이 사고파는 경제적 소모품일 수도 있다.[5] 나아가서 담론은 미디어나 온라인을 통해서 전달되는 각양각색의 시각적 기호와 이미지, 그리고 이미지와 결합하여 있는 음악이나 음성적 효과까지도 포함할 수 있다.[6]

따라서 담론을 이해할 때 담론은 정치적 경제적 사회적 문화적 개인적 집단적 차원들 즉, 매우 다양한 차원들이 관련되어 있다는 것을 염두에 두어야 한다. 그리고 이러한 차원들 안에 만들어진 담론은 다양한 사고와 행위들로 구성되었다는 것도 염두에 두어야 한다. 그리고 나서 비로소 어떻게 담론이 확장되고 발전하여 역사적 의미를 만들고 나아가서 제도화되거나, 또는 어떻게 권력의 도구가 되는지 파악할 수 있다.

## 2. 담론과 주체

언어는 언제나 그 언어를 발화하는 주체가 있다. 그러므로 담

---

5) Teun van Dijk, "Critical Discourse Studies: a sociocognitive approach", ed. Ruth Wodak and Michael Meyer, *Methods of Critical Discourse Analysis* (London: Sage, 2009), 67.

6) 이기형, "담론 분석과 담론의 정치학:푸코의 작업과 비판적 담론 분석을 중심으로", 「이론과 사회」 14권 3호(2006), 199.

론이 언어로 만들어진 것이라면 언제나 그 담론을 말하는 주체가 있다. 담론과 주체의 관계를 아는 것은 담론 분석에서 매우 중요하다. 앞으로 각 장에서 담론 분석을 실행할 때 담론과 그 담론을 말하는 주체에 대해 논의할 것이다. 그러므로 여기에서는 담론과 주체의 관계에 대해 이해하고 정리해보자.

담론은 기본적으로 발화된 언어이다. 여기서 발화된 언어란 언어를 발화한 주체가 나름의 의미와 질서를 부여한 언어를 의미한다. 그리고 담론은 담론이 말하는 대상, 담론이 말하여지는 장소와 방법, 그리고 말할 수 있는 권력을 가진 사람들 즉, 주체에 의해 만들어진다.[7] 그러므로 담론은 단순한 언어 구성물이 아니라 주체의 사회적 행위로 보아야 한다. 누구도 스스로 "이것은 나의 담론이다"라고 하면서 말하지 않지만, 담론은 언제나 주체에 의해 말하여진다. 주체는 담론을 통해 자신의 진실(또는 진리)을 구성하고 강조한다. 그리고 그러한 담론은 주체의 권력을 정당화(또는 합법화)하는 지식이 된다. 이러한 담론은 단순히 어떤 것의 실체나 관계를 보여주는 것뿐만 아니라 그 실체나 관계를 직접 형성하고 구성하기도 한다. 왜냐하면, 어떤 실체나 사건에 대해 말하는 각 담론은 그 담론을 말하는 각 사회적 주체들의 방법과 입장에서 의해서 구성되기 때문이다.[8]

그런데 담론을 만드는(말하는) 주체에 대한 이해는 학자마다 조금씩 다르다. 푸코는 주체를 담론에 의해 형성되는 일종의 효과

---

7) Foucault, *The Archeology of Knowledge*, 107.

8) Norman Fairclough, *Discourse and Social Change* (Cambridge: Polity, 1992), 3-4.

나 '구성물'로 본다. 페어클로프와 같은 비판적 담론 분석 이론가들은 주체를 담론의 대상을 적극적이고 성찰적으로 활용하는 '행위자'로 본다. 예를 들어 사회에 지배적 담론이 있다고 해도 일상생활에서 이러한 담론을 대화나 대인접촉 혹은 미디어를 통해 수용하는 과정에서 자신의 시각으로 만드는 것은 인간 행위자 즉, 주체이다.[9] 또한 예거와 마이어(Jäger and Maier)는 담론은 또한 개인적 집단적 의식에 영향을 주고 나아가서 주체를 구성하기도 한다고 본다. 예거와 마이어에게 주체는 행위자일 뿐만 아니라 담론의 '생산물'이다.[10] 예거와 마이어의 주장에 의하면 담론은 첫째로 개인의식과 집단의식을 형성한다. 그리하여 개인적 주체나 집단적 주체를 구성한다. 둘째로 이런 맥락에서 주체가 행위를 결정할 수 있다면 주체를 형성하는 담론도 행위를 결정할 수 있다. 또한, 나아가서 주체의 행위가 사회 안에서 구체화(또는 물질화, materializations)된 것을 실체라고 한다면 담론도 사회적 실체이다.[11]

한편 주체의 담론 생산에 있어서 사회적 맥락의 중요성이 강조되기도 한다. 반 데이크(Teun van Dijk)는 담론과 사회는 직접적으로 연결되어 있기보다는 맥락에 의해서 중재된다고 보았다. 반 데이크는 사회적 맥락 속에서 주체의 담론 생산을 이해하는 모델을 맥락 모델(context model)이라고 부른다. 이러한 맥락 모델 속

---

9) 이기형, "담론 분석과 담론의 정치학: 푸코의 작업과 비판적 담론 분석을 중심으로", 128.

10) Siegfried Jäger and Florentine Maier, "Theoretical and Methodological Aspects of Foulcaudian Critical Analysis and Dispositive Analysis", ed. Ruth Wodak & Michael Meyer, *Methods of Critical Discourse Analysis* (London: Sage, 2009), 37-8.

11) 앞의 책, 36-37.

에서 언어 사용자는 자신의 담론을 사회적 맥락에 적용한다. 이렇게 해서 주체들은 담론을 사회적으로 적절한 것으로 인식할 수 있게 된다.[12)]

## 3. 이데올로기 또는 저항으로써 담론과 담론 분석

주체의 어떤 주장이나 무엇에 대한 해석이 구체적 언어로 실현된 것이 바로 담론이다. 그러므로 담론은 언제나 담론을 발화하는 주체나 또는 특정 집단이나 권력 집단의 세계관을 반영하고 행위를 정당화할 수 있으며, 나아가서 이데올로기를 형성하고 그 이데올로기를 재생산하고 강화할 수 있다.[13)] 그리고 이러한 담론은 지배적일 수 있다.[14)] 담론은 사회 내 불평등하고 불균등한 권력 관계를 반영하며, 언어, 상징, 기호를 사용하여 이데올로기를 만들어 지배적인 권력 관계를 유지하는 데 사용될 수 있다.[15)] 그러므로 담론은 사회 내 불평등하고 불균등한 권력 관계를 반영하며, 언어와 상징, 기호 그리고 이데올로기의 영역을 통해서 지배적인 권력 관계를 유지하거나 피지배자들의 동의를 구하는데 필수 불가결하게 사용된다고 할 수 있다.[16)]

---

12) Teun van Dijk, "Critical Discourse Studies: a sociocognitive approach", 73.

13) 크리스 바커 · 다리우스 갈라신스키/백선기 옮김, 『문화연구와 담론 분석: 언어 정체성에 대한 담화』 (서울: 커뮤니케이션북스, 2009), 67.

14) Fairclough, *Discourse and Social Change*, 66, 60, 69.

15) 이기형, "담론 분석과 담론의 정치학: 푸코의 작업과 비판적 담론 분석을 중심으로", 119.

16) 이기형, 앞의 논문, 121.

이러한 지배적 담론의 이데올로기적 기능이 가능한 이유는 담론이 특정한 주제나 현상을 일정한 틀에서 인식하고 해석하게 하는 진리효과(truth effect)를 가지고 있기 때문이다.[17] 담론은 진리를 말하는 것이 아니라 진리효과를 일으키는 도구이다.[18] 담론이 진리효과를 일으킨다면 담론의 생산과 소비는 사회에서 권력 관계를 유지하기 위해 반드시 필요하다. 또한 담론의 생산과 소비가 권력 관계를 매개로 해서 이루어진다고 한다면 이 권력 관계 안에서 지식 생산도 이루어진다.[19] 물론 담론은 불변의 진리가 아니다. 다만 담론은 인간의 말과 행동 속에서 진리처럼 작동할 수 있다는 것이다. 진리효과는 담론은 언제나 진리를 말한다는 것이 아니라 담론이 특정 인식체계 안에서 작동하는 진리를 만든다는 것을 의미한다. 그래서 푸코는 진리는 영원불변하는 저세상에 있는 것이 아니라 이 세상에 있는 것(Truth is a thing of this world)이라고 말한다.[20] 푸코에 의하면 진리는 다양한 형태의 제약으로 인해서 만들어진다. 그리고 그것은 권력의 규칙적인 효과를 유도한다. 어느 사회나 나름의 진리의 통치 체계를 가지고 있다. 말하자면 각 사회는 진리 담론을 가지고 있다. 이 진리 담론의 테크닉과 그 실행과정에 의해

---

17) 임희숙, 『교회와 섹슈얼리티』 (서울: 동연, 2017), 190; 이기형, "담론 분석과 담론의 정치학: 푸코의 작업과 비판적 담론 분석을 중심으로", 119.

18) T. Carol Jacques, "Whence does the Critic Speak? A Study of Foucault's Genealogy", ed. Barry Smart, *Michel Foucault:Critical Assessments Volume III* (London: Routledge, 1998), 109.

19) 임희숙, 『교회와 섹슈얼리티』, 190.

20) Michel Foucault, *Power/Knowledge Selected Interviews and Other Writings 1972-1977* (New York: Pantheon Books, 1980), 131.

서 어떤 것은 진리로 승인되어 수용되고 어떤 것은 거짓이 된다.[21)]

담론은 관습적이거나 창조적인 방법 모두를 통해 구성된다. 관습적인 경우 담론은 지배자의 권력을 정당화하는 이데올로기적 성격을 갖는다. 또한 담론은 저항이기도 하다. 정치적 행위로서 담론은 권력투쟁의 버팀목일 뿐만 아니라 권력투쟁의 현장이기도 하다.[22)] 창조적인 방법으로 구성된 경우 담론은 사회를 재구성할 수 있다. 다시 말해 담론은 사회적 주체성과 사회적 관계 그리고 그것에 관한 지식과 이득을 재형성할 수 있다. 그렇다면 결국 담론은 사회를 변동시킬 수 있다.[23)] 이 경우 담론은 지배 권력과 이데올로기에 대한 저항일 수 있다. 페어클로프에 의하면 정치 행위로서의 담론은 권력 관계와 집단적 실제(계급, 공동체, 그룹 등)를 만들기도 하고 유지하기도 하고 바꾸기도 한다.[24)] 다시 말해 담론은 권력 관계 속에서 만들어진 다양한 입장에서 세계의 의미를 구성하고 지탱하여 지배 관계를 정당화할 뿐만 아니라 그것을 무효화시키거나 바꿀 수도 있다. 담론의 진리효과가 권력의 무효화, 권력투쟁 그리고 위계관계의 전복을 가져온다면 이미 존재하는 권력 관계와 타자를 배제하는 지배적인 담론에 반대할 수 있고 또한 담론들의 위계관계도 변형 또는 전복될 수 있다.[25)] 신문기사를 예로 들어 말한다면 어떤 기사가 정권을 홍보하는 기사인지 또는 시사 고발 기사 인

---

21) 앞의 책, 131.

22) Fairclough, *Discourse and Social Change*, 66.

23) 앞의 책, 67.

24) 앞의 책, 67.

25) Fairclough, *Language and Power*, 75-76.

지에 따라 이데올로기를 만들어 권력을 재생산하든지 또는 그것에 도전한다. 이러한 기사 만들기 즉, 담론을 만드는 행위 또는 담론적 행위(discoursive practice)는 사회적 정체성, 사회관계, 지식과 믿음의 체계를 재생산하거나 바꾸는데 기여할 뿐만 아니라[26] 현존하는 질서를 재생산하거나 그것에 도전한다.[27]

그렇다면 이렇게 지배일 수 있고 또한 저항일 수 있는 담론을 어떻게 분석할 것인가? 담론 분석은 상징적 또는 기호학적 의미를 가지고 있고, 사회적 행위에 의해 발화된 언어를 특히 텍스트(text)를 주로 분석한다. 물론 담론은 텍스트보다 좀 더 추상적이고 포괄적이다. 담론은 지식과 구조의 형태와 공통성을 의미하는 반면에, 텍스트는 담론의 구체적이고 독특한 인식을 실제로 드러낸 물질화된 언어 즉, 실체로서의 언어이다.[28] 실제로 담론은 언어를 통해 텍스트로 나타난다.

담론이 사건이나 사고에 대한 특정한 해석 또는 해석의 과정이라면 텍스트는 바로 그 해석과 과정을 추적할 수 있는 자원이다.[29] 구체적으로 텍스트란 단지 문건만이 아니라 시, 다이어그램, 표, 대화록, 비디오, 그래프 등의 하이퍼텍스트뿐만 아니라 웹서핑과 다양한 TV 프로그램을 통해 얻는 언어와 이미지들, 쇼핑몰에서 경험하는 고객을 위한 전시공간과 다양한 건축형태(푸드 코트, 매장, 극

---

26) Fairclough, *Discourse and Social Change*, 65.

27) Phillips and Jørgensen, *Discourse Analysis as Theory and Method* (London: SAGE, 2002), 95.

28) Ruth Wodak, "Introduction:Discourse Studies-Important Concepts and Terms", ed. Ruth Wodak and Michal Krzyznowski, *Qualitative Discourse Analysis in the Social Sciences* (New York: Palgave Macmillan, 2008), 6.

29) Fairclough, *Language and Power*, 21.

장 등)까지도 텍스트로 볼 수 있다.[30]

    이러한 텍스트는 사회체계를 계속 유지하게 하고 나아가서 넓게 확장시키는 데 중요한 역할을 한다. 레미키(Jay Lemeke)는 기호학적 가공물로서 텍스트는 사회의 조직과 규정 그리고 통제를 중재해왔다고 본다.[31] 그리고 그는 텍스트는 사회통제의 전반적인 과정을 보여주며 사회의 전통과 제의를 유용하게 만든다고 주장한다.[32] 그러나 이러한 텍스트에서 사회조직의 구성과 통제뿐만 아니라 저항도 확인할 수 있다. 레미키는 텍스트(특히 탈근대 시대의 텍스트)가 중요한 사회문화적 변화의 과정과 새롭게 형성되는 사회통제를 중재한다고 보았다. 나아가서 그는 특히 진보적인 사회를 세우려는 시도와 계획을 표방하는 텍스트는 기존의 사회통제 기능을 하는 담론에 저항한다고 보았다.[33]

## 4. 담론으로 본 종교

    종교는 종교인들의 개인적 또는 집단적 언어와 행동으로 행위된다. 여기서 행위의 주체로서 종교인들은 종교 안에만 존재할 수 없고 사회 안에 존재한다. 그런데 사회 안에서 주체들은 언제나 담론을 만든다. 이러한 담론은 단순한 언어 구성물이 아니라 주체의

---

30) Jay Lemeke, "Texts and Discourse in the Technologies of Social Organization", ed. Gilbert Weiss and Ruth Wodak, *Critical Discourse Analysis Theory and Interdisplinary* (New York: Palgrave Macmillan, 2003), 132-133.

31) 앞의 책, 132.

32) 앞의 책, 130.

33) 앞의 책, 130.

사회적 행위이다. 그렇다면 인간의 종교적인 언어와 행위 또한 담론으로 바라볼 수 있다. 이러한 종교 담론은, 좀 더 구체적으로 종교인(또는 종교 조직이나 종교 기관)이 만드는 담론은, 그 담론의 주체가 사회 안에 존재하기 때문에 종교 안에만 국한된 담론을 만들지 않는다. 담론은 주체들의 입장에서 주체들의 방법으로 어떤 사회적 실체나 사건에 대해 말하고 또한 다른 실체와의 관계를 구성한다.[34] 종교가 만든 담론도 마찬가지이다. 주체로서 종교인은 신앙 안에서 사회에서 일어나는 사건에 대하여 말하며 사회와의 관계를 형성한다. 그러므로 종교가 만든 담론은 종교 안에서만 이해되는 것이 아니라 사회적 차원에서 분석되고 이해될 수 있다.

나아가서 종교인이 만드는 담론은 종교에 대한 담론만 있지 않다. 종교인이 만드는 담론은 그 종교인이 속한 사회에 대한 담론이다. 그래서 종교인들은 사회의 주요 쟁점들에 대한 종교적 이해와 해석의 담론을 생산하고 나아가서 사회 전체를 자신들이 원하는 방향으로 이끌어가려 한다. 한국 개신교 보수도 많은 담론을 생산한다. 이 담론들은 단순히 종교에 관한 담론이 아니라 한국 사회의 여러 주요 쟁점에 대한 담론들이다. 그러므로 이 담론들은 사회적이다. 그래서 이 책에서는 한국의 정치(국가와 대통령), 경제(부자와 축복), 문화(동성애와 타종교), 그리고 시민사회(탄핵 촛불, 담임목사직 세습, 종교인 과세, 사학법 개정, 역사 교과서 국정화) 분야로 나누어 주요 쟁점들에 대해 한국 개신교 보수가 생산하고 유포한 담론을 분석하려 한다.

---

34) Fairclough, *Discourse and Social Change*, 3-4.

## 5. 비판적 담론 분석이론(CDA: critical discourse analysis theory)

비판적 담론 분석은 언어적 차원에서 권력이 작동하는 현실적 기제와 그 사회적 기능에 대한 분석에 집중한다.[35] 그리고 비판적 담론 분석은 사회 권력의 남용, 지배, 불평등 등이 어떻게 작동되고 재생산되는지 그리고 그것들에게 어떻게 저항하는지 보여준다.[36] 다시 말해 비판적 담론 분석은 사회적으로 유통되고 미디어를 비롯한 제도적 장치에 의해 조명되는 전술적 언어의 사용이 특정한 사회적 제도적 공간이나 일상의 영역에서 어떻게 사회통제나 지배계급이 선호하는 사회적 재생산과 헤게모니 유지를 위해 사용되는지 탐색할 수 있다.[37]

예를 들어 최윤선은 1980년 5월 31일자 동아일보 1면 헤드라인 "광주 사태 사망 170명, 계엄사 발표 민간 144, 군 22, 경찰 4명"과 본문기사를 분석한다. 그녀의 분석에 의하면 헤드라인은 결과만을 강조하고 사망을 초래한 원인에 대한 어떠한 설명도 하지 않는다. 기사의 본문은 사망의 원인을 계엄군이 아닌 "계엄군과의 교전"으로 설명한다. 그리고 교전의 원인은 "20~22일 5차에 걸쳐 민간인이 광주교도소를 습격"했기 때문이라고 보도한다. 이러한 보도는 사실을 왜곡하였을 뿐만 아니라 신군부의 행위를 감추고 권력을 잡

---

35) 신진욱, "비판적 담론 분석과 비판적 · 해방적 학문", 「경제와 사회」 89집(2011), 11.

36) Teun van Dijk, "Critical Discourse Anaysis", ed. Deborah Schiffrin, Deborah Tannen and Heidi E. Hamilton, *The Handbook of Discourse Analysis* (Oxford: Blackwell, 2001), 352.

37) 이기형, "담론 분석과 담론의 정치학: 푸코의 작업과 비판적 담론 분석을 중심으로", 132.

는 데 유리한 방식으로 재구성되었다.[38]

　이러한 비판적 담론 분석은 담론에 대한 몇 가지 전제를 가지고 있다. 최윤선이 정리한 비판적 담론 분석의 네 가지 주요 전제들에 대해서 살펴보자. 첫째로 담론은 이데올로기적이다. 사회 전반에 걸쳐 행사되는 촘촘한 권력의 장치를 제대로 읽어 내려면 사람들이 일상에서 접하는 크고 작은 담론이 각기 나름의 이데올로기를 가지고 있다는 점을 뚜렷이 인식하는 것이 필요하며 이러한 권력 및 이데올로기의 편재성을 제대로 들춰내려면 세밀하고 구체적인 비판적 담론 분석이 필요하다.[39] 둘째로 담론은 사회적으로 구성되면서 동시에 사회를 구성한다. 담론은 담론이 생산되는 사회구조 및 제도 등에 직접적으로 영향을 받는다는 점에서 사회적으로 구성되지만, 그 영향 하에 생산된 담론이 역으로 사회구조 및 제도 등에 영향을 미친다는 점에서 사회를 구성하는 기능 역시 수행한다. 비판적 담론 분석은 이러한 두 가지 측면, 즉, 사회적으로 구성되는 것과 사회를 구성하는 것 중 어느 한 가지가 아니라 이 둘 사이의 긴장 관계를 의식하고 분석을 실시해야 한다.[40] 셋째로 담론 속의 권력 관계는 비가시적이다. 담론 속에는 힘의 관계가 언제나 내재되어 있다. 상사와 직원, 교수와 학생, 장교와 사병, 심지어 연인관계에서도 힘의 관계가 존재한다. 이러한 불평등한 관계는 관행으로 굳어져 우리는 그 불평등성을 일상에서 의식하지 못하고 받아들이게 된다. 이러한 비판적 담론 분석은 권력의 비가시성(invisibility)

---

38) 최윤선, 『비판적 담화분석-담화와 담론이 만나는 장』(서울: 한국문화사, 2014), 141-142.
39) 앞의 책, 22.
40) 앞의 책, 22.

을 드러낸다.[41] 마지막으로 담론은 선택의 체계이다. 하나의 텍스트는 잠재적이고 유용한 선택의 체계(system of options)를 통해 특정 대상을 고른 결과이다. 선택은 어휘적, 문법적 차원—어떤 단어와 문법 구조를 선택할 것인가—에서부터 "특정한 사건이나 사태를 어떻게 표현할 것인가", "그 텍스트가 대상으로 삼는 사람들과 어떻게 관련시킬 것인가", 그리고 "어떤 정체성을 투영할 것인가"와 같이 좀 더 큰 차원의 선택으로 이어지게 된다. 담론 분석에서 중요한 것은 텍스트에 존재하는 것뿐만 아니라 텍스트에 부재하는 것 다시 말해 선택되지 못하고 배제된 것과 선택된 것을 대비시켜 고려하는 것이다.[42]

### 5-1. 비판적 담론 분석의 목적

담론을 분석하는 학자들에 의하면 비판적 담론 분석은 분명한 목적 아래 진행이 된다. 예거와 마이어(Jäger and Maier)에 의하면 담론 분석의 목적은 담론을 분쇄하고 풀어내어 특정 시간대의 사회에서 무엇이 말하여지고 또 말하여질 수 있는지 정리하고 나아가서 담론의 한계를 확대하거나 축소하는 테크닉을 밝혀내는 것이다.[43] 또한 페어클로프는 권력을 실어 나르는 구체적인 운반의 수단인 담론 분석을 통하여 이데올로기가 생산(또는 재생산)되는 과정을 확

---

41) 앞의 책, 23.

42) 앞의 책, 23-24.

43) Jäger and Maier, "Theoretical and Methodological Aspects of Foulcaudian Critical Analysis and Dispositive Analysis", 36.

인하는 것이 비판적 담론 분석의 목표라고 말한다.[44]

　이러한 비판적 담론 분석의 주된 대상은 일차적으로 텍스트이다. 앞에서 말했듯이 담론이 사건이나 사고에 대한 특정한 해석과 해석의 과정이라면 텍스트는 바로 그 해석과 과정을 추적할 수 있는 자원이다. 그러므로 담론 분석은 결국 텍스트를 분석하는 것을 목적으로 한다. 그러나 담론이 텍스트는 아니다. 담론은 언어와 텍스트를 포괄한다. 세부적으로 구별한다면 담론은 언어의 사회적 상호작용의 전 과정을 의미하고 텍스트는 그 과정의 한 일부이다. 왜냐하면 담론의 언어는 일련의 사회적 과정을 통해 텍스트를 생산하기 때문이다. 즉, 텍스트는 결과물이고 언어는 그것을 만드는 제작자이다.[45] 담론은 좀 더 추상적이다. 담론은 지식과 구조의 형태와 속성을 내포하는 반면에 텍스트는 담론에 대한 구체적이고 독특한 실현이다.[46]

　그리고 담론은 텍스트를 생산하고 해석하는 방식을 규정하는 사회적 조건과 관련되어 있다.[47] 그러므로 이 사회적 조건 안에서 담론 분석 즉, 텍스트 분석을 해야 한다. 이 사회적 조건은 세 가지 수준으로 나누어볼 수 있다. 이 사회적 조건들은 담론이 형성되는 "사회적 환경의 수준"과 담론의 좀 더 넓은 기반을 구성하는 "사회 제도의 수준" 그리고 "사회 전체의 수준"이다.[48]

---

44) 최윤선, 『비판적 담화 분석-담화와 담론이 만나는 장』, 21.

45) Fairclough, *Language and Power*, 20.

46) Wodak, "Introduction:Discourse Studies-Important Concepts and Terms", 6.

47) Fairclough, *Language and Power*, 20.

48) 앞의 책, 20-21.

그렇다면 텍스트 분석을 어떻게 실행할 수 있는가? 텍스트 분석은 전통적인 형태의 언어학적 분석 즉, 어휘(관사, 대명사, 타동사 등), 문법, 문장(또는 텍스트의 구조), 소리체계, 글자체계에 대한 분석 등을 망라한다. 텍스트 분석은 또한 문장들이 서로 결합하거나 연결되는 방식, 전체 구조 그리고 말하는 순서 등과 같은 문장 이상의 것에 대한 분석까지 포괄한다.[49] 구체적으로 담론 분석은 첫째로 텍스트와 텍스트의 생산과정과 해석과정을 살펴보는 것이고, 둘째로 그 해석이 만들어진 사회적 조건 즉, 맥락(context)과의 관계를 파악하는 것이다.[50] 이러한 텍스트 자체 그리고 텍스트와 사회의 상호작용(interaction)으로 만들어진 해석(interpretation) 그리고 그 해석의 바탕이 되는 사회적 맥락(context)을 페어클로프는 아래의 〈그림 1〉과 같이 표시하였다.[51]

**〈그림 1〉 텍스트, 상호작용 그리고 사회적 맥락으로서의 담론**

---

49) 최윤선, 『비판적 담화 분석-담화와 담론이 만나는 장』, 26.
   Fairclough, *Language and Power*, 92-93.
50) 앞의 책, 21.
51) 앞의 책, 21.

## 5-2. 비판적 담론 분석이론

앞에서 담론 분석의 대상을 텍스트라고 말하였다. 텍스트는 화자에 의해 발화된 언어, 행동, 이미지일 뿐만 아니라 사회적 사건이다. 일단 발화되거나 행동하거나 이미지를 어떤 의도를 가지고 의미를 나타내고 전달하기 위해 사용하면 그것은 사회 안에서 일어난 사건이 된다. 그래서 텍스트는 사회적 사건(social events)이라고 볼 수 있다. 다시 말해 언어가 사회적으로 행위되면(즉, 언어를 사회적으로 사용하면) 하나의 실체로서 현실화되어 사회적 사건 즉, 텍스트가 되는 것이다.[52]

사회적 사건으로서 텍스트는 세 가지 측면을 가지고 있다. 첫째로 텍스트는 말하기와 쓰기와 같은 행동이며, 둘째로 행동으로서 텍스트는 무언가를 표상하며, 셋째로 텍스트는 그 행동을 하는 행위자가 누구인지 나타낸다.[53] 이 세 가지 측면은 각각 텍스트의 장르(genre), 텍스트에 표상된 주장 또는 이야기 즉, 담론(discourse), 주체를 드러내는 텍스트의 스타일(style)이라고 부른다. 비판적 담론 분석이론은 바로 이 장르, 담론 그리고 스타일을 분석하는 이론이다. 다시 말해 비판적 담론 분석이론은 장르, 담론, 스타일 이상세 가지 측면에서 실행될 수 있다. 이를 하나씩 살펴보자.

먼저 장르를 분석한다는 것은 텍스트가 어떤 어법과 표현유형을 사용하며 발화되어 어떤 기능을 하는지 살펴보는 것이다. 텍스

---

52) Norman Fairclough, *Critical Discourse Analysis: The Critical Study of Language*, (Edinburgh: Pearson Education Limited, 2010), 74.
53) 앞의 책, 75.

트는 어휘, 문법, 언어들과 문장들의 결합과 연결 등을 사용하여 만들어진다.[54] 텍스트를 생산하는 주체는 어법과 표현을 필요와 용도에 따라 선택하여 텍스트에 사용한다. 이 책에서는 각 장에서 텍스트의 장르를 분석할 때 강조형, 명령형, 선언형, 경고형, 비판 또는 비난형, 당위형, 선동형, 거부형, 설득형, 도전형, 증거제시형 등으로 구분하였다. 장르는 언어적으로 하는 행위와 상호작용이다. 예를 들어 신문기사, 인터뷰, 강의 등은 각각 다른 장르이다. 각 장르는 구체적인 방법으로 텍스트를 구성한다.[55] 어느 장르를 사용하느냐에 따라 텍스트는 다양하게 만들어질 수 있다. 예를 들어 신문기사는 헤드라인과 본문으로 구성된다.

다음으로 담론을 분석한다는 것은 텍스트가 무엇을 표상 (representation)하고 특정 현상이나 사건 또는 쟁점들에 대해 어떤 해석(interpretation)을 제시하는지 살펴보는 것이다. 담론의 텍스트에는 어떤 현상이나 사건의 쟁점에 대해 어떻게 해석하고 그것이 무엇을 의미하는지 나타난다. 구체적으로 말하자면 담론은 텍스트에 표상되어 나타난 주체(담론의 생산유포자)의 물리적, 사회적, 심리적 세계이다. 그리고 담론은 어떻게 사회적 사건을 표상하느냐에 따라, 무엇이 포함되거나 배제되느냐에 따라, 어떻게 추상적으로 또는 구체적으로 사회적 사건을 표상하느냐에 따라, 그리고 어떻게 과정과 연관 관계, 사회적 행위자, 시간과 장소 등을 좀 더 세

54) John E. Richardson, *Analysing Newspers:An Approach from Critical Discourse Analysis* (New York: Palgrave Macmillan, 2007), 46-47, 71; Fairclough, *Discourse and Social Change*, 75.

55) Norman Fairclough, *Analysing Discourse: Textual Analysis for Research* (London: Routledge, 2003), 17

부적으로 표상하느냐에 따라 달라진다. [56)]

　마지막으로 스타일은 텍스트 내에서 대명사, 문법, 어휘, 그리고 조동사들을 사용한 양태(modality)를 통해 어떻게 자기 자신을 특정 담론에 전념케 하는지 그리하여 어떻게 자기 정체성을 구성하고 나타내는지 살펴보는 것이다.[57)] 텍스트를 생산하는 사람 즉, 주체는 자신이 말하거나 글로 쓴 것을 진실로 여기고 자신의 책임과 의무를 양식의 형태로 나타낸다. 그리고 주체는 텍스트를 통하여 자신의 정체성을 구성한다.[58)] 자신의 정체성에 전념하는 정도에 따라 주체는 자기 언어와 표현에서 사용할 양태의 유형을 선택한다. 양태의 유형은 크게 지식을 교환하는 인식 양태(epistemic modality)와 행위를 교환하게 하는 의무 양태(deontic modality)로 나뉜다. 인식 양태에는 저자가 사실에 대해 전념하여 말하는 진술(statement)과 다른 사람에게서 그 진실을 이끌어내는 질문(question)이 있다. 그리고 의무 양태에는 저자가 의무와 필연성에 대해 전념하여 말하는 요구(demand)와 저자가 행위에 전념하여 말하는 제안(offer)이 있다.[59)]

---

56) Norman Fairclough, *Analysing Discourse: Textual Analysis for Research*, 17.

57) 앞의 책, 17.
　Norman Fairclough, *Critical Discourse Analysis: The Critical Study of Language*, 75.

58) Fairclough, *Analysing Discourse: Textual Analysis for Research*, 17

59) 앞의 책, 167-168.

## 5-3. 비판적 담론 분석의 세 차원

앞에서 말한 세 가지 측면의 텍스트 분석을 바탕으로 하여 비판적 담론 분석이론은 텍스트 행위(textual practice), 담론 행위(discursive practice), 그리고 사회적 행위(social practice) 세 가지 차원에서 특정 담론의 특징과 기능을 심도 있게 논의할 수 있다.[60] 이에 대해 살펴보자.

첫째로 텍스트 행위 차원의 담론을 논의한다는 것은 텍스트 자체의 이러한 어법과 구조에 집중하여 어떤 의도와 목적을 가지고 담론의 텍스트가 생산되었는지 파악한다는 것이다. 앞에서 말하였듯이 이 책에서는 한국 개신교 보수가 각 장의 주제들과 관련하여 강조형, 명령형, 선언형, 경고형, 비판 또는 비난형, 당위형, 선동형, 거부형, 설득형, 도전형 등과 같은 어법과 표현을 필요와 용도에 따라 선택하여 텍스트에서 어떻게 사용하는지 그리고 어떤 양태를 사용하여 행위와 정체성을 드러내는지 분석한다.

둘째로 담론 행위 차원에서 담론을 논의한다는 것은 텍스트의 생산, 유포, 소비에 관한 것이다.[61] 텍스트는 단독적으로 이해되거나 분석될 수 없다. 텍스트는 언제나 다른 텍스트들과의 연결되어 있고 그 연결망 안에서 만들어지고 또한 사회적 맥락(context) 안에서 이해될 수 있다.[62] 그러므로 담론 행위를 분석한다는 것은 어

---

60) Fairclough, *Discourse and Social Change*, 73; *Critical Discourse Analysis: The Critical Study of Language*, 133.

61) Fairclough, *Discourse and Social Change*, 78.

62) Louise Phillips and Marianne Jørgensen, *Discourse Analysis as Theory and Method*, 70.

떻게 맥락 안에서 텍스트의 저자가 기존의 다른 텍스트와 연결하여 또 하나의 텍스트를 만들고, 그리고 어떻게 그 텍스트를 독자들이 해석하고 소비하는지에 대해 다룬다.[63] 이러한 담론 행위의 대표적인 예가 상호 텍스트성(intertextuality)이다. 상호 텍스트성은 텍스트들이 서로 연결되어 있다는 것을 의미한다. 상호 텍스트성은 어떤 텍스트에서 언급되는 화제나 사건의 주인공 또는 중요한 논쟁이 다른 텍스트로 연결되거나 옮겨지는 것을 의미한다.[64]

셋째로 사회적 행위 차원에서 담론을 논의한다는 것은 거시적으로 담론을 생산하는 사회구조(social structure)와 미시적으로 담론의 의미가 통하게 하여 공유하도록 만드는 과정을 논의한다는 것을 의미한다.[65] 이 차원은 담론을 생산하고 해석하는 사회적 환경에 대한 것이다.[66] 최윤선은 이 차원을 사회의 구조나 제도가 담론에 어떻게 영향을 미치면서 사회를 구성해 나가는지 분석하고 논의하는 차원으로 본다. 이 차원에서 어떻게 담론이 사회구조에 의해서 구성되며 그 구성된 담론이 다시 사회를 구성해내는 과정을 설명할 수 있다.[67] 그리하여 이 차원에서 어떻게 담론이 기존 권력의 재생산이나 재구조화 또는 그것에 도전하는 모체가 될 수 있는지 확인할 수 있다.[68] 그러므로 담론을 사회적 행위 차원에서 논의

---

63) 앞의 책, 69.

64) Wodak, "Introduction: Discourse Studies-Important Concepts and Terms", 3.

65) Phillips and Jørgensen, *Discourse and Social Change*, 72.

66) Terry Locke, *Critical Discourse Analysis* (London: Continuum, 2004), 42.

67) 최윤선, 『비판적 담화분석-담화와 담론이 만나는 장』, 29.

68) Fairclough, *Discourse and Social Change*, 95.

하는 것은 담론으로 인해 권력 관계 즉, 어떻게 이데올로기가 만들어지고 유지되는지 또는 담론으로 인해 어떻게 권력을 위한 투쟁이 전개되는지를 드러낼 수 있다.

## 5-4. 중요한 개념들

비판적 담론 분석이론은 위에서 말한 분석의 측면과 차원뿐만 아니라 몇 가지 중요한 이론적 개념들을 사용한다. 그것들은 상호 텍스트성(intertextuality), 상호 담론성(interdiscoursivity), 재맥락화(recontextualization), 담론의 공작(technologization of discourse), 자연화(naturalization) 등이다. 이러한 개념들은 실제로 담론을 분석할 때 자주 그리고 효과적으로 사용된다. 이를 하나씩 이해해보자.

### 5-4-1. 상호 텍스트성

상호 텍스트성은 담론의 텍스트들이 광범위하고 다양한 방식으로 서로 섞이고 결합되는 것을 말한다.[69] 상호 텍스트성은 구술 또는 문자화된 텍스트가 직접적 또는 간접적으로 다른 텍스트를 인용하거나 아니면 좀 더 미묘한 방식으로 다른 텍스트나 텍스트의 유형을 암시하는 것을 의미한다.[70] 다른 말로 설명한다면 상호 텍스트성은 텍스트가 다른 텍스트를 낚아채서 완전히 융합되어 동화되든지 아니면 분명한 경계를 만들거나 아예 대조되어 역설적인 반

---

69) James Paul Gee/이수원 외 옮김, 『담론 분석 입문 :이론과 방법』 (파주: 아카데미프레스), 100
70) Fairclough, *Analysing Discourse: Textual Analysis for Research*, 47.

영을 하는 것을 의미한다.[71]

상호 텍스트성은 기본적으로 텍스트들이 다른 텍스트로부터 가져온 자산인데 텍스트는 명시적으로 구분되거나 합쳐질 수 있다.[72] 말하자면 신문기사에서 인용되는 말이나 연설 등이 다른 신문의 기사와 연결되어 서로 지지를 하던지[73] 또는 그 반대로 서로 완전히 대립하는 것을 말한다. 이러한 상호 텍스트성으로 인해 텍스트의 언어는 다른 의미와 용도로 사용될 뿐만 아니라 다른 텍스트와 결합하여 일종의 전환을 하기도 한다.

### 5-4-2. 상호 담론성

텍스트가 서로 연결되어 있다는 상호 텍스트성은 나아가서 담론들도 서로 연결되어 있다는 상호 담론성을 의미하기도 한다. 어떤 담론을 언급하면 그것과 다른 담론이 연결되어 있는 것을 "상호 담론성"이라 한다.[74] 예를 들어 청년 실업 담론이 등장하면 언제나 저임금과 비정규직의 담론이 이어서 나타난다. 그러므로 상호 담론성은 어떤 텍스트에 사용된 장르들과 담론들 그리고 스타일들이 또 다른 텍스트의 장르들과 담론들 그리고 스타일들과 섞여서 함께 사용되어 작동하는 것을 의미한다. 이러한 상호 담론성에 대한 분석은 텍스트에 대한 언어적 분석과 사회적 사건과 행위에 대한 분석

---

71) Fairclough, *Discourse and Social Change*, 84.

72) 앞의 책, 84.

73) Richardson, *Analysing Newspers:An Approach from Critical Discourse Analysis*, 101-106.

74) Wodak, "Introduction:Discourse Studies-Important Concepts and Terms", 3.

의 다양한 형태들 사이에서 중재된다.[75]

상호 텍스트성과 상호 담론성은 사회적 맥락(context) 때문에 가능하다. 페어클로프에 의하면 사회적 맥락은 상호텍스트성과 상호 담론성이 가능하도록 하는 기반이다.[76] 그래서 페어클로프는 담론을 분석할 때 두 가지 실제적인 측면이 있다고 하였다. 그 측면들은 첫째로 텍스트와 텍스트의 제작과 해석과정을 살펴보는 것이고 둘째로 그 해석이 만들어진 사회적 맥락(사회적 사건, 사회적 행위, 사회구조)과의 관계를 파악하는 것이다.[77]

이 책에서 이러한 상호 텍스트성과 상호 담론성은 담론의 텍스트가 표상하는 것과 어떤 현상이나 사건에 대한 개신교 보수의 해석 그리고 개신교 보수가 생산 유포한 담론의 사회적 차원을 논의할 때 자주 다루어질 것이다.


### 5-4-3. 재맥락화

인간은 자신의 사회적 네트워크 안에서 행위하면서 담론을 생산한다. 그런데 이러한 사회적 행위가 다른 네트워크와 연결되면 그로 인해 담론이 다시 만들어지고, 그 다시 만들어진 담론이 다른 맥락 안에 재위치 되는 것을 재맥락화라고 한다.[78] 즉, 재맥락화는 사회적 행위로서의 담론이 변화 또는 재구성되는 것이다. 이러한 재맥락화 과정에서 텍스트의 장르와 스타일이 바뀌고 또한 담론이

---

75) Fairclough, *Analysing Discourse: Textual Analysis for Social Research*, 218.

76) 앞의 책, 47.

77) Fairclough, *Language and Power*, 21.

78) Fairclough, *Analysing Discourse: Textual Analysis for Social Research*, 222.

재현하는 것이 바뀐다.[79]

재맥락화는 텍스트와 담론의 측면에서 관찰할 수 있다. 먼저 텍스트의 재맥락화를 살펴보자. 텍스트의 재맥락화는 장르가 변화하는 것에서 확인할 수 있다. 텍스트들은 언제나 사슬처럼 서로 연결되어 있다. 텍스트의 장르는 한 장르에서 다른 장르로 조직적 전환이 가능하다. 이러한 장르 체인은 사회변동의 한 부분이기도 하다.[80]

재맥락화의 한 예로 세월호 참사 사건에 대한 개신교 보수와 진보의 담론을 들 수 있다. 개신교 보수와 진보는 교리의 문제와 사회적 이슈에 있어서 언제나 뚜렷하게 서로 다른 담론을 생산해왔다. 그러나 이러한 맥락과 달리 세월호 참사 관련하여 개신교 보수와 진보 양측 모두가 생산한 초기의 텍스트에 쓰여진 장르는 전 사회적 추모의 장르를 따라 전환되었다. 세월호 참사의 경우 당시 전 사회적인 추모와 정부 비판은 개신교 보수와 진보단체 모두에게 영향을 미치었다. 그리하여 언제나 대결하고 상호비판적이었던 개신교 보수와 진보는 세월호 참사의 경우 정도의 차이는 있지만 두 진영 모두 피해자를 추모하고 정부를 비판하는 장르를 주로 사용한 성명서를 발표하였다.[81]

다음으로 담론의 재맥락화를 살펴보자. 담론의 재맥락화는 외

---

79) 앞의 책, 17, 222; *Critical Discourse Analysis: The Critical Study of Language*, 76.

80) Fairclough, *Analysing Discourse: Textual Analysis for Social Research*, 216.

81) 이에 대하여는 필자의 졸고 장형철, "세월호 참사 사건에 대한 기독교 담론 분석: 성명서들과 선언문들 그리고 공식 입장표명들을 중심으로", 「현상과 인식」 39권 3호(2016), 183-209를 참조하라.

부 담론이 내부화되는 것을 의미한다. 학교나 회사나 미디어 조직의 내부에 외부의 담론이 들어오는 것이 외부 담론의 내부화의 실례라고 할 수 있다.[82] 그래서 재맥락화를 담론 간에 일어나는 일종의 식민화로 볼 수도 있다. 식민화의 과정처럼 담론의 재맥락화는 어떤 집단이나 조직이 만든 담론이 외부 담론에 의해 포섭되는 것을 의미한다. 내부적 변화를 가져오는 외부적 압력에 종속하게 되는 현대 조직들과 조직들 사이에서 일어날 수 있는 담론의 재맥락화는 조직의 변화나 사회변동에 대한 분석적 연구에 중요한 부분이다.[83] 위에서 언급한 세월호 참사 사건의 경우를 다시 본다면 개신교 보수와 진보의 세월호 참사 사건에 대한 담론은 전 사회적인 맥락과 담론에 의해 재맥락화 된다. 그리하여 개신교 보수와 진보는 모두 정권의 안전한 나라 담론과 민생 경제 회복 담론에 저항하는 전 사회적인 담론의 맥락을 따라 진실 담론과 자기반성의 담론을 생산하였다.

### 5-4-4. 담론의 공작

앞에서 말했듯이 담론은 이데올로기로 작동할 수 있다. 이데올로기로서의 담론은 권력 관계 안에서 세계의 의미를 구성하고 유지한다. 그러나 담론은 또한 세계의 의미를 바꾸기도 한다. 다시 말해서 담론은 권력을 유지하게 하기도 하고 바꿀 수도 있다. 왜냐하면 담론은 사회적인 그리고 문화적인 변화를 만들 수 있기 때문이

---

82) Fairclough, *Critical Discourse Analysis: The Critical Study of Language*, 368.

83) 앞의 책, 369.

다.[84] 창조적인 방법으로 구성된 담론은 사회를 재형성하고 사회적 주체성과 사회적 관계 그리고 그것에 관한 지식과 이득을 재형성할 수 있다. 그렇다면 결국 담론은 사회변동을 일으킬 수 있다.[85]

이러한 담론의 사회변동 기능은 담론의 공작(technologization of discourse)으로 실행될 수 있다. 담론의 공작은 기존 기관이나 조직들이 만든 담론의 질서 안에서 헤게모니를 재구성하거나 또는 새로 구성하고 그것을 받아들이게 만드는 일종의 조정 과정이다.[86] 담론의 공작은 담론을 생산 유포 소비하는 담론적 행위(discursive practice)와 텍스트를 해석하는 바탕인 사회문화적 행위(socio-cultural practice) 그리고 텍스트를 다시 새롭게 종합하는 시도와 연관되어 있다.[87]

담론의 공작은 세 단계를 거쳐 실행된다. 첫 번째 단계에서는 기존 사회조직이나 기관의 담론 행위와 그 효과에 대한 "연구"(research)를 한다. 두 번째 단계는 연구를 바탕으로 담론 행위를 다시 "재고안"(redesigning)한다. 세 번째 단계로 재고안한 담론 행위를 사회나 조직의 구성원들에게 "훈련"(training) 시킨다.

이러한 단계들을 거쳐 실행되는 담론의 공작은 현대사회에 영향을 주는 주요 사회적이고 문화적인 변화의 과정을 이끌고 통제하는 사회적 지배력을 만들 수 있다.[88] 그러나 또한 이러한 담론의

---

84) Fairclough, *Discourse and Social Change*, 8.

85) 앞의 책, 8.

86) Fairclough, *Critical Discourse Analysis: The Critical Study of Language*, 137.

87) 앞의 책, 137.

88) 앞의 책, 126.

공작은 새로운 사회적이고 문화적인 변화를 만들어 헤게모니를 재구성하게 함으로써 기존의 제도적이고 이데올로기적인 담론 행위를 바꾸는 사회적 힘을 만드는 투쟁의 과정일 수도 있다.[89] 물론 이 경우 당연히 이전과 다르게 언어를 사용하는 방침과 계획을 세우고 그 실행에 대한 조사 그리고 지배적 담론을 분석하는 비판적 방법이 필요하다.[90]

이러한 담론의 공작이 진행되는 과정에서 다섯 가지 특성이 나타난다.

첫째로 전문 지식을 가지고 있고 제도 안에서 공인된 역할을 하는 전문가 즉, 담론 기술자(discourse of technologists)가 등장한다. 담론 기술자들은 이전의 제도화된 담론 행위와 구별되는 최신 담론의 공작을 기획한다.[91]

둘째로 담론 행위의 방침을 바꾸기이다. 담론의 공작은 특정 방침 아래 공공연하거나 엄격하게 수정과 제재를 확인하며 해오던 이전의 담론 행위를 담론의 공작을 통해 바꾸게 된다. 담론의 공작은 특정 제도(교육, 법, 의학 등과 같은)안에 있는 행위자로부터 그 밖에 있는 방외자로서의 담론 기술자까지 모두의 담론 행위의 방침을 바꾸는 것이다.[92]

셋째로 담론 기술자들은 영향력과 효과를 최대화하는 담론 기술(인터뷰, 강연, 상담 등을 할 때 사용할 수 있는)을 고안하거나 재

---

89) 앞의 책, 126.
90) 앞의 책, 127.
91) 앞의 책, 138.
92) 앞의 책, 139.

고안 한다. 그리고 그러한 영향력과 효과를 기대하기 위해 특정 맥락에 묶여 있지 않고 관련된 모든 맥락에 자유롭게 사용할 수 있는 담론 기술(context-free discourse techniques)을 개발한다.[93]

넷째로 담론 기술의 재고안은 폭넓은 시뮬레이션을 거친다. 이 시뮬레이션은 미칠 영향력을 전략적으로 계산하여 만든 새로운 담론 기술을 담론 행위에 의식적이고 조직적으로 접목하기 위한 것이다.[94]

다섯째로 담론의 공작은 새로 고안된 담론 기술에 의한 담론 행위를 일반화와 표준화하는 압력이나 또는 강력한 추진력을 구성한다. 담론 기술자로서 외부 전문가는 담론 행위의 방침을 특정 제도에 국한하지 않고 그 이상의 수준으로 올리고 특정 맥락에 묶여 있지 않는 담론을 만들려는 경향을 가지고 있다. 이것이 바로 담론을 표준화하는 압력이다.[95] 이렇게 새로운 담론을 표준화 또는 일반화시키면 쉽게 다른 여러 담론들에게 영향을 미치어 새로운 권력이나 또는 기존 권력에 대한 저항을 형성할 수 있다.

이 책에서 담론의 공작은 본격적으로 담론 분석을 실시한 3장과 4장에서 볼 수 있다. 3장에서는 개신교 보수에 의해 신자유주의적 자본주의 담론이 "축복받은 부자" 담론으로 재고안되어 교회 안에서 작동하는 것을 볼 수 있다. 4장에서는 개신교 보수가 기득권과 특혜를 유지하기 위해 보수 정권과 진보 정권을 상대로 어떻게 담론의 공작을 진행하였는지 볼 수 있다.

---

93) 앞의 책, 139.
94) 앞의 책, 139.
95) 앞의 책, 140.

### 5-4-5. 자연화

특정 담론이 어떤 기관이나 사회를 억압하거나 통제하여 전반적으로 매우 지배적이라면 그 기관이나 사회의 사람들은 자기 생각대로 행동하는 것을 멈추고 그 담론에 따라 생각하고 행동하게 될 것이다. 그리고 그것을 자연스러운 것으로 볼 수 있게된다. 왜냐하면 그것을 자신이 생각하고 행동한 것으로 보고 스스로 타당하다고 여기기 때문이다.[96] 이것을 자연화라고 한다. 즉, 담론이 이데올로기처럼 작동하는데 너무나 자연스러워 이데올로기처럼 느끼지 못하는 것을 자연화라고 할 수 있다.

다시 말해 이데올로기를 구현하는 담론 형태가 자연스러워서 그 이데올로기를 사람들이 상식으로 인식하게 되면 그 담론은 비로소 이데올로기로 작동하게 된다. 그래서 페어클로프는 자연화는 담론을 상식으로 만드는 가장 확실한 방법이라고도 말한다.[97] 담론이 사실은 이데올로기화되었지만 자연화를 통해 상식처럼 보이게 한다는 것이다.

---

96) Fairclough, *Language and Power*, 76.
97) 앞의 책, 76.

# IMF 경제위기 이후 개신교 보수의 경제 담론 : 부자와 축복

# 3장 _ IMF 경제위기 이후
## 개신교 보수의 경제 담론 : 부자와 축복

## 1. IMF 경제위기와 한국 사회의 부자 담론

　세계 최빈국에서 비약적인 경제 발전을 이룩한 대한민국은 근
대화 과정에서 언제나 발전을 강조하는 사회였다. 그러나 1997년
외환 부족으로 인해 국제통화기금(International Monetary Fund,
이하 IMF)에 구제금융을 요청한 경제위기, 소위 IMF 경제위기는
한국 사회에 많은 변화를 가져왔다. IMF 경제위기는 한국 사회에
대량실업, 비정규직 증대, 임금추락, 여성고용불안 증대, 부당노동
행위 급증 등으로 대표되는 삶의 위기를 가져왔다.[1] 이러한 IMF
경제위기로 인해 한국 사회에서 경제적인 부(富)는 매우 중요한 문

---

[1] 강수돌, "IMF 시대, 전환기의 노동운동의 과제", 「황해문화」 가을(1998), 58-63.

제로 대두되었다. 그리고 IMF 구제금융을 전액 상환한 이후에도 십여 년간 한국 사회의 관심은 "부자 되기"였다.

　IMF 경제 위기로 인해 한국 사회는 부에 대한 관심이 매우 컸다. 모두가 경제적인 어려움에서 벗어나 부자가 되기를 원했다. 그래서 이 시기에 부자에 대한 담론은 한국 사회 전체의 주요 지배 담론이었다. 그리하여 한국 사회에는 IMF에 모든 차관을 상환하고 경제위기가 종료된 2001년 이후에도 매우 많은 부자 담론이 생산 유포되었다. 이러한 경향은 2010년대 초반까지 10여 년 이상 지속되었다.[2] 예를 들어 경제적 후유증이 아직 남아있었던 2002년 12월과 다음 해 초까지 인기 있었던 광고 중의 하나가 아무런 내용 없이 그냥 눈사람 주위를 돌며 밝은 표정을 짓는 여배우가 "여러분, 모두 부자 되세요! 꼭이요!"라고 외치는 신용카드 광고였다. "부자 되세요"라는 광고 카피는 "복 많이 받으세요"보다 더 많이 새해 인사로 사용되었다. 그러나 신용카드와 부자 되기는 실제적인 연관성이 없다. 다만 한국 사회 구성원들의 부자가 되고 싶은 욕망을 이루라고 외치는 것을 예쁘게 포장하여 신용카드의 이미지로 만든 것이다. 이 광고는 사회적 공감을 조작하여 자본주의 금융 산업의 핵심 상품인 신용카드 광고한 것뿐이다. 부에 대한 사회적 관심과 담론은 서적 출판으로도 확인할 수 있다. 온라인 서점인 알라딘에서 "부자"를 제목으로 1998년 1월부터 2012년 12월까지 검색하면 1,311

---

2) 물론 이러한 경향은 경제위기와 그 후유증에서 벗어난 2010년대 중반부터 변화한다. 2010년대 중반부터 이명박 대통령과 박근혜 대통령이 이어서 재임하였고 이 시기에 국가 경영과 비리 그리고 국정 농단 등의 문제들이 발생하였다. 따라서 개신교 보수는 경제 담론 즉, 부자 담론보다 정치와 문화 그리고 시민사회 관련 여러 가지 다양한 담론들을 주로 생산 유포하였다.

권이 그리고 2000년대 초반 한때 유행했던 '10억 만들기'의 "10억"을 제목으로 같은 기간을 검색하면 45권이 검색된다.[3]

3장에서는 IMF 경제위기라는 커다란 충격으로 인해 부자되기에 대한 관심이 지대한 한국 사회 안에서 개신교 보수는 부자에 대한 어떤 이해와 인식을 신자들과 사회에 제공하였는지를 보수 성향이 강한 목회자의 설교를 분석하는 것을 통하여 알아보려 한다. 구체적으로 이 장에서는 먼저 IMF 이후 한국 사회 계층의 변화를 구체적으로 살펴보고, 설교의 담론적 성격과 설교가 가지는 사회적 영향력을 논의할 것이다. 그러고 나서 본격적으로 수도권 지역의 초대형 교회 중에서 보수적인 성향이 강한 목회자들의 설교에 나타난 부자 담론을 분석할 것이다. 나아가서 설교 속의 부자 담론이 갖는 이데올로기적 성격을 밝혀 보도록 하겠다. 그리하여 그들의 부자에 대한 설교가 무엇을 의미하고, 어떠한 사회적 담론을 만들고, 그 담론이 어떠한 사회적 영향력 가지고 있으며, 담론으로서의 설교가 한국 사회의 지배적 담론과 어떻게 상호작용을 하고 있는지 그 역학관계를 밝혀내 보고자 한다.

## 2. IMF 이후 중산층의 변화와 개신교

IMF 위기는 한국에 사회적 경제적 변화를 가져왔다. 박길성은 한국인의 삶의 질, 사회갈등, 사회적 자본 등을 측정하는 사회조사를 통해 IMF 위기 이후 한국 사회는 개인 관계 중심, 심각한 경제

---

3) 2021년 2월 2일 인터넷 온라인 서점 알라딘에서 검색.

갈등과 지역갈등, 취약한 공적 신뢰와 견고한 사적 신뢰 등의 특징을 가진 사회가 되었다고 분석하였다.[4] 그리고 은수미는 지니계수 분석을 통해 IMF 위기 이후 한국 사회는 소득 불평등이 커졌으며, 이로 인해 양극화 현상이 심화되었다고 주장한다.[5] 이러한 변화로 인해 한국 사회의 계층 또한 변화하였다. 함인희는 통계청의 가계동향조사를 활용하여 3개의 시점(1998년, 2003년, 2008년)의 중산층(중위 소득의 50~100%에 속하는 경제적 중산층)의 변동 추이를 살펴보았다. 그 결과는 〈표 1〉에서 보는 바와 같이 IMF 이후 10년간 중산층은 급격한 감소추세에 있다.[6]

**〈표 1〉 중산층 가구 규모 추정**

|  | 1998년 | | 2003년 | | 2008년 | |
|---|---|---|---|---|---|---|
|  | 빈도 | % | 빈도 | % | 빈도 | % |
| 중산층 가구 | 47,092 | 73.1 | 49,941 | 56.4 | 40,170 | 46.5 |
| 비중산층 가구 | 17,343 | 26.9 | 39,626 | 43.6 | 44,737 | 53.5 |
| 합계 | 64,435 | 100 | 89,567 | 100 | 84,908 | 100 |

이러한 한국 사회의 계층 구성의 변화 속에서 한국 개신교인들의 계층적인 특성도 변화하였다. 조순기, 박영실 그리고 최은영은 2005년 인구주택총조사 당시 수행된 2% 표본조사의 결과를 분석

---

4) 박길성, "외환위기의 사회적 비용:삶의 질, 사회갈등, 신뢰구조", 「비교사회」 5집(2003), 124.

5) 은수미, 『IMF 위기』 (서울: 책세상, 2009), 25.

6) 함인희, "사회경제위기와 중산층 가족의 품위하락(Falling from Grace): 가장 실직의 경험을 중심으로", 『한국학연구』 43집(2012), 546.

에 의하면 종교별 평균 교육 연수는 종교인과 비종교인 모두 11.4
년이지만 개신교 12.1년, 천주교 12.5년, 불교 10.5년, 원불교 11.1
년, 유교 8년이다.[7] 사무 종사자, 전문가, 기술공 및 준전문가 등의
직업군에서 개신교와 천주교 신자의 비율이 높게 나타났다. 반면에
농업, 임업, 어업 종사자 중에서 유교, 원불교, 불교 신자의 비율이
높게 나타났다. 구체적으로 2008년 한국종합사회조사(이하 KGSS)
의 결과에 의하면, 한국의 관리/전문직의 7.1%가 불교, 35.3%가 개
신교, 11.8%가 가톨릭, 그리고 42.4%가 무종교이다. 또한 같은 해
조사에서 가구 연 수입이 약 4,000만 원 이상인 중간계급 중 29%
가 개신교, 19%가 불교, 11%가 가톨릭, 그리고 38%가 무종교이
다(김상욱 2009:130).[8] 2009년 KGSS에서는 개신교인의 41.6%가
관리전문직 그리고 16.7%가 생산기능노무직이다. 그리고 같은 해
KGSS에서 직업에 따른 개신교인의 종교집회 참석빈도를 보면 아
래의 〈표 2〉[9]와 같이 전문가, 기술자 및 준전문가, 사무직원, 서비
스 근로자 및 상점과 시장판매 근로자가 높은 참석빈도를 보인다.
이 직업들 중 서비스근로자와 상점과 시장판매 근로자를 제외하고
다른 직업들은 우리 사회의 중산층 이상의 직업이라고 볼 수 있다.

---

7) 조순기 · 박영실 · 최은영, "한국의 종교인구", 은기수 · 황명진 · 조순기 엮음 『한국의 인구 주
   택: 인구주택총조사 종합보고서』 (대전: 통계개발원, 2008), 437-438,

8) 김상욱, 『한국종합사회조사 2008』 (서울: 성균관대 출판부, 2009), 130.

9) 〈표 2〉는 2009년 KGSS 결과를 필자가 응답자의 직업을 독립변수로 재구성하였다.

**〈표 2〉 개신교인의 직업별 종교집회 참석빈도**

| 응답자 직업 | 개신교인 종교집회 참석빈도(답변 수) | | | | | | | | | |
|---|---|---|---|---|---|---|---|---|---|---|
| | 일주일에 여러 번 | 일주일에 한 번 | 한 달에 두세 번 | 한 달에 한 번 | 일 년에 몇 번 | 일 년에 한 번 | 일 년에 한 번 미만 | 전혀 가지 않는다 | 답변 거부 | 합계 |
| 군인 | 0 | 1 | 0 | 1 | 0 | 0 | 0 | 0 | 0 | 2 |
| 고위임직원, 입법 공무원, 관리자 | 3 | 6 | 1 | 1 | 0 | 0 | 0 | 0 | 0 | 11 |
| 전문가 | 14 | 20 | 2 | 1 | 3 | 0 | 0 | 2 | 0 | 42 |
| 기술자 및 준전문가 | 21 | 38 | 4 | 3 | 7 | 2 | 2 | 6 | 0 | 83 |
| 사무직원 | 15 | 24 | 3 | 3 | 2 | 1 | 0 | 2 | 0 | 50 |
| 서비스근로자, 상점과 시장판매 | 20 | 33 | 1 | 5 | 5 | 2 | 1 | 6 | 1 | 74 |
| 농업 | 6 | 2 | 2 | 0 | 1 | 0 | 0 | 1 | 0 | 12 |
| 기능원, 관련 기능 근로자 | 6 | 5 | 1 | 2 | 0 | 1 | 0 | 3 | 0 | 18 |
| 장치, 기계 조작 및 조립원 | 6 | 5 | 2 | 0 | 1 | 2 | 1 | 2 | 0 | 19 |
| 단순 노무근로자 | 16 | 15 | 2 | 0 | 0 | 0 | 0 | 1 | 1 | 35 |
| 합계 | 107 | 149 | 18 | 16 | 19 | 8 | 4 | 23 | 2 | 346 |

이러한 결과에서 볼 수 있는 것은 IMF 이후 한국 사회 안에서 중산층 이상이 상대적으로 종교 생활을 적극적으로 하고 있다는 것이며, 특히 개신교는 주로 중산층 이상의 전문직을 가진 사람들의

종교라는 것이다. 강인철도 2005년 인구주택총조사 결과를 교육 정도와 직업을 중심으로 분석하여 기독교인[10]의 중산층화 경향이 나타난다고 주장한다(강인철, 2013:320, 323). 그렇다면 IMF 이후 개신교의 어떤 요소가 중산층 이상의 계층을 끌어들이고 있는가? 여러 가지 이유가 있겠지만 필자는 우선 한국 개신교가 중산층(또는 그 이상의 계층)과 일종의 친화성이 있기 때문이라고 추측한다. 특히 개신교 예배의 핵심인 설교와 중산층의 경제적 욕망 사이에 이러한 친화성이 있을 수 있다. 중산층이 현재 감소하고 있고 나아가서 빈곤층으로 전락할 수 있는 위기를 맞닥뜨리고 있는 것이 현실이지만, 대부분의 중산층은 자신들이 부유층이 되거나 최소한 중산층으로 남기를 원하는 희망을 품고 있을 것이다. 그렇다면 그들에게 부자에 대해서 언급하는 강단에서의 설교는 그들의 지대한 관심의 대상인 부와 나아가서 중산층이나 그 이상으로 자신을 규정하는 자기 동일화(self-identification)와 연결되어 있을 것이다. 이러한 추측을 실제적인 것으로 확인하려면 설교를 구체적으로 살펴보아야 한다. 그러므로 필자는 비판적 담론 분석이론을 사용하여 설교가 어떠한 사회적 담론을 구성하며 나아가서 부자에 대한 어떠한 이해와 해석을 제시하며 사회와 상호작용을 하는지 분석하겠다.

---

10) 강인철, 『한국의 종교, 정치, 국가 1945-2012』, 320, 323.
　　강인철은 개신교와 가톨릭 모두의 중산층화를 주장한다. 그러나 이미 잘 알려진 바대로 개신교와 가톨릭은 역사, 성장 추이, 교리상의 차이가 존재한다. 그러므로 개신교와 가톨릭의 중산층화는 같은 현상이지만 원인과 양상이 다를 수 있다. 이에 대한 것은 다음 연구로 미루고 이 연구에서는 개신교의 중산층화만을 중심으로 다루겠다.

## 3. 설교의 담론적 특성

담론은 개인적이거나 집단적인 주체를 형성하고 실체를 구성하는 특성을 가지고 있다.[11] 그런데 설교도 이러한 특성을 가지고 있다. 설교는 예배에 참석한 개인들에게 그리고 회중들에게 기독교인으로서 주체성을 형성하게 하는 기능을 한다. 설교학자 이성민은 설교 내용의 핵심은 예수 그리스도의 복음이고 설교의 목적은 진리의 선포와 그로 인한 삶의 변화라고 밝히고 있다.[12] 담론이 주체를 구성하는 것처럼 설교는 청중들로 하여금 기독교인으로서의 개인적인 그리고 집단적인 주체를 형성하도록 한다. 그리고 설교는 기독교인들에게 믿음으로 변화된 삶을 세상에서 살도록 권면함으로써, 다시 말해 신앙 행위를 하도록 유도함으로써 사회 안에서 기독교인이라는 존재의 실체를 구성할 수 있게 한다.

나아가서 설교는 사회적 기능과 사회를 변화시키는 기능이 있다. 정인교에 의하면 설교는 이미 신앙을 가진 사람들을 대상으로 신앙교육을 하는 기능과 사회의 부조리와 왜곡된 구조를 고발하고 하나님의 새로운 뜻을 선포하고 시대를 진단하는 예언적 기능 그리고 과거에 쓰여진 성서의 내용을 오늘 여기서 듣고 있는 회중을 연결하고 전달하여 기독교 신앙의 역사적 지평과 현재를 연결하는 기능을 가지고 있다.[13]

---

11) Jäger and Maier, "Theoretical and Methodological Aspects of Foulcaudian Critical Analysis and Dispositive Analysis", 36-38.

12) 이성민, 『해석학적 설교학』 (서울: 대한기독교서회, 2007), 186, 193.

13) 정인교, 『설교학 총론』 (서울: 대한기독교서회, 2003), 72, 74, 75.

이러한 설교의 목적과 기능은 담론의 측면에서도 이해할 수 있다. 우선 설교는 언어로 구성되어 있다. 언어로서의 설교는 예배가 진행되는 상황 안에서 또는 기독교 신앙이라는 맥락 안에서 청중들과 상호작용을 한다. 그러므로 설교라는 언어적 현상은 사회적이다. 그리고 또한 설교 언어는 청중들로 하여금 자신들의 신앙을 확인하고 점검하게 하며 앞으로의 삶을 결정하는 구체적인 과정을 진행하도록 한다. 즉, 설교에서 사용되는 언어는 청중들의 사회적 행위를 이끌 수 있다. 이상의 논의로 보면 설교는 사회적인 기능을 하는 담론으로 볼 수 있다. 그렇다면 담론으로서의 설교를 분석할 수도 있다. 구체적으로 텍스트 분석을 통해서 설교에서 어떤 장르의 어법과 표현들이 사용되며 발화하는지, 그 담론의 텍스트가 무엇을 표상하고 특정 현상에 대해 어떠한 신앙적 해석을 만드는지, 그리고 대명사, 문법, 어휘 그리고 조동사들을 사용한 양태를 통해 어떻게 자신들을 개신교인으로 자기 동일화(self-identification)하는지 분석할 수 있다.[14)]

## 4. 담론으로서 설교가 갖는 사회적 성격

한국 개신교회는 목회자(설교자) 중심이다. 2012년 한국기독교목회자협의회가 의뢰하여 글로벌리서치가 수행한 조사에 의하면 한국 개신교인의 현재 다니는 교회 출석 이유 중 가장 큰 이유

---

14) 물론 초대형 교회 목회자들의 설교는 한 가지 유형에만 국한되어 있지 않다. 그러므로 이 장에서 제시하는 설교자의 유형은 대표적인 예로써 제시하는 것이지 특정 목회자가 한 가지 유형만을 나타낸다는 것은 의미하지 않는다는 것을 밝혀둔다.

가 바로 "집과 가까워서"이고 다음이 "목사님의 설교"이다.[15] 그런데 아래의 〈표 3〉에서 보듯이 가까워서라는 이유는 1998년 이후 지속해서 줄고 있고, 목사님의 설교 때문이라는 이유는 증가하고 있다. 또한 〈표 4〉에서 볼 수 있듯이 "자신의 신앙 성장에 가장 크게 도움을 받은 것이 무엇인가"라는 질문에 교회예배/목사님의 설교가 63.6%로 다른 항목보다 압도적으로 높다.[16]

〈표 3〉 현 교회 출석 이유[17]

| 연도 | 개신교인의 현 교회 출석 이유(%) | |
|---|---|---|
| | 집과 가까워서 | 목사님의 설교 |
| 1998 | 40.7 | 20.8 |
| 2004 | 36.4 | 21.8 |
| 2012 | 33 | 29.6 |

〈표 4〉 자신의 신앙 성장에 가장 크게 도움을 받은 것은 다음 중 무엇입니까?[18]

| 결과 | 비율 |
|---|---|
| 교회예배/목사님의 설교 | 63.6 |
| 가족 | 9.2 |
| 구역/소그룹/양육(성경공부) | 8.5 |
| 신앙 선배와 동료 | 8.2 |

---

15) 한국기독교목회자협의회, 『한국 기독교 분석 리포트:2013 한국인의 종교생활과 의식 조사서』 (서울: URD, 2013), 134.
16) 앞의 책, 122.
17) 한국기독교목회자협의회의 조사 결과를 필자가 재구성하였음.
18) 한국기독교목회자협의회의 조사 결과를 필자가 재구성하였음.

| 결과 | 비율 |
|---|---|
| QT | 6.0 |
| 신앙서적 | 3.1 |
| 기독교 매체(인터넷,TV, 라디오 등) | 1.4 |
| 합계 | 100 |

그러므로 설교는 사회적 수준에서 개신교인 청중들에게 영향력을 가지고 있다. 더군다나 설교가 종교적 진리의 선포와 인간을 향한 무조건적이고 절대적인 신의 사랑(아가페)과 같은 종교적 가치를 선언한다는 측면을 고려한다면 설교가 종교적인 가르침일 뿐만 아니라 사회적 담론을 만들고 사회에 영향력을 미칠 수 있다는 것은 부정할 수 없다. 특히 개신교 예배에서 말하는 자인 설교자와 듣는 자인 청중이라는 일종의 계급적인 위치의 차이로 인해 일종의 권력 관계도 형성되어 있다고 볼 수 있다. 그렇다면 설교는 개신교인 청중들에게 신앙인으로서 말하고 행동해야 하는 것을 제안하거나 통제하는 기능을 할 수 있다.

## 5. 분석할 설교들

필자는 이러한 설교의 사회적 성격을 염두에 두면서 분석의 대상을 수도권 지역의 초대형 교회 목회자들 중에서 보수적 성향이 강한 목회자들의 설교로 선택하였다. 그 이유는 그들의 설교가 초대형 교회에서 다수의 청중에게 실제로 행하여지고, 이후 인터넷과 각종 미디어에서 서비스되며 또한 SNS를 통해 확산되고, 나아가서 책으로 출판되어 담론으로서 대중적인 확산력과 사회적인 영향력이 크기 때문이다. 구체적으로 이 분석에서는 초대형 교회의 목회자인 곽선희 목사(서울시 강남구 소망교회), 김홍도 목사(서울시 중랑구 금란교회), 조용기 목사(서울시 영등포구 여의도순복음교회), 김삼환 목사(서울시 강동구 명성교회), 이동원 목사(성남시 분당구 지구촌교회) 그리고 김동호 목사(서울시 중구 높은뜻숭의교회)들의 주일예배 설교를 IMF 경제위기 기간이었던 1998년부터 IMF 종료 후 경제 성장률이 어느 정도 회복되었던 2012년까지 정리하여 분석하였다. 위에서 언급하였듯이 이 시기는 IMF 경제위기로 인해 대량실업, 비정규직 증대, 임금추락 등의 삶의 위기와 중산층의 급격한 감소가 한국 사회에 나타났고, 이로 인해 부자 또는 부자 되기 담론이 어느 때보다 많이 생산 유포되던 시기이다. 말하자면 부자 담론이 한국 사회의 대표적인 지배 담론이었다. 위 여섯 명의 설교자들은 수도권의 성격이 다른 다양한 지역[19]에 위치한 초대형 교회에서 담임 목회를 하였다. 그리고 모두 은퇴하였다. 그러나 최근까지 그들의 대부분은 원로목사(또는 동사목사) 등의 직함으

---

19) 이들 설교자들은 모두 초대형 교회의 목회자들이지만 각 교회가 위치한 지역은 경제의 측면에서 보면 각각 다른 특성을 가지고 있다. 소망교회는 거주자들의 수입이 높은 지역인 서울시 강남구 신사동에 위치해 있다. 지구촌교회 또한 다른 신도시 거주자보다 수입이 높은 거주자들이 사는 성남시 분당구 구미동에 위치해 있다. 명성교회는 중산층 이상이 거주하는 강동구 고덕동에 위치해 있다. 반면에 금란교회는 수입이 낮은 지역인 중랑구 망우동에 위치해 있다. 그리고 여의도순복음교회는 서울의 중심이라고 할 수 있는 영등포구 여의도동에 위치해 있다. 높은뜻숭의교회는 중구 예장동에 위치한 숭의여대 강당을 예배 장소로 사용하다가 2008년 4개의 교회로 분립하였다.

로 여전히 설교하고 있다.[20] 그러나 일일이 모든 설교현장을 방문할 수 없으므로 1998년 이후부터 2012년까지 출판된 주일예배 설교집을 모두 정리하고 분석하였다. 단 김동호 목사의 경우는 2000년 연속적으로 3개월 동안 부(富)를 주제로 행한 주일설교를 재편집하여 출판한 "깨끗한 부자"를 분석하였다. 김동호 목사는 개신교계에서 논쟁이 있었던 '청부론(淸富論)'의 중심에 있는 설교자이기 때문에 선택하였다. 그리고 각 설교자의 강해 설교집은 설교를 한 시기가 명확히 파악되지 않으므로 제외하였다. 이 설교자들이 1998년부터 2012년까지 출판한 설교집의 양은 아래 〈표 5〉와 같다.

〈표 5〉 초대형 교회 설교자들이 출판한 주일예배 설교집

| 설교자 | 수량(권) | 김삼환 | 13 |
|---|---|---|---|
| 곽선희 | 8 | 이동원 | 14 |
| 조용기 | 10 | 김동호 | 1 (주일설교 재편집) |
| 김홍도 | 3 | 합계 | 49 |

위의 설교집들에서 '부'(富)나 '부자' 또는 '물질의 축복' 등을 구체적으로 언급한 경우를 정리하여 보면 아래의 〈표 6〉과 같다.

---

20) 단 김홍도 목사는 금란교회 동사목사로 설교를 계속해 오다가 2020년 9월 2일 소천하였다.

**〈표 6〉 부(富), 부자 또는 물질의 축복에 대해 언급한 설교**

| 설교집 제목 | 연도 | '부'(富)나 '부자' 또는 '물질의 축복'에 대해 언급한 설교의 제목 |
|---|---|---|
| **곽선희 목사** | | |
| 행복을 잃어버린 부자 | 2004 | 풍랑 속의 고요함<br>행복을 잃어버린 부자 |
| 네 직무를 다하라 | 2005 | 조용히 배우라<br>선한 사업에 부자되라<br>말세인의 속성 |
| 스스로 종이 된 자유인 | 2008 | 네 의를 굳게 잡으리라<br>과연 여기 계시는 하나님 |
| **김홍도 목사** | | |
| 감사의 능력 | 2005 | 주님 기뻐하시는 감사<br>마리아의 감사행위<br>감사를 잊지 않는 사람 |
| 기도의 능력 | 2005 | 표적과 기사가 나타나는 교회<br>영혼구원의 중요성 |
| **김삼환 목사** | | |
| 여호와를 기뻐하라 | 2000 | 이 시대 성도의 삶<br>행복한 사람들<br>가장 복된 가정 |
| 칠 년을 하루같이 | 2000 | 성도의 축복<br>성도의 축복 II |
| 주님의 옷자락 잡고(상) | 2003 | 소원을 이루는 길<br>지존자의 초청 |
| 주님의 옷자락 잡고(중) | 2003 | 한 사람이 귀하다 |
| 교회보다 귀한 것은 없네 | 2004 | 두려워할 것과 두려워하지 않을 것 |
| 주님보다 귀한 것은 없네 | 2004 | 오직 나<br>시험에 대비하라<br>하나님께 소망을 두자 |
| 말씀보다 귀한 것은 없네 | 2007 | 내 영의 축복<br>한 폭의 그림 같은 신앙 |

| | | |
|---|---|---|
| 문을 두드리시는 주님 | 2009 | 하나님의 자녀 |
| 예수님 잘 믿는 길 | 2010 | 진리 안에 사는 사람 |
| **이동원 목사** | | |
| 지금은 다르게 살 때입니다 | 1998 | 지금은 자족할 때 입니다 |
| 이렇게 복되어라 | 1998 | 먼저 구해야 할 축복 |
| 회개행전 | 2000 | 일곱 가지 큰 죄악 |
| 이렇게 너의 성전을 거룩 되게 하라 | 2001 | 선교사역을 감당하기 위한 원리1 |
| 기적을 창조하는 자가 되라 | 2003 | 영혼을 바라보는 눈<br>마른 시냇가의 축복 |
| 나를 보호하는 하늘의 법칙 | 2004 | 하나님의 공급하심을 체험하려면 하나님 우선으로 살라 |
| 면류관을 갈망하는 인생 | 2006 | 지혜로운 사람을 위한 면류관<br>생명의 면류관 |
| 이렇게 사역하라 | 2008 | 상전에 대한 자세<br>거짓 종교인의 특성 |
| **조용기 목사** | | |
| 꿈꾸는 사람 | 2000 | 나무 위에서 본 예수님1 |
| 살리시는 하나님 | 2004 | 거두려면 심으라<br>일용할 양식 |
| 받은 복과 누리는 복 | 2007 | 받은 복과 누리는 복<br>축복의 노다지 |
| 꿈 | 2012 | 꿈을 먹고사는 사람<br>꿈이 있는 자 만이 생존한다 |

## 6. 설교에 나타난 부자 담론과 축복 담론 분석

이제 본격적으로 〈표 6〉에 나오는 설교에 나타난 부에 대한 담론을 장르, 담론, 스타일의 측면에서 분석해보자.

### 6-1. 텍스트의 장르들

대형교회 설교자의 부에 대한 설교의 장르는 선언형, 증언형, 강조형을 가장 많이 사용하였다. 선언형의 대표적인 예로는 김홍도 목사의 설교를 들 수 있다.

> **3-1. 표적과 기사가 나타나는 교회.**[21] 자기 아들을 아끼지 아니하시고 우리 모든 사람을 위하여 내어주신 이가 어찌 그 아들과 함께 모든 것을 우리에게 은사로 주지 아니하시겠느뇨"(롬 8:32)라고 말씀하셨습니다. 독생자까지 우리를 위해 주신 하나님이 <u>그까짓 물질 같은 것을 안 주시겠습니까?</u> 중요한 문제는 하나님의 영광을 위해 살지 않고 또 물질을 주실 때 물질에 치우쳐서 하나님의 몫을 하나님께 돌리지 않는 데서 물질의 사고가 실패하게 되는 것입니다.[22]

증언형의 대표적인 예로는 조용기 목사의 설교를 들 수 있다.

> **3-2. 축복의 노다지.** 허드슨 테일러 선교사님이 하루는 가난한 집을 심방하게 되었습니다. 그 집에는 갓난아이를 안은 젊은 여인

---

21) 이 장에서 인용되는 설교의 맨 앞부분의 굵은 글씨는 해당 설교의 제목이다.
22) 김홍도, 『기도의 능력』(서울: 불기둥, 2005b), 289.

이 몸져누워 있었습니다. (중략) 결국 그는 아기엄마에게 돌아가 갖고 있던 돈을 주고 돌아왔습니다. 그런데 다음 날 아침, 밥값이 없어 굶어야 하는 허드슨 테일러 앞으로 웬 우편물 하나가 도착했습니다. 상자를 열어 보니 놀랍게도 10실링짜리 금화가 들어 있었습니다. 그가 가난한 사람에게 주자 <u>하나님께서 후히 갚아 주셨던 것입니다.</u> 우리가 흩어 가난한 자들에게 주면 하나님께서 후히 누르고 흔들어 넘치도록 채워 주십니다. 우리에게 주신 축복은 모두 다 성경에 있는 하나님의 언약입니다. 구원도 언약입니다. 누구든지 그를 믿으면 멸망하지 않고 영생을 얻으리라는 하나님의 언약입니다. <u>물질적인 축복도 언약입니다.</u>[23]

강조형은 김동호 목사가 주로 사용하고 있다. 물론 아래의 예와 같이 그도 신앙인의 부자 됨을 설교한다.

**3-3. 세상의 불평등을 치유하는 부자가 되라.** 나는 부자로 사는 것이 좋다. 나는 가난한 삶이 되는 것은 싫다. 그러나 가난이 무섭지 않다. 가난하게 되는 것이 싫지만 만일 가난하게 되더라도 그 속에서 행복하게, 성공적으로 잘 살기 위해 최선을 다할 것이며 <u>결국 가난을 극복할 것이다.</u> 나는 정말 그럴 자신이 있다.[24]

그러나 그는 다른 설교자와는 다르게 자극적인 표현을 사용하

---

23) 조용기, 『받은 복 누리는 복』 (서울: 서울말씀사, 2007), 339.
24) 김동호, 『깨끗한 부자』 (서울: 규장, 2001), 178.

며 부자의 완전함을 강조한다. 그리하여 그는 청중들에게 부자 되는 것만이 아니라 그 이상의 그것에 관한 관심을 유도한다.

> **3-4. 세상의 불평등을 치유하는 부자가 되라.** 부자가 되었다고 곧 인생의 승리와 성공을 의미하는 것은 아니다. 또 그것이 행복한 삶 자체를 보장하지도 않는다. 그러므로 <u>부자를 잘 사는 사람이라고 부르는 것은 정당하지 않다.</u>[25]

이상 세 가지의 유형은 모두 청중들의 사고와 행위를 이끌어내는 기능을 한다. 먼저 선언형은 설교자의 선언을 수용하게 하고, 증언형은 설교자가 제시하는 실례를 듣고 그것을 신뢰하게 한다. 그리하여 기독교인 되면(또는 신앙이 있으면) 부(富) 즉, 물질의 축복을 얻게 될 것이라는 확신을 하게 한다. 한편 강조형의 경우는 부자가 되고 난 후 반드시 해야 하는 행동의 필연성을 강조하면서 진정한(또는 완전한) 부자 김동호 목사의 표현대로 한다면 "깨끗한 부자"가 되어야 함을 제시한다.[26]

## 6-2. 텍스트에 나타난 담론들

연구 대상 목회자들의 설교에서 나타나는 부(富)에 대한 표상화와 해석을 차례로 살펴보자. 우선 부는 하나님이 주시는 축복으

---

25) 앞의 책 178.
26) 김동호 목사 설교의 이러한 측면은 담론과 스타일 분석에서 좀 더 자세히 다루겠다.

로 표상된다.

**3-5. 지존자의 초청.** 이 세상의 물질은 다 하나님께서 창조하셔서 우리에게 주신 것이며, 인간이 죄를 범하고 타락하여 이것을 사용할 줄 몰라서 문제가 된 것이지, 물질이 악한 것은 아닙니다. (중략) 예수님도 물질 문제에 시험을 당하신 것을 보면, 우리 인간은 끊임없이 물질의 시험을 당하고, 물질로 인하여 어려움을 당하면서 이것을 통해서 또한 배워 나가는 것입니다(마 4:3). 지금 우리나라의 경제가 어려운 이유에는 여러 가지가 있다고 하겠지만 한 가지 기억해야 할 것은, 우리가 돈이 귀한 것을 몰라서였습니다. 하나님께서 이 민족에게 부어주신 이 엄청난 물질의 축복, 이 기적을 경홀히 생각한 데에 있는 것입니다. 얼마나 우리가 돈 있는 자를 비난했습니까? 돈만 벌면 다냐? 국가가 경제만 성장하면 되느냐? 여러분, 우리에게 찾아온 돈을 우리가 박대하여 온 국민이 내쫓은 것입니다. 우리나라가 6 · 25 전쟁 후 폐허 속에서 일어난 것은 정치를 잘 했기 때문에, 혹은 경제 제일주의로 나가서 이만큼 살게 된 것입니까? 하나님께서 이 나라를 축복하셔서 물질의 축복을 받게 된 것입니다.[27]

그런데 이러한 '부는 축복이다'라는 담론의 변형된 형태도 나타난다. 이 형태는 '부자는 축복받은 자'라는 단순한 논리가 조금 복잡해진 형태이다. 대표적인 예가 곽선희 목사의 설교이다. 그는

---

27) 김삼환, 『주님의 옷자락 잡고 상』 (서울: 실로암, 2003a), 146.

부자를 어리석은 부자와 지혜로운 부자로 나누어 구별하려 한다.

3-6. 행복을 잃어버린 부자. 세상에는 두 가지의 부자가 있습니다. 하늘나라를 위해서 재물을 하늘에 쌓아둔, 하늘에 많이 쌓아둔 그런 부자가 있는가 하면 땅에다 쌓아두고, 쌓아둘 수 있는 줄 알고 그것이 걸림돌이 되어 <u>아주 망가져버리는 부자가 있습니다.</u> 비참한 인간, 돈의 노예가 된 인간, 거기다가 목숨을 건 인간, 어리석은 인간입니다. 여러분, 내게 불필요한 것이 없는지 한번 살펴봅시다. 아무쪼록 <u>어리석은 부자가 되지 맙시다.</u> 지혜로운 부자 하늘나라에 대하여 부요한 그런 부자, 금생과 내세를 통해서 하나님의 축복을 누리는 그런 부자로 살아갈 수 있게 되기를 바랍니다.[28]

그리고 이러한 부에 대한 변형된 담론을 좀 더 발전시킨 설교자가 김동호 목사이다. 그는 마태복음 6장 19절과 20절[29]을 풀이하면서 부자됨의 의미를 상기시킨다.

3-7. 돈은 복이 아니다. 하나님께 물질을 받아 부자가 된 사람은 물질의 복을 받은 것이 아니라 물질의 은사를 받은 것이다. 은사는 주를 위해 쓰라고 주시는 것이다. 물질도 주를 위하여 바로 쓰

---

28) 곽선희, 『행복을 잃어버린 부자』 (서울: 계몽문화사, 2004), 245.
29) "너희를 위하여 보물을 땅에 쌓아두지 말라 거기는 좀과 동록이 해하며 도둑이 구멍을 뚫고 도둑질하느니라. 오직 너희를 위하여 보물을 하늘에 쌓아두라 거기는 좀이나 동록이 해하지 못하며 도둑이 구멍을 뚫지도 못하고 도둑질도 못하느니라"(개역 개정판)

라고 주신다. 하나님이 우리에게 물질을 주시는 것은 복을 누리라고 주시는 것이 아니라 하나님을 위해 바로 사용 하라고 주시는 것이다. 은사는 쓰면 늘고 쓰지 않으면 소멸하는 특징이 있다. 주를 위해 바로 쓰지 않으면 물질의 은사 역시 자연 소멸하게 될 것이다. 반면 물질의 은사를 받은 사람이 하나님의 뜻대로 물질을 잘 사용하면 하나님께서는 그에게 더 크고 많은 물질의 은사를 주시리라고 나는 믿는다.[30]

김동호 목사는 축복을 받으면 부자 된다는 기존의 기복신앙과는 다르게 진정으로 축복받은 자가 되기 위해서는 부자 되는 것뿐만 아니라 그 부를 제대로 사용해야 한다는 해석을 삽입한다. 그는 이렇게 진정한 부자가 되기 위한 거부 할 수 없는 조건을 만들어낸다. 즉, 그는 부를 얻는 것만으로 축복받은 자가 되던 것과 달리 이제는 부를 얻고 제대로 사용하는 것을 추가한다. 그러므로 돈 자체는 경계해야 하지만 제대로 사용하는 부자는 여전히 축복받은 자로 표상된다. 그러나 정용섭은 김동호 목사의 이러한 설교를 "본말이 뒤바뀌어 있다"고 비판한다.[31] 김동호 목사는 설교에서 자신의 인생관이나 철학과 경험이 우선되고 있으며, 하나님의 말씀은 사족으로 사용된다.[32] 김성건은 한국의 IMF 위기 이후 심화된 사회적 양극화를 배경으로 등장한 김동호 목사의 청부론이 주로 중간계급 가

---

30) 김동호, 『깨끗한 부자』, 22.

31) 정용섭, 『속 빈 설교 꽉 찬 설교』 (서울: 대한기독교서회, 2006) 91-92.

32) 앞의 책, 94.

운데서 인기를 끌고 있다고 주장한다.[33] 김동호 목사의 설교는 일견 이웃사랑과 나눔 등의 기독교인의 사회적 책임과 윤리를 설교하는 것 같다. 그렇다면 마태복음의 보물을 땅에 쌓아두지 말고 하늘에 쌓아두라는 본문보다 더 강하게 이웃사랑을 실천하는 본문들[34]을 그는 어떻게 해석할지 매우 궁금하다. 김동호 목사는 부자가 된다는 것은 자본주의 체계 속에서 치열한 경쟁을 하여 승리한 결과라는 언급을 하지 않는다. 그리고 나아가서 그는 자본주의적인 사회 문화 정치 경제체계로 인한 한국 사회의 기회의 불평등과 분배의 불균형을 기독교적인 입장에서 비판하지 않는다. 그는 경제는 잘 모른다고 말한다.[35] 그러면서 그는 부자는 물질의 은사(gift)를 받은 사람이라고 부른다. 그리고 그 은사(물질)를 잘 사용하여 축복받은 자가 되라고 설교한다.

　김동호 목사는 하늘에 보물을 쌓으라는 설교를 계속 반복한다.[36] 이는 담론의 테크놀로지 중 하나인 반복사용(overwording)이다. 페어클로프는 담론의 중요한 전략으로써 상징들의 배열과 그것이 산출하는 의미를 자연스럽게 여기게끔 만드는 대표적인 언어적 테크놀로지로 반복사용과 완곡어법(euphemism)을 제시한다. 반복

---

33) 김성건, "IMF 사태 이후 한국 사회문제와 개신교의 대응 – 보수교단의 빈곤 문제와 양극화에 대한 관점을 중심으로", 『원불교 사상과 종교문화』 56집(2013a), 309.

34) 이러한 예는 많다. 모든 재산을 팔아 가난한 자들을 주고 나를 따르라(마태복음 19:16-30)는 본문과 자신의 재산의 대부분을 재분배하는 삭개오의 이야기(누가복음 19:8)가 그러한 본문들이다. 심지어 산상수훈(마태복음 5장 또는 누가복음 6장)에서는 가난한 자들이 받는 축복과 부자들에 대한 매우 부정적인 예수의 선언이 나온다.

35) 김동호, 『깨끗한 부자』, 6.

36) 김동호, 『깨끗한 부자』, 15, 73, 103, 159, 166, 191.

사용은 특정 단어 또는 단어군을 이례적으로 빈번하게 사용하는 것이다.[37] 현실의 특정한 측면 또는 현실의 특정한 분류도식을 응축하는 단어들을 반복하는 것은 각인효과가 있으며 반복된 언술을 자연스럽게 진실로 믿게끔 하는 이데올로기 효과가 있다. 한편 완곡어법은 부정적인 효과를 막기 위해 더욱 관습적이고 친숙한 단어로 대체하는 것이다. 예를 들어 페어클로프는 정신병원에서 환자들을 유폐(幽閉)하는 것을 격리로, 탈출을 실종으로, 감금 병동을 출입제한 병동으로 표현하는 것처럼 제도화된 언어 관행을 논의 한 바 있다.[38] 김동호 목사가 하늘에 보물을 쌓는 보물을 반복 강조하여 각인하는 것처럼 이동원 목사도 '축복', '지혜로운 자', '면류관', '깨끗함' 등의 언어를 반복해서 사용한다. 그리고 이러한 언어 선택은 또한 부정적인 표현을 배제하고 성스러움을 잘 나타내며 교회에서 친숙한 종교적 수사를 사용하는 이동원 목사의 완곡어법을 잘 보여주기도 한다.

### 3-8. 지혜로운 사람을 위한 면류관.

세 번째 면류관은 재물의 면류관 혹은 부요의 면류관입니다. 잠언 14장 24절 말씀을 보겠습니다. 지혜로운 자의 재물은 그의 면류관이요 미련한 자의 소유는 다만 미련한 것이니라. 이 말씀은 재물을 모으는 두 종류의 사람에 대해서 이야기하고 있습니다. 재물을 지혜롭게 모으는 사람과 어리석게 모으는 두 종류의 사람이 있습니다. 부자도 두 종류가

---

37) Fairclough, *Language and Power*, 96-97.

38) 앞의 책, 97-98.

있습니다. 존경받는 부자가 있고 손가락질을 받는 부자가 있습니다. 우리가 만약 하나님이 주신 지혜로 정당하게 돈을 벌고 또 낭비하지 않고 근검절약해서 하나님께 받은 축복으로 이웃을 돕고 섬기면서 사는 부자가 된다면, 이것은 명예로운 부자입니다. 깨끗한 부자이며 존경받는 부자입니다. 흥미로운 사실은 한 사회가 선진국으로 갈수록 존경받는 부자가 많아진다는 것입니다. (중략) 부끄러운 부자는 남을 속이고 뇌물을 받고 착취를 통해 재물을 얻은 부자들입니다. 그들은 손가락질을 받는 부자들입니다. 한국 사회에서 부자들이 일반 대중의 미움의 대상이 되는 원인은 그들이 돈을 정당하게 벌지 않았기 때문입니다. 우리 사회가 좀 더 선진국이 되면, 좀 더 정직한 사회가 되면 아마 정직하게 돈을 번 사람들이 많아질 것입니다. 그런 사람들은 존경을 해야 마땅한 사람들입니다. 그런 사람의 재물은 축복의 재물입니다. 정말 아름다운 재물입니다. 하나님은 이런 사람들, 곧 지혜롭게 인생을 살고 지혜롭게 부를 추구하는 사람들에게 재물의 면류관을 주십니다. 아니, 재물 그 자체가 면류관입니다. 지혜로운 사람의 재물은 그 자체가 면류관이며 그 자체가 영광스럽다는 말입니다. 그 자체가 아름다운 것이며 그의 수고의 결과입니다. 땀흘림의 결과입니다. 그의 근검과 저축의 결과입니다. 그가 애쓴 결과입니다. 그가 노력한 결과입니다. 그 자체가 면류관이고 자랑스러워할 만한 것입니다. 저는 깨끗한 부자가 아주 많이 나왔으면 좋겠습니다. 하나님이 인생을 지혜롭게 사는 사람들에게 약속하신 세 가지 면류관은 무엇입니까? 아름다움의 면류관과 영

화의 면류관 그리고 부요의 면류관입니다.[39]

이동원 목사는 면류관, 축복, 지혜로운 사람, 깨끗한 부자 등과 같은 매우 주의 깊게 선택한 듯한 언어들을 반복적으로 사용한다. 이러한 완곡어법을 자주 사용하여 매우 선택적인 언어 구사를 한다. 그러나 다른 초대형 교회 설교자들과 비교하였을 때 부에 대한 해석의 커다란 차이는 보이지 않는다. 다만 그는 매우 세련된 언어를 선택하여 보수주의적 신앙을 설교하고 있다. 이러한 반복사용과 완곡어법은 권력 집단의 실제적인 이해관계를 은폐하고 청중이 비판적 거리를 확보하지 못하게 하는 이데올로기적 효과를 낳는다. 이에 대해서는 담론의 사회적 행위의 차원을 다루는 이 장의 마지막 부분에서 자세히 논의하겠다.

부자는 축복받은 자라는 이러한 표상을 기반으로 하여 초대형 교회 설교자들은 물질 축복을 받거나 부자가 되는 가장 분명한 방법을 제시한다. 그것은 십일조를 포함한 헌금이다. 이러한 '십일조와 헌금을 하면 축복을 받는다'는 해석은 의무적, 직설적, 그리고 우회적 형태로 나누어 볼 수 있다. 의무적인 형태는 조용기 목사와 김홍도 목사에게서 두드러지게 나타난다.

> **3-9. 거두려면 심으라.** 그뿐 아니라 우리는 물질의 십일조를 심어야 합니다. 어떤 사람들은 "십일조는 율법 시대의 잔재로서 은혜의 시대에는 필요가 없다"고 말합니다. 그러나 율법이 세워지기

---

39) 이동원, 『면류관을 갈망하는 인생』 (서울: 요단, 2006), 19.

430년 전에 이미 아브라함은 십일조를 심음으로써 생활 속에 물질의 부족함이 없는 길을 얻었습니다. 우리는 예수 그리스도의 살을 먹고 피를 마셔 성찬을 받았으면 우리의 얻은바 소득 중 <u>십분의 일을 하나님께 드려야 합니다. 그러면 우리 하나님께서 우리에게 복을 내리십니다.</u>[40)

직설적인 형태는 김삼환 목사에게서 잘 나타난다. 십일조는 축복을 부른다고 직설적으로 설교한다.

**3-10. 두려워할 것과 두려워하지 않을 것.** 말라기 3장 8절에 십일조를 지키지 않는 것은 도적질하는 것이라고 말씀했습니다. 사람의 것을 훔치는 것이 아니라, 하나님의 것을 훔치는 것이라는 말씀입니다. 지금까지 인류 역사에 <u>십일조를 하나님의 것으로 잘 지킨 개인이나 민족은 모두 복을 받았습니다.</u> 하나님의 것을 하나님 앞에 드릴 때 우리가 더욱 풍요로움을 누릴 수 있습니다. 하나님의 것을 하나님 앞에 드릴 때 우리가 더욱 풍요로움을 누릴 수 있습니다. 하나님의 것을 하나님께 드리지 않으므로 하나님의 복을 받지 못하는 사람이 많습니다.[41)

**3-11. 하나님의 자녀.** 십일조를 하면 성도의 생활이 발전합니다. 요즘같이 과학이 발달하고 지식이 발달한 시대에 하나님께서 은

---

40) 조용기, 『살리시는 하나님』 (서울: 서울말씀사, 2001), 165.
41) 김삼환, 『교회보다 귀한 것은 없네』 (서울: 실로암, 2004b), 210.

혜 안 주시면 교회 나올 사람이 누가 있고 십일조 생활할 사람이 누가 있습니까? 십일조를 하면 하나님께서 그때그때 은혜를 주십니다. 십일조를 해보면 십일조가 점점 늘어납니다. 우리 교회도 개척할 때 교인들이 얼마나 어려웠는지 모릅니다. 내 집 가진 분이 없었고 차 가진 분도 없었습니다. 너무 가난한 사람들만 모여서 저는 하나님 앞에 우리 교인들 복 받는 것이 소원이었습니다. 그런데 지금 보면 그때 어려웠던 집사님들이 다 좋은 집에 좋은 차 갖고 사업도 늘리고 엄청나게 축복을 받았습니다.[42]

이동원 목사도 십일조는 최소한이라고 직설적으로 설교한다.

3-12. 선교사업을 감당하는 원리. 헌금은 수입에 비례하게 드려야 합니다. (중략) 많이 얻으면 많이 얻은 대로, 적게 얻으면 적게 얻은 대로 저축해서 헌금해야 합니다. 저는 이 개념 속에는 헌금은 십일조 이상의 것이라는 정신이 들어있다고 생각합니다. 십일조는 구약시대부터 하나님의 백성들이 하나님께 드리는 헌금의 최저 라인이었다고 생각합니다. 십일조는 최저의 기본적인 헌신의 표시였습니다.[43]

이들과는 다르게 강남구 신사동에 위치한 소망교회 교인들의 특성을 잘 알고 있는 곽선희 목사는 우회적으로 헌금을 강조한다.[44]

---

42) 김삼환, 『문을 두드리시는 주님』 (서울: 실로암, 2009), 218.

43) 이동원, 『이렇게 너의 성전을 거룩되게 하라』 (서울: 나침반, 2001), 337.

44) 그는 2003년 소망교회 은퇴 이후부터는 예수소망교회에서 설교를 계속 해오고 있다. 하지

3-13. 행복을 잃어버린 부자. 소망교회 목사로서 저는 가끔 이상한 질문을 받습니다. 예배당을 짓노라고 작은 교회, 시골교회에서들 얼마나 애를 씁니까. 이럴 때 저를 만나 가지고 "서울 1번지 압구정동 여기에 사는 사람들은 돈이 많다는데, 목사님은 교인도 많고 돈도 많을 텐데 저 좀 도와주세요" 하는 사람들이 있습니다. 많습니다. 그때 제가 대답하는 말이 있습니다. 해볼까요? "교인 주머니에 있는 돈은 돈이 아닙니다. 헌금한 것만 돈이지. 교인 주머니에 돈이 얼마가 있건 그게 나와 무슨 상관입니까. 그게 하나님의 나라와 무슨 상관이냐" 합니다. 하나님 앞에 바친 돈만 돈입니다.[45]

곽선희 목사는 부 보다는 신앙을 강조하며, 부 자체에는 의미가 없고 부가 헌금이 되어 사용될 때만 의미가 있다고 주장한다. 그러나 그의 설교에서 청중들에게 제시하는 부에 대한 심도 있는 기독교적 해석이나 신앙적 경제 윤리는 찾기 힘들다. 그래서 정용섭(2008: 23, 27)은 곽선희 목사의 설교는 궁극적인 것을 지향하는 것 같지만 결국 궁극적인 것에 대한 해석이 없는 설교라고 비판한다.

### 6-3. 텍스트의 스타일들

초대형 교회 목회자들의 설교문의 스타일은 청중들에게 어떻

---

만 이 교회가 거주자 대부분이 중산층 이상인 분당에 위치한다는 것을 감안한다면 그의 설교의 청중이 크게 바뀌지는 않았다.
45) 곽선희, 『행복을 잃어버린 부자』 (서울: 계몽문화사, 2004), 245.

게 자신을 개신교인으로 나아가서 축복받은 자로 자기 동일화(self-identification)를 할 수 있는지 제시한다. 자기 동일화 과정은 텍스트 안에서 진행된다. 그렇다면 텍스트에서 사용된 양태(modality)를 살펴보면 자기 동일화가 어떻게 진행되는지 알 수 있다.[46] 자신이 전념하는 정도에 따라 사람들은 자기 언어와 표현에서 사용할 양태의 유형을 선택한다. 1장에서 설명하였듯이 양태는 지식을 교환하는 인식 양태와 행위를 교환하게 하는 의무 양태로 나뉜다. 그리고 다시 인식 양태에는 저자가 사실에 대해 전념하여 말하는 진술유형과 다른 사람의 진실에 전념하여 그 진실을 이끌어내는 질문유형이 있다. 그리고 의무 양태에는 저자가 의무와 필연성에 대해 전념하여 말하는 요구유형과 저자가 행위에 전념하여 말하는 제안유형이 있다.[47]

곽선희 목사는 자주 인식 양태의 진술유형을 사용한다. 그는 돈에 대해 부정적으로 진술하며 부자가 분명히 알아야 할 것에 대해 설교하는 데 전념한다.

> 3-14. 과연 여기 계시는 하나님. 여러분 예를 들어, 우리는 돈을 축복이라고 생각해서 돈을 달라고 부귀영화를 달라고 몸부림을 치지만 정말로 하나님께서 기뻐하시는 자에게는 그걸 안 주십니다. 오히려 있던 것도 가져가십니다. 그런 후에 무엇이 복인지를 알면 그다음에 복을 주십니다. 돈이 얼마나 귀하다는 걸 안 다음에

---

46) Fairclough, *Analysing Discourse: Textual Analysis for Social Research*, 159.

47) 앞의 책, 167-168.

돈을 주십니다. 돈을 쓸 줄 안 다음에 돈을 주십니다. 돈을 쓸 줄 안 다음에 돈을 주십니다. 여러분, 돈을 쓸 줄 모르는 자에게 돈을 준다면 그건 복이 아니지요. 그건 아예 저주라고 볼 수가 있습니다. 줘서는 안 되는 것이니까요. 어린아이들에게 주는 것과 마찬가지입니다. 칼 쓸 줄 모르는 자에게 칼을 주면 어떻게 되겠습니까. 이것을 복이라고 할 수 없지요.[48]

김동호 목사도 인식 양태의 진술유형을 자주 사용한다. 그도 부에 대해 설교할 때 돈에 대해 부정적으로 진술한다. 그는 이러한 양태사용으로 자신의 청부론의 정당성을 주장하는 데 전념한다.

3-15. 돈에 대한 바른 몫 가르기. 돈에는 두 가지 종류가 있다. 하늘에 쌓을 수 있는 돈과 하늘에 쌓을 수 없는 돈이다. 참으로 우리를 복되고 부하게 하는 것은 하늘에 쌓을 수 있는 돈 뿐이다. 하늘에 쌓을 수 없는 돈은 절대로 우리를 복되게 하지 못한다. 도리어 그 돈은 우리의 삶과 존재를 가난하게 하고 우리의 인생에 화와 저주가 될 뿐이다.[49]

조용기 목사는 의무 양태의 요구유형을 자주 사용한다. 그는 이른바 하나님과의 약속(십일조와 헌물)의 의무를 시켜야만 축복을 받는다는 선언에 전념한다.

---

48) 곽선희, 『스스로 종이 된 자유인』 (서울: 계몽문화사, 2008), 364.
49) 김동호, 『깨끗한 부자』, 120.

3-16. 살리시는 하나님. 우리가 하나님보다 물질을 더 사랑하지 않는다는 증거는 하나님과의 언약을 지킬 때 나타납니다. 그 언약은 십일조와 헌물입니다. 여러분이 하나님께 온전한 십일조를 드리고 헌물을 바칠 때 물질보다도 하나님을 더 사랑한다는 것을 증명하는 것이 되어, 하나님께서 여러분에게 쌓을 곳이 없도록 축복해 주십니다. 나아가 여러분은 주님께서 부족함이 없도록 주실 것을 믿고 입으로 시인해야 합니다. 다윗은 "여호와는 나의 목자시니 내가 부족함이 없으리로다. 그가 나를 푸른 초장에 누이시며 쉴 만한 물가로 인도하시는 도다"(시편 23:1, 2)라고 시인했습니다.[50]

이러한 설교문의 양태들은 청중들이 십일조와 헌금을 실행함으로써 자신을 비기독교인과 가난한 자로부터 분리하여 물질의 축복을 받는 조건을 충족시킨 자, 재물을 하나님의 뜻대로 잘 쓰는 자 그리고 나아가서 올바른 신앙인으로 스스로를 표상하는 자기 동일화가 가능하도록 유도한다.

## 7. 한국 개신교 보수의 부자 담론과 축복 담론의 특징

### 7-1. 텍스트 행위 차원

초대형 교회 설교자들의 부자에 대한 설교의 장르는 선언형(3-

---

50) 조용기, 『살리시는 하나님』 (서울: 서울말씀사, 2001), 247.

1), 증언형(3-2) 그리고 강조형(3-3, 3-4)의 세 가지 형태로 나타난다. 이들 형태는 모두 사회적 행위를 유발한다. 선언형과 증언형은 설교의 내용을 수용하여 신뢰하고 나아가서 기독교인이 되면 부자가 된다는 확신을 하게 한다. 한편 강조형의 경우 부자가 되고 나서 해야 하는 행동을 제시하면서 부자의 완전함을 강조한다. 스타일에 있어서도 인식 양태의 진술유형(3-14, 3-15)은 부 자체가 중요한 것이 아니라 부가 의미하는 것을 설명하고, 또한 부 자체에 대해서 부정적 진술을 하는 인식 양태와 함께 십일조와 헌금 등을 해야만 완전하고 진정한 기독교인이 된다는 의무 양태 요구유형(3-16)을 사용하여 중산층 이상의 청중들이 자신을 축복받은 부자로 자기 동일화를 할 수 있게 한다.

### 7-2. 담론적 행위 차원

초대형 교회 목회자들의 설교에 의해 생산 유포 소비되는 부자 담론은 자세히 살펴보면 부에 대한 나름의 표상화와 해석이 담긴 세 가지 세부 담론이 서로 연결되어 있다. 우선 부(富)는 하나님이 주신 축복 또는 면류관으로 표상된다(3-5). 그런데 이러한 표상화를 변형하여 부를 제대로 사용하는 깨끗한(또는 지혜로운) 부자와 불행한(또는 어리석은) 부자로 구별하는 형태가 나타난다(3-6, 3-7, 3-8). 그리고 물질 축복을 받거나 부자가 되는 가장 분명한 방법은 십일조를 포함한 헌금이라는 해석이 등장한다(3-9, 3-10, 3-11, 3-12, 3-13). 이러한 담론 간의 상호 담론성으로 전체 부자 담론과 축복 담론이 구성된다.

## 7-3. 사회적 행위 차원

설교를 통해서 한국 개신교 보수는 축복받은 자는 반드시 부자라는 담론을 생산하고 유포한다. 이는 담론 자체가 권력효과를 발생시키는 요인이 되거나 권력투쟁이 벌어지는 공간이 되는 담론 안에 내재하는 능력(power in discourse)에 의해 가능하다고 볼 수 있다.[51] 담론은 특정한 형태의 행위, 신념, 기호, 욕망, 필요들이 마치 인간 주체의 심리적 육체적 현실(즉, 진리)에 내재한 자연스러운 속성인 것처럼 받아들여지게끔 하여 사회적 응집력을 구성해내는 헤게모니 효과를 갖는다.[52] 그래서 페어클로프는 담론의 재료로서 언어는 실재를 반영하는 표현이 아니라 그 자체로서 사회적 행위의 한 형태라고 말한다.[53] 말하자면 설교에서 나타나는 부자 담론은 부를 축복이라는 언어로 받아들여 당연하게 여기게 하는 사회적 기능을 하고 있는 것이다. 그래서 부자 담론에서 사회에 대한 구조적 이해와 생산된 경제 가치의 분배 문제 그리고 빈곤의 해결을 위한 공동체나 연대는 잘 나타나지 않는다.

그런데 이러한 부자 담론 즉, 재물로 축복을 받는 개신교인 담론은 개신교에만 나타나는 것일까? 아니면 이러한 부 담론은 한국

---

51) 신진욱, "비판적 담론 분석과 비판적·해방적 학문", 20.

52) Barry Smart, "The Politics of Truth and the Problem of Hegemony", ed. David Couzens Hoy, *Foucault: A Critical Reader* (Oxford: Basil Blackwell, 1986), 157~173.

53) Fairclough, *Language and Power*, 17-18.

사회 전체와는 어떤 상호관계가 있는가? 보닥(Ruth Wodak)은 담론의 텍스트들은 언제나 과거나 현재의 다른 텍스트와 연결되어 있다고 본다. 이러한 상호 텍스트성(intertextuality)은 어떤 동일한 주제나 사건 또는 주 행위자 대한 계속적인 언급이나 다음 텍스트로 주된 주장을 옮기는 것을 의미한다.[54] IMF를 벗어난 직후 한국 사회 전체는 부자 되기에 매우 큰 관심을 가지고 있었다. 한 예로 IMF 이후 부자 되기에 대한 사회적 담론의 텍스트는 각종 도서 출판에서도 쉽게 볼 수 있다. 이 장의 도입부에서 언급하였지만 온라인 서점인 알라딘에서 제목에 "부자"라는 단어를 포함한 출판 도서를 1998년 1월부터 2012년 12월까지 검색하면 1311권이, 그리고 2000년대 초반 한때 유행했던 "10억 만들기"의 "10억"을 제목으로 같은 기간을 검색하면 45권이 검색된다.[55]

　　IMF 이후 한국 사회에서 경쟁에서 승리하고 부자가 되는 것을 표상하는 지배적 사회 담론의 텍스트와 초대형 교회 목회자의 부자(富者)에 관한 설교 텍스트는 서로 연관되어 있다. '축복받은 자는 부자'라는 개신교의 부자 담론은 단독적인 담론이 아니다. IMF 경제위기 이후 '부자가 되어야 한다', '부자가 되는 것이 가장 중요하다'라는 한국 사회의 자본주의적 지배 담론이 개신교까지 확산된 것이라고 볼 수 있다. 여기서 지배 담론이라 함은 단지 다수가 그렇게 생각하고 동의한다는 의미가 아니라 특정 담론이 사회적 지배 관계를 정당화하는 내용과 지배하는 기능을 수행하고 있음을 말

---

54) Wodak, "Introduction:Discourse Studies-Important Concepts and Terms," 3.
55) 2021년 2월 2일 인터넷 온라인 서점 알라딘에서 검색.

한다.[56] 그리고 지배 담론의 확산이란 하나의 제도적 장(field) 혹은 영역에서 지배적이었던 담론이 과거에는 다른 담론을 중심으로 조직되었던 그 밖의 사회시스템 영역까지 확장되는 것을 의미한다.[57] 예를 들면 학문의 장소인 대학이 대기업에 흡수되면서 시장 논리와 기업경영 이론에 의해 구조 조정되는 것과 같다. 한국 개신교도 신자유주의적 자본주의의 전방위적인 침투에 예외가 아니다. 박상언은 한국 개신교의 무한 성장주의와 선교 지상주의를 신자유주의의 기독교적 형태로 본다.[58] 기독교에서 부자가 되는 것은 그리 중요한 주제가 아니다. 기독교에서는 구원(또는 깨달음)과 신의 인간을 향한 무조건적이고 절대적인 사랑(아가페)의 메시지 그리고 그것들을 실천하는 것이 중요하다. 그러나 이러한 핵심들을 선포(전달)해야 하는 설교 속에서는 기독교인 부자 담론이 만들어지고 있다.

한국 개신교 보수 설교자들은 축복받은 자는 부자라는 설교를 통해 교인들을 자기 동일화(self-identification)시킨다. 그리고 나아가서 이러한 부자 담론은 중산층 이상으로(또는 부자로) 자신을 규정하는 사람들을 교회로 유입할 수 있다. 축복받은 부자 담론은 한국 개신교 보수가 담론의 공작(technologization of discourse)을 통하여 생산한 담론이다. 개신교 보수는 IMF 이후 한국 사회의 지배적 담론인 신자유주의적 자본주의를 연구(research)를 바탕으로 하

---

56) Fairclough, *Critical Discourse Analysis: The Critical Study of Language*, 40-41.

57) 신진욱, "비판적 담론 분석과 비판적·해방적 학문", 32.

58) 박상언, "신자유주의와 종교의 불안한 동거 IMF 이후 개신교 자본주의화 현상을 중심으로", 『종교문화비평』 13호(2008), 74, 79.

여, 기독교적 부자 즉, 깨끗한 부자와 부자의 책임을 강조하는 담론을 재고안(redesign) 하고, 이 깨끗한 부자와 부자의 책임 담론을 내포하고 있는 설교를 통해 청중들을 훈련(training) 시킨다. 이렇게 하여 "축복받은 부자"라는 교회 안에서 작동하는 신앙적 지배 담론이 만들어졌다.

또 다른 한편으로 이러한 축복받은 부자 담론은 담론 배후의 능력(the power behind discourse)의 효과로도 볼 수 있다.[59] 담론 배후의 능력은 사회제도를 지배하는 집단들이 행사하고 포괄적인 권력을 은폐하는 능력을 의미한다. 이 담론 배후의 능력은 단지 텍스트의 형식적 언어구조의 효과만이 아니라 사회제도를 장악하고 있는 권력자들의 실질적인 이해관계와 지배에 대한 관심(또는 욕구) 그리고 담론 생산 유포 변형하는 힘의 불균등한 분배와 관련이 있다.[60] 이러한 담론 배후의 능력은 개신교 보수의 부자 담론이 권력을 선점하고 지속할 수 있는 기제를 가지게 한다. 그래서 앞에서 보았듯이 중산층 이상이 개신교인들의 다수를 차지하고 종교 생활을 하고 있다고 볼 수 있다. 반면에 이러한 담론 속에서 가난한 신자들은 축복받은 자가 될 수 없다.

나아가서 개신교 보수의 축복 받은 부자 담론은 자연화(naturalization)가 진행된다. 자연화는 담론을 일반상식으로 만드는 가장 확실한 방법이다. 이데올로기를 구현하는 담론 형태가 자연스러워질 때 비로소 그 이데올로기를 사람들이 상식으로 인식하

---

59) 신진욱, "비판적 담론 분석과 비판적 · 해방적 학문", 20.

60) Fairclough, *Language and Power*, 36-52.

게 되고 그래서 담론이 이데올로기로 작동하는 것을 가능하게 한다.[61] 결국 개신교 보수의 부자 담론은 가난한 신자들에게는 축복받지 못한 자들이라는 자의식을 자연스럽게 가지게 하여 실패감과 절망감을 갖게 한다. 그리고 중산층 이상이나 부자들에게는 축복받은 자라는 자기 정체성을 갖게 한다. 그리고 이는 또한 나아가서 부를 기독교 안에서 합리화시키는 자본의 영성화 그리고 중산층 이상들만 교인이 되는 교회의 계층화 그리고 나아가서 초대형화 지향으로 나타난다.[62]

　　IMF 이후 한국 개신교의 이러한 부자 담론은 자연화 과정을 거쳐 이데올로기화(ideologization)되고 있다. 먼저 김동호 목사의 경우를 살펴보자. 김성건은 김동호 목사의 청부론은 낮은 사회경제적 지위를 가진 사람에 대한 보상보다 높은 사람들의 권능감과 자기 정당화를 부추긴다고 주장한다.[63] 김성건은 나아가서 오늘날 한국 개신교의 보수 주류(主流)가 신봉하는 번영의 복음(prosperity Gospel)은 베버(Max Weber)가 말하는 이른바 '과도적 이데올로기'(transitional ideology)의 역할을 주로 담당하며 또한 종교의 사회변동이나 사회통합의 기능보다 오히려 '사회통제'의 기능을 더 수행하고 있다고 비판한다.[64] 중산층 이상의 신자들은 김동호 목사의 부자 기독교인 담론(3-7) 즉, '청부론'의 주체가 될 수 있지만

----

61) 앞의 책, 76.

62) 박상언, "신자유주의와 종교의 불안한 동거 IMF 이후 개신교 자본주의 화 현상을 중심으로", 85.

63) 김성건, "IMF 사태 이후 한국 사회문제와 개신교의 대응 -보수교단의 빈곤문제와 양극화에 대한 관점을 중심으로-", 309.

64) 앞의 책, 310.

가난한 신자는 그러한 주체가 되지 못한다. 그리하여 청부론은 중산층 이상의 신자들만을 위한 계급 지향적 신앙 이데올로기의 기능을 하고 있다.

다음으로 곽선희 목사의 경우를 살펴보자(3-6, 3-13). 그의 청중 대부분은 한국의 자본주의적 사회구조 내에서 이미 부자라는 지위를 성취한 사람들이다.[65] 그리고 이 부자 청중들은 한국에서 부(또는 자본)을 중심으로 하는 지배적인 가치와 사회적 삶의 의미를 구성하고 있는 주체들이다. 그의 부자론을 페쇠(Michael Pecheux)의 "선구성"(pre-constructed)개념을 빌려와 설명해보자. 선구성은 지배적 사회 담론이 이데올로기적 효과를 갖게 하는 중요한 기제이다. 선구성은 이데올로기적 호명이 담론보다 항상 먼저 있어서 담론이 구성한 실체에 그리고 담론 자체에 의미를 주입한다는 것을 의미한다.[66] 즉, 담론의 이데올로기적 효과를 얻기 위한 선구성이 먼저 존재한다는 것이다. 곽선희 목사의 부자론에서도 부자라는 호명을 받은 청중이 선재하고 그들을 위한 기독교인 부자 담론이 구성된다. 그리고 이 부자 담론 안에서 '부자'와 '신앙인'이라는 본래 서로 다른 종류의 언어 즉, 세속적 언어인 "부자"와 종교적 언어인 "신앙인"이 결합된다. 이러한 담론 내에서 작동하는 기제를 페쇠는 접합(articulation)이라고 한다.[67] 접합은 담론 내에서 서로 분

---

65) 곽선희 목사는 1977년부터 2003년 은퇴할 때까지 서울 강남의 소망교회에서 담임 목회를 하였고 이후 경기도 성남시 분당구에 위치한 예수소망교회에서 정기적으로 설교하고 있다.

66) Michael Pecheux, *Language, Semantics and Ideology* (New York: Palgave Macmillan, 1983), 156.

67) 앞의 책, 156.

리된(또는 관계없는) 단어들이나 절들을 연결하여 새로운 의미를 구성하는 기제이다. 앞에서 나왔던 "재물을 하늘에 많이 쌓아둔 부자"(3-6)와 "돈을 쓸 줄 모르는 자에게 돈을 준다면 그건 복이 아니지요. 그건 아예 저주라고 볼 수가 있습니다"(3-14)라는 언표들은 곽선희 목사의 설교에서 나타나는 접합의 예들이다. 그리하여 이러한 두 기제(선구성과 접합)의 작동을 통해 곽선희 목사의 청중은 자신을 부자 기독교인으로 자기 동일화할 수 있게 된다.

　　물론 이러한 축복받은 자는 부자라는 이데올로기적 종교 담론은 마르크스주의 입장에서 허위의식이나 의식조작이라고 비판할 수 있다. 그러나 프리덴(Michael Freeden)이 밝히듯이 이데올로기에 대한 최근의 관점들은 이데올로기 개념이 안고 있는 위험을 과학적이고 객관적으로 인식하려는 것보다 사회정치적인 것에 대한 특정한 인식을 자연화(naturalization)하고 탈쟁론화(decontestation)하는 이데올로기의 속성에 더 집중되어 있다.[68] 이런 관점에서 본다면 이데올로기는 사회정치적 사건과 체험에 대한 인식에 주로 관련되며, 그에 대한 특정한 인식이 마치 그 자체에 내재해있는 자명한 진리인 듯 믿게 한다. 이러한 자연화를 통하여 다른 인식의 가능성을 봉쇄하는 효과를 가져온다. 말하자면 부자가 주체로 인식된 세계에서 빈자는 타자이고 배제된다. 강인철에 의하면 기독교인의 중산층화는 중하층과 하류층에 속하는 신자들이 교회의 일상적인 활동과 권력 구조에서 소외되는 기제로 작동한다.[69] 그렇다면 성직

---

68) Michael Freeden, *Ideology:A Very Short Introduction* (Oxford: Oxford Univ. Press, 68, 127.
69) 강인철, 『민주화와 종교:상충하는 경향들』 (오산: 한신대학교 출판부, 2012), 332.

자의 설교가 중산층 취향에 맞는 언어로 행해지고 나아가 각종 목회 관행이 중산층을 일차적이고 핵심적 대상으로 하는 방향으로 진행된다면 교회의 문화가 중산층 중심으로 변화할 수 있다. 그래서 강인철은 계층적 지위가 높은 신자들이 교회의 단체 활동에 적극적인 것은 사실이지만 한국 기독교 신자들의 중산층화로 인해 이러한 경향이 극단적으로 발전될 수도 있다고 주장한다.[70]

그리고 이러한 입장에서 이데올로기화된 축복받은 부자 담론은 기독교의 궁극적 가치인 사랑의 실천을 어렵게 한다. 이른바 종교가 이데올로기화되는 위험에 노출되는 것이다. 그리고 이러한 부자 담론은 설교가 가지고 있는 사회적 정의를 실천하는 기능 즉, 사회의 부조리와 왜곡된 구조를 고발하고 하나님의 새로운 뜻을 선포하며 복음의 시대를 진단하는 예언자적 기능을 하기 어렵게 한다.[71]

## 8. 정리

이번 장에서 필자는 IMF 경제위기 이후 사회변동과 관련하여 한국 개신교는 부자에 대하여 한국 사회에 어떤 이해와 인식을 제공하고 그것이 한국 사회와 어떠한 상호작용을 하여 부자 기독교인은 축복받은 자라는 담론이 만들어지는지 밝히려 했다. 구체적으로 이 연구는 초대형 교회의 목회자이며 보수적 성향이 강한 곽

---

70) 앞의 책, 332.
71) 정인교, 『설교학 총론』, 74.

선희 목사, 김홍도 목사, 조용기 목사, 김삼환 목사, 이동원 목사 그리고 김동호 목사가 IMF 이후에 행한 설교에서 나타나는 부에 대한 담론을 분석하였다. 분석은 설교 텍스트가 어떤 문법을 사용하며 발화하여 어떤 행위를 수행하고 또 어떻게 상호작용하는지를 살펴보는 장르, 텍스트가 무엇을 표상(representation)하고 특정 현상에 대해 어떤 해석(interpretation)을 제시하는지 알아보는 담론, 그리고 텍스트 내에서 대명사, 문법, 어휘, 조동사들을 사용한 양태(modality)를 통해 어떻게 자기 자신을 동일화(identification) 하는지를 파악하는 스타일 등 세 가지 국면으로 진행됐다.

이상의 장르, 담론, 스타일 세 가지 국면으로 본 한국 개신교의 축복 받은 부자 담론은 사회 전체에 대한 관점보다 개인적인 관점 즉, 누가 물질의 축복받은 자이고 그렇지 않은 자이며 그들은 어떻게 행동하는가에 초점이 맞추어져 있다. 그런데 이러한 개신교의 부자 담론은 한국 사회 전체에서 지배적으로 작동하는 신자유주의적 자본주의 담론을 담론의 공작을 통해 재고안 하여 축복받은 부자 담론으로 만든 것이다. 이러한 축복받은 부자 담론 안에서 중산층 이상의 신자는 자신을 부자로서 자기 동일화할 수 있지만 가난한 신자는 타자가 되어 배제된다. 이러한 과정을 통해 초대형 교회 목회자들의 설교에서 나타나는 이러한 부자 담론은 이데올로기화된 종교 담론이 된다.

설교가 본래의 종교적 기능을 되찾기 위해서는 사회의 지배적 담론에 종속되기보다 그것에 저항하고 나아가서 기독교의 궁긍적 가치인 사랑(아가페)을 전파하고 사회적 정의를 실천하는 데 기여할 수 있는 담론을 생산하고 유포하여야 한다. 이성민은 그의 저서 『해석학적 설교학』에서 아래와 같이 오늘날 한국 개신교의 설교 문제를 지적하며 설교는 복음의 진리로 돌아가야 한다고 주장한다.

> 설교가 설교를 위해서 존재할 때 설교는 우상이 되어버린다. 설교는 복음의 진리를 선포하고 변증하는 것이지 설교 자체가 설교가 될 수 없다. 설교자의 설교가 자동적으로 하나님의 말씀으로 인식되고 있는 오늘의 시대에 종교개혁자 루터가 활동한다면 그는 개신교회가 설교를 우상화했다고 다음과 같이 강력히 비판할 것이다.
> "이런 식의 설교는 교회의 전통을 지키기 위한 것이지 진리의 선포가 아닙니다. 이런 식의 설교는 미신적인 것이지 복음의 진리를 드러내지 못합니다. 우리는 복음의 진리로 돌아가야 합니다."[72]

---

72) 이성민, 『해석학적 설교학』 (서울: 대한기독교서회, 2007), 191.

# 2000년 이후 개신교 보수의
# 정치 담론 : 국가와 대통령

# 4장 _ 2000년 이후 개신교 보수의 정치 담론 : 국가와 대통령

## 1. 종교와 정치

　　근대사회로 들어오면서 종교와 정치는 분리되었다. 근대 이전에는 국가와 종교의 융합으로 인한 국가의 신성함이 당연시되었다면, 근대 이후로는 정교분리라는 변화와 새로운 제도의 등장으로 인해 이른바 국가의 세속화 또는 탈종교화가 도래하였다.[1] 그러나 실제 역사를 보면 근대사회의 도래 이후에도 그 양상과 방법만 달랐을 뿐 종교와 정치는 항상 연관되어왔다. 김남국은 냉전 종식 후 영국을 비롯한 유럽에서 종교가 정치적 동원의 주요 자원으

---

1) 강인철, "종교가 "국가"를 상상하는 법: 정교분리, 과거청산, 시민종교", 「종교문화연구」 21권 (2013b), 91.

로 등장하여왔다고 주장한다.[2] 미국에서도 정치와 종교가 분리되었을지라도 종교는 공적 영역에서 중요한 역할을 한다.[3] 정태식은 청교도 혁명부터 최근 오바마 정권까지 영미권의 경우 종교(특히 보수 또는 복음주의 기독교)와 정치는 언제나 영향을 주고받았다고 주장한다.[4]

　　한국의 경우도 전명수에 의하면 종교인들의 정치 참여는 군사정권 시기에 직접 했던 친정부 활동 그리고 경험적 데이터를 통해 확인할 수 있는 선거와 관련된 활동에서 확인할 수 있다.[5] 특히 최근 들어와 한국 개신교 보수진영의 정치 참여는 주목할 만하다. 2000년 이후 한국에서 진보 정권과 보수 정권이 번갈아 가며 집권하고 통치하였다. 구체적으로 말해 이 시기에 한국 사회는 진보 정권이었던 김대중의 국민의 정부와 노무현의 참여정부를 그리고 보수 정권이었던 이명박 정부와 박근혜 정부를 경험하였고, 2020년 현재 다시 진보 정권인 문재인 정부를 경험하고 있다. 이러한 과정에서 한국 사회에는 여러 가지 정치적 이슈와 사안으로 대립과 갈등이 있었다. 이러한 상황 속에서 대한민국 건국부터 정치와 긴밀한 관계를 유지해왔던 개신교 보수진영은 여전히 정치에 관여하고

---

2) 김남국, 2004, "영국과 프랑스에서 정치와 종교: 루시디 사건과 헤드스카프 논쟁을 중심으로", 「국제정치논총」 44집 4호(2004), 341.

3) Robert Bellah, *Habits of Heart: Individualism and Commitment in American Life* (Berkeley & California:Univ. of California Press, 2008), 219.

4) 정태식, 『거룩한 제국:아메리카, 종교, 국가주의』 (서울: 페이퍼로드, 2015), 41.

5) 전명수, "종교의 정치 참여에 대한 일 고찰- 한국의 종교와 정치발전 연구의 일환으로", 「담론 201」 17권 3호(2014), 32-33.

있다.[6] 최대광은 김홍도, 오정현, 이정익 목사와 한국기독교총연합회의 예를 들며 한국의 경우 2003년부터 보수적 개신교회들이 정치 참여를 하며 뭉치고 있다고 주장한다.[7]

그런데 현대사회에서 종교는 정치를 직접 하기보다는 공식적인 발언과 행동으로 사회를 움직이거나 정치에 영향을 미치려 한다. 한국 개신교 보수는 직접 창당[8]하기도 하였지만 주로 정치와 관련하여 공식적 발언과 행동으로 개신교계와 한국 사회에 영향을 주려 하였다. 공식 발언으로는 선언, 성명, 공식 입장, 논평, 설교 등이 있으며 행동으로는 구국기도회, 각종 대중 집회, 기자회견 등이 있다. 이러한 정치 관련 발언과 행동을 통하여 개신교 보수진영은 자신의 신념과 가치 그리고 세계관을 나타내는 정치 담론을 생산한다. 그리고 이러한 정치 담론은 종교의 영역에만 머무르지 않고 정치와 문화 그리고 사회 전체와 연관되어 있다. 기실 담론은 사회 안에서 발화된 언어일 뿐만 아니라 개인과 집단의 사고와 행동을 유발한다. 왜냐하면 담론은 단순히 어떤 사물이나 사회적 실체 그리고 그 실체들의 관계를 서술하거나 설명만 하는 것만이 아니라 권력, 상식, 사회적 주체, 그리고 그 주체의 사회적 위치를 다양한 방법으로 구성할 수 있기 때문이다. 예를 들어 병원에서 의사와 환자 각자가 말하는 권리와 권력 그리고 자기 인식의 위치는 다르다. 그

---

6) 이에 대하여는 강인철, 『한국의 종교, 정치, 국가 1945-2012』 (오산: 한신대학교 출판부, 2013a)를 참조하라.

7) 최대광, "교회와 권력:말함과 침묵의 권력 배치", 「종교교육학연구」 31권(2019), 216-218.

8) 개신교 정당으로는 2004년 창당한 한국기독당과 2008년 창당한 기독사랑실천당, 2011년 창당한 기독교자유민주당 등이 있다.

래서 의사의 담론과 환자의 담론은 서로 다르다. 그러므로 담론은 담론을 말하고 행동하는 주체에 따라 그 성격과 기능을 달리하며 나아가서 화자 또는 담론 생산자의 사회적 위치에 따라 다른 정치적 기능을 한다고 말할 수 있다. 나아가서 담론은 권력에 복종하던지 저항한다. 푸코(Foucault)에 의하면 담론은 권력의 도구 또는 장애물일 수 있으며 나아가서 반대하는 전략의 시작이 될 수도 있다.[9] 다시 말해서 담론은 권력을 전달하고 만들고 강화할 뿐만 아니라 권력을 방해하며 약화시켜 무너뜨릴 수도 있다. 구체적으로 서론에서 소개한 담론의 공작(technologization of discourse)이 바로 이러한 담론의 기능을 이해하는데 중요한 개념이다. 이에 대하여는 이 장의 뒷부분에 나오는 한국 개신교 정치 담론의 사회적 행위 차원 분석에서 다루겠다.

그렇다면 한국 개신교 보수진영의 정치 담론은 지배 권력에 복종하며 권력을 위한 역할을 하였을까? 아니면 권력에 저항하고 무너뜨리는 역할을 하였을까? 나아가서 한국 개신교 보수는 정치 담론 생산을 통해서 어떠한 사회적 주체, 그리고 그 주체의 사회적 위치와 지위를 어떻게 구성하였을까? 그리고 개신교 보수의 정치 담론은 정권에 따라 어떻게 변화하였을까? 이를 파악하기 위해 4장에서는 먼저 개신교 보수진영이 만든 정치 담론의 장르, 담론에 나타난 해석이나 담론이 표상하는 것, 그리고 스타일을 분석한다. 그러고 나서 그 분석을 바탕으로 텍스트 분석, 담론적 행위 분석, 그리고

---

9) Michel Foucault. *The History of Sexuality: An Introduction* (London: Penguin Books, 1990), 100-101.

사회적 행위 분석의 차원에서 개신교 보수진영의 정치 담론은 어떤 특징을 가지고 있으며, 어떤 사회적 구조와 환경 안에서 어떤 과정을 통해 만들어지고, 어떤 기능을 하는지 논의할 것이다.

## 2. 국가조찬기도회와 한국기독교총연합회

한국 개신교 보수의 정치 담론은 주로 교회 밖에 조직되고 설립된 연합단체에서 분명하게 나타난다. 교단과 목회자들의 나라와 지도자를 위한 일반적인 기도와 설교 등은 많이 있지만, 그들이 직접 생산하고 유포한 국가와 대통령에 관련된 구체적이고 실제적인 내용을 담은 성명서나 공식선언문 또는 설교는 드물다. 그리고 그들이 대통령과 국가 정책에 대해 직접적으로 언급하고 비판을 한 것도 드물다. 그 이유는 정치 담론이 목회와 교회의 양적 성장에 부정적 영향을 미치기 때문이라고 보인다. 실제로 〈표 1〉에서 보는 바와 같이 2020년 기독교윤리실천운동의 조사[10]에 의하면 목사의 정치적 참여에 대한 교인들의 허용 정도는 높지 않게 나타난다. 쉽게 말해서 교단이나 목회자의 정치 참여에 대해 한국 개신교인은 부정적이다. 그렇다면 교단과 목회자의 정치 참여는 교인들이 교회를 떠나는 것(다른 교회로 옮기거나 또는 신앙을 포기하는 것)과 같은 결정에 영향을 미칠 수 있다는 것을 추측할 수 있다.

---

10) 기독교윤리실천운동, 2020년 2월 7일, "2020년 한국 교회의 사회적 신뢰도 여론 조사" 결과를 필자가 재편집하였다.

<표 1> 목사의 정치 참여에 대한 교인들의 허용 정도

| | 개인적 자리/ 모임에서 정치적 발언(%) | 교인들과의 자리/모임에서 발언(%) | 설교 등 공식적인 곳에서 정치적 발언(%) | 정치적 집회나 활동에 참여(%) | 공적이든 사적이든 하지 않는 것이 좋다(%) |
|---|---|---|---|---|---|
| 전체(1000) | 52.3 | 30.2 | 22.3 | 16.3 | 47.7 |
| 기독교(193) | 60.0 | 36.9 | 27.5 | 19.3 | 40.0 |
| 불교(178) | 51.0 | 36.1 | 25.1 | 18.9 | 49.0 |
| 가톨릭(83) | 45.8 | 26.5 | 21.6 | 12.0 | 54.2 |
| 종교 없음(540) | 51.2 | 26.6 | 19.6 | 15.0 | 48.8 |

그런데 개신교 보수진영의 교단과 기관들의 연합단체들은 여전히 개신교라는 큰 울타리 안에 있기는 하지만 교단과 교회를 벗어나 조직된 단체이다. 그러한 단체들은 개신교 보수 목사들이 정치 활동에 부정적인 교인들에게서 벗어나 정치 활동을 할 수 있는 공간이라고 볼 수 있다. 개신교 보수 목사들이 연합단체에서 정치 활동을 하는 것은 교회와 교단 밖에서 정치 활동을 하는 것이므로 교인들이 부정적인 인식을 가질 수는 있겠지만 출석하는 교회를 떠나는 것에 직접적인 영향을 미친다고 보기는 어렵다. 즉, 교회 신자 감소에 비교적 작은 영향을 줄 수 있다. 그러므로 개신교 보수 연합단체들은 개신교 보수 목사들이 교회 밖에서 비교적 자유롭게 그리고 조직적으로 정치 활동을 할 수 있는 자리(platform)가 된다.

이번 장은 개신교 보수진영의 여러 기관과 단체 중에서 두 개의 대표적인 단체를 선정하여 그 단체들이 생산하고 유포한 정치 담론을 분석하겠다. 그 단체들은 국가조찬기도회와 한국기독교총연합회이다. 이 두 단체는 아래의 〈표 2〉과 〈표 3〉에서 보는 바와 같이 개신교 보수 연합단체 중에서 지속적으로 그리고 매우 활발하고 공개적으로 활동하는 연합단체들이다. 이 장에서는 국가조찬기도회와 한국기독교총연합회의 국가 담론과 대통령 담론을 분석한다. 나아가서 2000년 이후 진보 정권과 보수 정권의 시대에 두 단체는 어떤 국가 담론과 대통령 담론을 만들고 사용하였는지, 그 담론들의 특성은 무엇인지, 담론 만들기를 통해 각 정권과 어떠한 관계를 형성하였는지, 그리고 그들의 국가 담론과 대통령 담론이 어떤 기능을 하였는지 살펴보려 한다. 본격적인 분석에 앞서 2000년 이후 이 두 단체의 역사와 활동 내용을 살펴보는 것을 통해 이 두 단체가 개신교 보수진영에서 어떤 위치를 차지하고 있는지 살펴보자.

2003년 사단법인으로 등록된 국가조찬기도회는 1968년 워커힐 호텔에서 박정희 대통령이 참가하는 제1회를 시작으로 2019년까지 51회를 진행하였다. 기도회 장소는 모두 교회가 아닌 대형 전시장이나 호텔이었다. 그리고 1990년대 중반에 들어와 합창, 독창, 오케스트라 등 주로 음악회를 하는 식전과 식후 행사가 만들어졌다.[11] 대부분 대통령은 국가조찬기도회에 참석하였을 뿐만 아니라 장관, 현직 여당과 야당의 국회의원, 군 장성(군사령관, 각 군 참모총장 등), 대학 총장, 대법관, 헌법재판관, 감사원장, 언론사 사장 등 한국 사회의 지도급 인사들이 언제나 참석하여왔다. 그리고 주로 개신교 보수를 대표할 만한 목사들이 설교하였다. 아래의 〈표 2〉는 2000년 제32회부터 2019년 51회까지 설교자들과 주요 참가자들을

---

11) 강인철. 『한국의 개신교와 반공주의』(서울: 중심, 2006), 392.

정리한 것이다. 이 장에서는 언론을 통해 발표된 2000년부터 2019년까지 국가조찬기도회 설교자들의 설교 전문을 분석할 것이다.

### 〈표 2〉 국가조찬기도회

| 회차<br>(연도) | 설교자<br>(교회) | 설교 제목 | 대통령 참석<br>(발언 내용/주요 사항) | 주요 순서를 맡은 임원과<br>기도 인도자 |
|---|---|---|---|---|
| 32<br>(2000) | 길자연 목사<br>(왕성교회) | 왜 예수인가? | 김대중 연설<br>(지식정보 강국,<br>남북 간 교류) | 김영진 국회의원<br>박세환 국회의원<br>김명자 환경부장관<br>손병두 전경련 부회장<br>장상 이대총장<br>이중표 목사(기장총회장) |
| 33<br>(2001) | 이중표 목사<br>(한신교회) | 민족을 살리는<br>비전 | 김대중 연설<br>(남북 평화,<br>지식 정보화) | 김영진 국회의원<br>한완상 부총리<br>신윤표 한남대 총장 |
| 34<br>(2002) | 최성규 목사<br>(순복음인천<br>교회) | 모두 함께 살자 | 김대중 연설<br>(한반도 평화) | 박세환 국회의원<br>김영진 국회의원<br>남궁진 장관(문화관광부)<br>이광자 총장(서울여자대학교)<br>채명신 회장(베트남참전유공자회)<br>김경식 목사(교회협 직전회장) |
| 35<br>(2003) | 김진홍 목사<br>(두레마을 대<br>표) | 성공한 개혁자<br>느헤미야 | 노무현 인사말<br>(하나님께 기도해<br>달라) | 김영진 농림부 장관<br>노승숙 국민일보 사장<br>이경숙 숙명여대 총장<br>박제윤 대법관 |
| 36<br>(2004) | 피종진 목사<br>(남서울중앙<br>교회) | 난국을 극복<br>한 히스기야의<br>기도 | 고건 총리 인사<br>(노무현 대통령 탄핵<br>심판 중) | 원혜영 국회의원<br>영국 데이빗 다니엘 의원<br>일본 중의원 도이 류이치 |
| 37<br>(2005) | 최진호 목사<br>(충무성결교회) | 그들로 하나 되<br>게 하소서 | 노무현 인사말<br>(은혜, 권능 등 종교적<br>표현 사용) | 유재건 국회의원<br>황우여 국회의원<br>정근모 명지대 총장<br>노승숙 국민일보 사장<br>조배숙 국회의원<br>원희룡 국회의원<br>김승규 법무부 장관 |

| | | | | |
|---|---|---|---|---|
| 38 (2006) | 이동원 목사 (지구촌교회) | 하나님의 마음에 합한 사람 | 노무현 인사말 (진보와 보수의 연합 예배, 경제 발전) | 정근모 명지대 총장 유재건 우리당 국회의원 이경재 국회의원 김우식 과학기술처장관 장상 전 이화여대 총장 김용담 대법관 김성일 공군참모 총장 |
| 39 (2007) | 박종화 목사 (경동교회) | 땅끝까지 증인들을 보내소서 | 노무현 인사말 (진실과 가치) | 황우여 국회의원 정근모 명지대 총장 유재건 우리당 국회의원 박명재 행정자치부 장관 박흥렬 육군참모총장 |
| 40 (2008) | 조용기 목사 (여의도순복음교회) | 모든 백성과 더불어 일어나 가나안으로 가라 | 이명박 인사말 | 원희룡 국회의원 이배용 이화여대 총장 김황식 대법관 김하중 통일부 장관 김은기 공군참모총장 |
| 41 (2009) | 이용규 목사 (성남성결교회) | 나라를 살리는 리더쉽 | 이명박 인사말 (북핵, 서민경제) | 이용훈 대법원장 김용담 대법관, 안병만 교육과학기술부장관 정옥근 해군참모총장, 황우여 국회의원 |
| 42 (2010) | 전병금 목사 (강남교회) | 세계 모든 민족 위에 뛰어난 민족 | 이명박 인사말 | 김기현 국회의원 황우여 국회의원 최규식 국회의원 이병석 국회의원 조대현 헌법재판관 이철위 제2작전사령관 |
| 43 (2011) | 손웅인 목사 (덕수교회) | 위대한 백성이 만드는 위대한 나라 | 이명박 인사말 (나눔, 서민, 국민통합, 북한 /무릎 꿇고 기도함) | 황우여 국회의원 우제창 국회의원 이광자 서울여대 총장 김기현 국회의원 김석동 금융위원장 정홍용 (합참전략기획본부장) |
| 44 (2012) | 오정현 목사 (사랑의교회) | 한민족 비상을 위한 여호와 이레의 하나님 | 이명박 인사말 (한국 기독교) | 황우여 국회의원 이경재 국회의원 권오성 한미 연합사 부사령관 |

| 45<br>(2013) | 이영훈 목사<br>(여의도순복음<br>교회) | 하나님께서 원<br>하시는 것 | 박근혜 축사<br>(국민통합과 화합) | 황우여 국회의원<br>김진표 국회의원<br>김신 대법관<br>김요한 제2군 군사령관 육군대장 |
|---|---|---|---|---|
| 46<br>(2014) | 김삼환 목사<br>(명성교회) | 우리 모두 앞으<br>로 나아갑시다 | 박근혜 축사 | 김진표 국회의원<br>차경애 YWCA 회장<br>정갑영 연세대 총장<br>안창호 헌법 재판관<br>박삼득 국방대학교 총장 |
| 47<br>(2015) | 김신도 원로<br>목사<br>(광림교회) | 선한 목자를 따<br>르는 선한 양 | 박근혜 인사말<br>(국민통합, 사회화합) | 홍문종 국회의원<br>박병석 국회의원<br>위승호 국방대학교 총장 |
| 48<br>(2016) | 소강석 목사<br>(새애덴교회) | 통일을 가슴에<br>품고 기도하는<br>교회 | 박근혜 축사<br>(북핵, 통일) | 김춘진 국회의원<br>유병진 명지대 총장<br>최경희 이화여대 총장 |
| 49<br>(2017) | 정성진 목사<br>(거룩한빛광성<br>교회) | 사방에 욱여쌈<br>을 당할 때 | 황교안 총리 발언<br>(국론분열, 국민통합) | 홍문종 국회의원<br>김진표 국회의원<br>조배숙 국회의원<br>정경두 공군참모총장 |
| 50<br>(2018) | 소강석 목사<br>(새애덴교회) | 반성과 화해<br>로 통일의 길<br>을 열라 | 문재인 대통령 인사말 | 김진표 국회의원<br>안상수 국회의원<br>정경두 합동참모의장 |
| 51<br>(2019) | 이영훈 목사<br>(여의도순복음<br>교회) | 하나님의 나라 | 이낙연 총리 축사 | 김진표 국회의원<br>안상수 국회의원<br>이혜훈 국회의원<br>정경두 국방장관<br>박한기 합참의장 |

　　한편 한국기독교총연합회는 한경직 목사를 중심으로 1989년 창립되었고, 2019년 초까지 76개의 개신교 교단이 회원으로 있었다. 1991년 사단법인으로 인가받은 한국기독교총연합회는 지속해서 정치와 사회 관련 이슈에 대하여 적극적인 발언과 행동을 하고

있다. 이 연구에서는 2002년부터 2019년까지 한국기독교총연합회가 발표한 각종 공식 입장, 성명서, 선언문, 논평, 메시지를 분석한다. 그런데 2002년부터 2011년까지 공식 입장, 성명서, 선언문, 논평, 메시지는 한국기독교총연합회의 공식 사이트에 남아 있지 않았다. 그래서 인터넷 검색(구글, 다음, 네이버 등)을 통하여 주요 문건들과 자료들을 찾고 정리하였다.[12] 그리고 2012년 이후의 모든 자료는 한국기독교총연합회 공식 사이트에서 찾을 수 있었다. 아래 〈표 3〉은 한국기독교총연합회가 얼마나 정치 관련 활동을 하였는지 확인하기 위해 2012년부터 2019년까지 한국기독교총연합회 홈페이지에 발표된 공식 입장, 성명서, 선언문, 논평, 메시지 등 185개의 문건을 주제별로 분류한 것이다.

〈표 3〉 2012년부터 2019년까지 한국기독교총연합회가 발표한 공식 입장, 성명, 선언, 논평, 메시지

| 주제 | 기독교(횟수) | 정치/외교(횟수) | 주요 사회 이슈(횟수) |
|---|---|---|---|
| 내용 | **WCC 개최 관련**<br>WCC 개최 반대(2)<br>WCC 개최 관련 합의(3)<br>WCC 반대(2)<br>WCC 반대 성명<br><br>**이단 관련**<br>류광수 이단 심사<br>구원파 유병언 | **국내 정치**<br>문체부 장관 내정자<br>김영란법<br>20대 총선<br>테러 방지법<br>미 대사 리퍼트 피습<br>민주당 사과 요청<br>국가 안보<br>내란 음모 | **동성애 관련**<br>동성애(3)<br>퀴어축제(2)<br>동성애 축제<br>동성애/결혼<br>동성결혼<br>군내 동성애<br>미국 이성 간 결혼 위헌<br>차별금지법 철회 |

---

12) 예를 들어 2001년 김대중 대통령 재임 시 시국선언문, 2004년 노무현 대통령 재임 시 국가보안법 폐지 반대 시국선언문, 2006년 노무현 대통령 재임 시 종교탄압 중지 및 사학법 재개정 성명서, 2009년 이명박 대통령 재임 시 각계의 시국 선언에 반대하는 시국선언문, 2010년 이명박 대통령 재임 시 4대강 사업 적극 지지 성명시 등이 있다.

| 내용 | | | |
|---|---|---|---|
| | 세월호와 유병언<br>이단 문제<br>류광수 이단 청문회<br>류광수 박윤식 이단 해제<br>홍재철 회장 이단 연루 논란<br>이단 논란<br>신천지(3)<br>**한국기독교총연합회 탈퇴**<br>한국교회연합회 관련(3)<br>한국교회연합회 창립비판<br>**기타**<br>세습/교회승계<br>목회자 세습<br>교계 호소문<br>조용기 목사 신앙관<br>여의도순복음교회 당회<br>여의도순복음교회 장로회<br>찬송가공회 논란<br>조용기 이영훈 목사<br>한겨레 보도(조용기 목사) 규탄<br>봉은사 역명<br>애기봉 십자가 등탑(2)<br>한국 교회총연합회 결성<br>한국 교회 앞에 드리는 글 | 정홍원 국무총리 유임<br>김무성 의원 5·16 혁명 발언 지지<br>임순혜 의원 발언 비판<br>정부 조직 개편안<br>국민연금<br>19대 국회에 바란다<br>시국선언문(문재인 하야)<br>조계종 황교안 사퇴 주장에 대한 입장<br>전광훈 목사 탄압에 대한 성명서<br>문재인 대통령 국민소환 서명운동(2)<br>진광훈 목사 보도 관련 반박 성명<br>**외교**<br>전시 작전권<br>독도<br>일본, 에콰도르 지진<br>일본 식민주의 관련 장소<br>유네스코 등재<br>아베 정부 비판<br>네팔지진<br>일본 정부 비판<br>위안부 사과<br>**북한 관련**<br>김정남 피살<br>북한 로켓<br>남북회담<br>남북평화 기도요청<br>북한 김정은에게 편지<br>사드 미사일 배치<br>개성공단 중단<br>북핵<br>남북 고위급 회담<br>탈북자<br>북한 5차 핵실험<br>중국 정부 탈북자 북송<br>귀순 종업원<br>김정남 피습<br>6차 핵실험<br>미사일 도발<br>특사단 방북 결과 환영<br>판문점 정상 회담 | 차별금지법 반대<br>**세월호 관련**<br>세월호 인양(2)<br>세월호 참사<br>**기타**<br>가습기 피해<br>테러방지법<br>다문화<br>시민단체의 기부금 운용<br>에너지 절약<br>조용기 목사<br>조용기 목사 고소 반대<br>조용기 목사 고발(3)<br>사후 피임약<br>할랄식품<br>시사메거진 2580(4)<br>언론 횡포<br>학생인권조례<br>종교인 과세<br>양심적 병역 거부(2)<br>김영란법<br>레이디 가가 공연<br>철도노조 파업<br>통합 교과서 정책지지<br>헌재 낙태죄 판결 비판<br>공산주의 언론 MBC(2)<br>청와대 앞 예배방해 고발<br>전광훈 목사 구속영장 |

| 내용 | | 귀순 종업원 북송 불가<br>북미 정상회담 환영<br>평양공동선언<br><br>**박근혜 탄핵(횟수)**<br>헌재판결(2)<br>박근혜 구속 | |
|---|---|---|---|
| 횟수합계 | 37 | 74 | 40 |
| 절기/국경일 (횟수) | 부활절 메시지(8), 성탄절 메시지(8)<br>6 · 25 기념 메시지(3), 3 · 1절 기념 메시지(3), 현충일/국가보훈(3)<br>어린이날, 4 · 19 혁명, 광복절 메시지, 신년 메시지(4), 한가위 메시지(2) 등<br>총 34회 | | |

위 표에서 보는 바와 같이 기독교(37회)와 기독교 절기 그리고 국경일(34회)과 관련하여 한국기독교총연합회는 총 71회 공식 발표를 하였고, 정치 외교 그리고 사회와 관련된 주요 이슈와 사안에 대한 발표는 총 114회이다. 그런데 절기와 국가기념일로 분류된 문건들도 내용을 살펴보면 대다수가 당시 정치적 이슈와 사안에 대한 입장과 태도를 포함하고 있다. 따라서 한국기독교총연합회는 2000년 이후 대부분의 정치적 이슈와 사안과 관련하여 공식적인 문건들을 발표한 것으로 보인다. 그리고 이러한 문건들은 기독교와 기독교 절기 또는 국가기념일 관련 횟수보다 더 많다.

---

13) 2013년 이후 불거진 이후 조용기 목사 횡령에 대한 고소 고발 관련 발표는 여의도 순복음교회를 대상으로 발표한 선언이나 공식 입장일 경우는 종교로 분류하고 한국 사회를 향한 경우일 때는 사회로 분류하였다.

14) 2013년 5월 19일 방송 "차별금지, 넌 빼고"

## 3. 개신교 보수의 정치 담론 분석

### 3-1. 텍스트의 장르들

텍스트들의 장르는 다양하게 나타난다. 이는 국가조찬기도회와 한국기독교총연합회가 김대중과 노무현의 진보 정권 그리고 이명박과 박근혜의 보수 정권 그리고 다시 문재인 대통령의 진보 정권을 거치면서 자신들의 정권에 대한 입장과 태도가 바뀌었기 때문이다. 자주 사용되는 유형들은 선언형, 설득형, 요구형, 당위형, 명령형, 비판 또는 비난형, 그리고 경고형이다. 선언형은 자신들의 정체성이나 지지를 분명히 밝힐 때 사용하였다. 특히 한국기독교총연합회는 한국기독교총연합회라는 주어를 문장의 제일 앞에 놓아서 자신들이 선언의 주체임을 강조한다.

4-1. 한국기독교총연합회는[15] 최근 지구촌 곳곳에서 이상기후와 폭설과 폭우와 가뭄 등 국가적 재난이 발생하여 엄청난 재산과 인명 피해뿐만 아니라 구호와 복구에 수많은 노력과 시간이 소요되는 것을 안타깝게 생각해왔다. 이제는 구호와 복구 등 사후약방문적 대처보다는 원인을 제거하고 문제점을 개선하되 오염되고 파괴된 생태계가 복원되도록 친환경적으로 추진되어야 한다는 입장에서 '4대강 살리기 사업'을 적극 지지함을 천명한다

---

15) 이 책에서 모든 인용문들의 밑줄은 연구자가 그 부분을 좀 더 주목하고 강조하기 위하여 사용하였다.

(한국기독교총연합회, "성명서", 2010.05.25).

설득형은 보수 정권 즉, 이명박 대통령과 박근혜 대통령을 위한 지지를 이끌기 위해 이유를 제시하고 설명할 때 사용되었다.

4-2. 5년 전 이명박 정부가 광우병 파동에 따른 촛불집회로 얼마나 곤혹을 치렀는가? 온 국민은 박근혜 정부의 시작에 힘을 실어주어야 한다. 이번 스캔들의 전모는 한 점 의혹 없이 밝혀져야 되지만, 그렇다고 해서 <u>이것이 인사시스템의 문제라고 할 수는 없으며 개인의 도덕적 윤리적 문제인 것이다</u>(한국기독교총연합회, 성명서 "한미동맹 60주년을 넘어 세계 평화를 이룩하자", 2015.05.14).

요구형은 주로 정권이나 대통령에게 그리고 주요 정치 문제의 해당자들에게 사용되었다. 그러나 정권에 따라 달라진다. 보수 정권의 경우 이 유형은 자신들의 요구가 받아들여질 수 있다는 확신 아래 강력하고 구체적으로 요구사항을 제시한다. 예를 들어 한국기독교총연합회는 이명박 대통령 재임 시 국가인권위원회와 종자연(종교자유정책연구원)을 비판하고 개신교 탄압 중단을 요구하는 성명서를 발표한다.

4-3. 나라를 위해 기도하는 모임인 '국가조찬기도회'마저도 중단을 주장한 인권위원회와 그 하수격인 종자연은 과연 최후의 목

적이 무엇인가? 지금까지 한국 역사상 일제 36년 치하, 6·25 전쟁 기간, 유신정권, 그리고 5공 시절에도 이 같은 해괴망측한 일은 없었다. 한국 교회가 민족을 위하여 기도하며 애국의 선봉에 서 왔던 일은 역사가 증명하고 있다. 그러므로 국가인권위원회는 기독교 탄압을 즉각 중단할 것을 강력히 촉구한다(한국기독교총연합회, "성명서", 2012.06.18).

그러나 진보 정권의 경우 한국기독교총연합회는 자신들의 요구를 분명히 제시하기보다 추상적인 어휘와 모호한 표현을 사용한 요구를 한다. 이는 구체적으로 무언가를 정권에게서 얻어내기보다 정권을 향한 경고를 요구의 형식으로 표현하는 것으로 보인다. 예를 들면 아래의 시국 선언문이 있다.

4-4. 구악과 신악이 합작한 총체적 악으로 이 나라의 민생정치는 간 곳 없고 정치인들만이 나눠 먹기 식으로 국민을 실망시키고 있음을 하루속히 깨달아 속히 국민에게 돌아와 민생을 챙겨 주시기를 강력히 촉구한다(한국기독교총연합회, "시국선언문", 2001.02.23).

당위형은 개혁과 변화의 필요성을 언급하며 진보 정권과 보수 정권 모두에서 사용되었다.

4-5. 역사상 변화와 개혁이 쉬웠던 적은 없었다. 그러나 분명한

것은, 변화와 개혁을 중도에 포기하지 않는다면 그 결실은 반드시 돌아온다는 것이다. 변화와 개혁이라는 과제를 등한시한다면 건강한 대한민국을 이룰 수 없듯이 공공, 노동, 금융, 교육의 4대 개혁은 반드시 완수되어야 한다. 박근혜 정부와 함께 하는 대한민국의 변화와 개혁, 그리고 선진국의 대열에 올라서고자 하는 도전은 쉬지 않고 계속되어야 한다(한국기독교총연합회, "제97주년 3.1절을 맞이하며", 2016.02.23).

명령형은 정치적이거나 사회적인 사건과 문제에 관련하여 자신들의 판단이 정당하다는 확신 위에서 행위를 명령할 때 사용되었다.

4-6. 국민일보 노조는 건강한 신문을 만드는 데는 아무런 관심이 없고, 오로지 창업자를 몰아내고 자신들의 유익과 권리를 주장하는 일에 혈안이 되어있는데 창간취지를 외면하고 기독교의 정체성을 훼손하는 노조는 노조 활동을 마음껏 할 수 있는 회사로 떠나라.
국민일보 경영진은 노조 때문에 신문경영에 어려움이 있다면 차라리 국민일보를 폐간하고 제2의 기독교 신문을 창간하라(한국기독교총연합회, "국민일보 노조 파업과 패륜아 김용민의 막말 사태에 대하여", 2012.04.08).

비판 또는 비난형은 주로 진보 정권의 정책에 반대하며 대항할 때 사용되었다.

4-7. 국난으로 돌입한 안보체제의 붕괴와 끝없이 추락하는 경제와 고통받는 민생은 아랑곳하지 않고 국가보안법과 사립학교법과 과거사진상규명 등 이념문제들로 국론분열이 심화되고 있다. 국민들의 대다수가 반대하고 있음에도 국가보안법 폐지를 고집하여 국가안보와 좌파세력의 확산에 대한 국민들의 불안감이 증폭되고 있다. 또한 교육발전과 인재양성에 기여해온 사립학교들이 건학 이념을 구현할 수 없도록 사립학교법 개정이 추진됨에 따라 인성교육의 보루가 무너지고 신앙교육의 자유와 권리가 위협받는 종교탄압사태를 우려하는 목소리도 높아지고 있다(한국기독교총연합회, "비상구국기도회 선언문", 2004.10.04).

경고형은 주로 좌파 또는 공산주의와의 관계를 확신할 때 사용된다.

4-8. 금번, 한국기독교총연합회 대표회장인 전광훈 목사와 애국운동을 지지하는 교회 지도자들에 대하여서 반기독교언론 MBC와 대한민국의 좌파언론을 총동원하여 인격살인 함으로써 공산주의가 추구하는 선전 선동으로 한국 교회를 해체하는 전략에 대하여 한국 교회와 한국기독교총연합회는 결코 좌시하지 않을 것입니다. (중략) 특히 공산주의를 향하여 가는 주사파 정부로 지칭되는 문재인 정부가 자신들의 목적달성을 위하여 한국 교회와 한국기독교총연합회를 선거법으로 겁박하거나, 국정원, 기무사, 검찰, 경찰, 법원, 군대, 시민단체, 언론까지 완전 장악하여 이들

의 기관을 이용하여 공산주의를 추종하는 주사파의 목적지인 사회주의 국가로 가려 하는 것을 <u>한국 교회는 결코 용납하지 않을 것입니다</u>(한국기독교총연합회, "한국기독교총연합회의 반기독교언론 MBC 종교탄압, 선전 선동에 대한 성명서", 2019.05.28).

### 3-2. 텍스트에 나타난 담론들

국가조찬기도회와 한국기독교총연합회의 정치 담론은 크게 '국가 담론'과 '대통령 담론'으로 나누어 볼 수 있다. 먼저 2000년 이후 국가조찬기도회와 한국기독교총연합회의 국가 담론이 축복과 발전 그리고 위기와 대응의 순서로 변화한 것을 살펴보자. 국가조찬기도회와 한국기독교총연합회의 국가 담론은 대한민국의 발전은 하나님의 축복이므로 기독교와 필연적으로 연결되어 있다는 역사 인식에 기초하고 있다. 이러한 역사 인식은 자기중심적으로 보인다. 이에 관해서는 이 장의 뒷부분에서 한국기독교총연합회와 국가조찬기도회의 근본주의적 성격을 논의하면서 다시 다루겠다.

4-9. 세상 사람들이 인정하든 인정하지 않든, <u>하나님께서 이 나라와 민족에게 축복해주시기로 작정한 그때부터 한국은 번영하기 시작한 것입니다.</u> 그러므로 <u>대한민국의 역사는 복음의 역사요, 하나님 나라의 역사라고 해도 과언이 아닙니다.</u> 이 말은 다시 말해 하나님이 축복해주시면 이 나라는 번영하고 하나님께서 축복해주시지 아니하면 망한다는 것과 같습니다(한국기독교총연

합회, 홍재철 목사 "제18대 대표회장 당선 소감문", 2014.2.14).

4-10. 그런데 반드시 우리가 알아야 할 사실이 있습니다. 우리 대한민국은 기도로 세워진 나라라는 사실을 말입니다. 저 동아시아 땅끝까지 밀려오던 공산화의 붉은 야욕 속에서도 하나님께서는, 이승만 박사를 통해 자유 민주 대한민국을 건국해주셨습니다. 특별히 당시는 대한민국 건국준비위원회 대부분이 다 목사와 장로였습니다. 그래서 대한민국의 초대 제헌국회에서 이승만 박사가 이윤영 목사님으로 하여금 감사의 기도를 하도록 했던 것은 아주 자연스러운 분위기였습니다(제48회 국가조찬기도회, 소강석 목사 설교 "통일을 가슴에 품고 기도하는 교회", 2016.03.03).

다음으로 나타나는 위기와 대응에 대해 살펴보자. 국가조찬기도회와 한국기독교총연합회는 국가 위기의 이유를 외적 원인과 내적 원인으로 나눈다. 국가 위기의 외적 원인은 공산주의와 북한의 위협이다.

4-11. 구소련과 동구권에서 이미 폐기처분 된 공산주의 사상이 이 나라 정치권과 젊은이들과 국민들에게 급진적으로 오염되어 가고 있사오니 하나님께서 저들을 깨닫게 하시고 친북, 좌익세력을 제거시켜주옵소서(한국기독교총연합회, "비상구국기도회 기도문", 2004.10.04).

4-12. 지금 김정은 체제하에 있는 북한에 대대적인 숙청이 일어나고 있습니다. 언제 어느 때에 무슨 일이 벌어질지 모르는 상황입니다. 우리 대한민국 국민이 단합하지 아니하면 제2의 6 · 25 전쟁이 일어나지 않는다고 누가 보장하겠습니까? 우리 모두는 나라를 위해 천지만물의 대주재가 되시는 하나님께 기도해야 될 때입니다(한국기독교총연합회, "나라와 민족을 위한 시국 호소문", 2013.12.11).

그리고 국가 위기의 내적 원인은 신학의 타락이다.

4-13. 오늘날 포스트모더니즘 사회 속에서는 복음의 절대성과 유일성이 위협받고 있으며, 심지어는 기독교계 내에서조차 예수만이 길이요 진리요 생명이라는 신앙고백을 회피하는 이들이 일부 존재하고 있다. 우리의 신앙 선배들이 순교 신앙으로 총칼의 위협 앞에 신사참배를 거부했듯, 한국기독교총연합회는 이 같은 자유주의와 종교다원주의의 위협 앞에 당당히 맞서 신앙의 절개를 지키는 데 앞장설 것이다(한국기독교총연합회, "제93주년 3 · 1절 성명서", 2012.02.28).

국가조찬기도회와 한국기독교총연합회는 이러한 국가 위기에 대응한다. 외적으로는 공산주의와 종북주의를 비판한다.

4-14. 국가정보원이 밝힌 이석기의 녹취록은 종북주의(從北主

義)의 실체를 그대로 드러낸 증거라 할 수 있다. 한국기독교총연합회는 대한민국의 정치 · 경제 · 사회 · 문화 심지어는 종교에까지 퍼져있는 종북주의자들, 단체 그리고 정당 등이 절대로 이 땅에 발을 붙이지 못하게 해야 할 것을 주장한다(한국기독교총연합회, "검찰과 국가정보원은 '내란 음모' 혐의가 있는 이석기를 철저히 수사하라", 2013.08.30).

4-15. 해방 후 우리 민족은 공산주의와 민주주의를 잘 구분하지 못했습니다. 이때 기독교가 민주주의의 우월성을 미리 알았습니다. 그래서 기독교인들이 앞장을 서서 이승만 박사와 함께 자유민주주의를 표방하는 대한민국의 건국을 주도한 것입니다(제48회 국가조찬기도회, 소강석 목사 설교 "통일을 가슴에 품고 기도하는 교회", 2016.03.03).

내적으로는 과거의 신앙부흥을 기억에서 불러내어 강조한다.

4-16. 1907년 평양대부흥은 한국 교회가 앞으로 나아갈 방향을 제시한 영적 나침반과 같다. 한국기독교총연합회는 소모적인 논쟁과 파괴적인 비판을 지양하고 회개 운동, 기도 운동, 성령 운동을 통한 영적 대각성 운동이 한국 교회 가운데 일어나도록 노력할 것이며, 변화의 새 바람이 일어날 수 있도록 5만5천 교회, 1천 2백만 성도들이 동참해줄 것을 요청한다(한국기독교총연합회, "제70주년 광복절을 맞이하며", 2015.08.07).

그리고 내적 위기와 외적 위기의 대응으로서 한국기독교총연합회는 대한민국의 국가 정체성을 구성하고 주장한다.

> 4-17. 한국 교회와 한국기독교총연합회는 <u>대한민국을 세운 이승만의 4대 국가건립이념인 자유민주주의, 자유시장경제, 한미동맹, 기독교 입국론을 지켜내기 위하여 전력을 다할 것입니다.</u> 반기독교언론 MBC는 한국 교회와 한국기독교총연합회를 탄압할 것이 아니라, 국가를 무너뜨리는 공산세력 주사파가 장악한 MBC 안에 잠입해 들어온 자유민주주의 국가 해체세력을 단호히 척결하는 데 앞장서기를 바랍니다(한국기독교총연합회, "한국기독교총연합회의 반기독교언론 MBC 종교탄압, 선전 선동에 대한 성명서", 2019.05.28).

이상의 국가 위기 담론과 국가 정체성 담론은 지도자 즉, 대통령 담론과 연결되어 있다. 즉, 국가조찬기도회와 한국기독교총연합회는 대통령 담론을 만든다. 그런데 대통령 담론은 대통령에 따라 다르다. 우선 진보 정권의 대통령 담론은 정책과 통치에 대한 비판으로 연결되어 있다. 국가조찬기도회와 한국기독교총연합회의 김대중 대통령 담론은 정권에 대한 비판을 드러낸다.

> 4-18. 현 시국에 대한 우리의 입장이 나라의 정치권은 말로만 개혁을 부르짖으면서도 지방 토호세력과 기득권 여론 호도층을 무책임하게 껴안아, 옳고 그름의 기준조차 망각한 채 과거 역사에

대한 책임을 묻지 않고 잘못을 시인도 하지 않은 세력들을 기용함으로 국민을 무시하였다. 이제는 더 이상 국민을 실망시키지 말고 깨끗하고 바르게 살면 희망이 있다는 기대감을 주어야 한다. 과연 정부에 개혁의 의지가 있는지 묻고 싶다. 썩은 물이 모이면 더 썩어 악취가 나기 마련이다(한국기독교총연합회, "시국선언문", 2001.02.23).

한국기독교총연합회의 이 시국 선언문은 배경이 있다. 당시 진보적이며 천주교 신자인 김대중 대통령은 2000년 6월 15일 남북공동선언을 이끌어내고, 이어서 2000년 12월 10일 노벨 평화상 수상 등으로 활발한 정치를 이어가고 있었다. 반면에 개신교 신자였던 김영삼 전 대통령의 재임 기간에 1995년 지방선거와 1996년 15대 국회의원 선거자금으로 안기부 자금 1197억이 유용된 사건이 2001년 1월에 불거진다.[16] 이 시국 선언문은 개신교 측에 불리한 상황이 전개되자 김대중 정권을 견제하고 비판하기 위해 발표한 것으로 추측할 수 있다.

또한 국가조찬기도회와 한국기독교총연합회의 노무현 대통령 담론은 정권에 대한 전면적 비판과 도전을 나타낸다. 특히 사학법 개정과 관련하여 노무현 정권에 대해 강도 높게 비판적이다.[17]

4-19. 이는 우리가 염려한 대로 종교계 사립학교의 건학 이념을

---

16) 동아일보, 2001년 2월 20일, "구여권 지원 자금은 국정원 예산".
17) 제5장에서 이에 대한 분석과 논의가 진행될 것이다.

말살하려는 노무현 정부와 열린우리당의 오랜 밀계의 일부가 돌출된 것에 불과하며, 앞으로 개정 사립학교법을 통해 이를 가속하고 궁극적으로는 개방이사와 임시 이사를 통해 사립학교를 찬탈하려는 책동이 쏟아져 나올 것이 분명하다.

이에 개정 사립학교법의 위헌성과 재개정의 당위성에 공감하여 현재까지 서명에 참여한 150만 명의 서명지를 헌법재판소와 국회에 전달하면서 개정 사립학교법에 대한 조속한 위헌 심판과 재개정을 촉구하고 다음과 같이 우리의 입장을 천명한다(한국기독교총연합회, 성명서 "종교탄압 중지하고 사학법 재개정하라", 2006.06.12).

진보 정권에 대한 이러한 비판과 도전은 이명박과 박근혜 대통령의 보수 정권의 시기에 들어와서 적극적 지지를 넘어서 축복으로 다시 바뀐다. 실제로 한국기독교총연합회는 2008년 1월 9일 앰배서더 호텔에서 이명박 대통령 당선자를 초청하여 축하하는 "국민 대화합과 경제 발전을 위한 특별기도회"를 가졌다.[18] 그리고 2009년 개최한 41회 국가조찬기도회에서 이용규 목사는 아래와 같이 설교한다.

4-20. 이 대통령은 기도로 새벽을 여신 어머님의 신앙을 따라 평생을 살아왔습니다. 어머님의 가르침처럼 국민들의 눈을 바라보면서 사랑과 희망을 불어넣어주시기 바랍니다. 이 세상도 정욕도

---

18) 크리스천투데이, 2008년 1월 7일, "기도하는 이명박 당선자".

지나가되 오직 하나님의 뜻을 행하는 이는 영원히 거하리라(요일 2:17)는 성경 말씀처럼, 임기 5년의 대통령이란 자리보다 장로라는 거룩한 직분을 더 소중하게 여기면서 국정을 운영해 주시기 바랍니다(제41회 국가조찬기도회, 이용규 목사 설교 "나라를 살리는 리더십", 2009.03.03).

또한 한국기독교총연합회는 2009년에 노무현 전 대통령 장례 이후 이명박 정권을 비판하는 시국 선언이 연속되자 이명박 정권에 힘을 실어주는 시국선언문을 발표한다.

4-21. 한국기독교총연합회는 지난 2009년 6월 9일에 한국 교회 원로들이 발표한 '국가의 현 사태를 걱정하는 원로들의 시국 성명'을 적극 지지하며 국가위기와 민생불안을 조장하는 일부 정치인, 종교인, 교수, 학생들의 시국선언이나 행동을 심히 우려하며 다음과 같이 성명한다. (중략)
대통령과 정치권은 대한민국의 정체성과 법질서를 수호하라.
대통령은 대한민국의 정체성과 법질서를 굳건히 수호하라.
정치권은 국회로 돌아가 적체된 법안들을 즉시 처리하라.
북한의 핵과 전쟁위협에 강력히 대처하고 한미공조를 긴밀히 하라.
(한국기독교총연합회, "시국성명서", 2009.06.12).

나아가서 한국기독교총연합회는 같은 성명서에 지식인들과 진보 단체들이 발표한 시국 선언들[19]의 단초가 된 노무현 전 대통령의 자살을 비판하는 내용을 포함시킨다.

> 4-22. 자살을 미화하고 민생을 혼란하게 하는 선동을 즉시 중단하라.
> 자기 생명을 죽이는 자살은 말 그대로 살인이며 죄악이다.
> 자살의 만연과 미화 풍조를 개탄하며 우려한다.
> 사회 혼란 선동세력은 민주주의 헌정질서 파괴를 중단하라.
> (한국기독교총연합회, "시국성명서", 2009.06.12).

다양한 종교 이력[20]을 가지고 있지만 자신의 종교를 말한 적이 없던 박근혜 대통령에 대한 국가조찬기도회와 한국기독교총연합회의 담론 역시 후보자 시절부터 적극 옹호로 나타났다. 예를 들어 박근혜 대통령의 후보 시절 신천지[21] 관련 의혹이 제기되자 한국기독교총연합회는 적극 변론에 나선다.

---

19) 노무현 대통령 서거 이후 발표된 시국선언들로는 2009년 6월 3일 각각 발표된 서울대 교수 124명과 중앙대 교수 68명의 시국선언에 이어 6월 8일 각각 발표된 고려대 교수 131명과 한신대 교수 88명의 시국선언이 있었다. 이어서 6월 9일 강원대, 건국대, 경희대, 부산대, 숭실대, 이화여대의 교수들의 시국선언과 조계종 승려들의 시국선언이 있었다. 이후 6월 10일에 연세대, 서울시립대, 법조계의 시국선언이 있었고, 6월 11일에는 전국의 철학자, 철학 교수, 대학원생 505명의 시국선언 등이 이어졌다.

20) 박근혜 전 대통령은 천주교 영세명은 율리아나, 불교 법명은 선덕화(善德華), 개신교 학교인 장로회 신학대학교 기독교교육대학원을 재학한 이력을 가지고 있다. 자세한 내용은 백중현, 『대통령과 종교: 종교는 어떻게 권력이 되었는가?』 (서울: 인물과사상사, 2014), 271-273을 참조하라.

21) 신천지(신천지예수교 증거장막성전)는 주요 개신교단에서 이단으로 정죄되었다.

4-23. 한국기독교총연합회는 최근 불거진 '박근혜 후보의 신천지 연관설'에 대해 이미 6개월 전 여러 경로를 통한 자체 사실관계 조사 결과 박근혜 후보와 신천지는 아무런 연관성이 없고 그러한 루머는 사실무근임을 확인하였고 (중략) 이를 가지고 신천지 행사라하여 연루설을 제기한다면 '서울의 고속버스터미널을 이용하는 사람은 통일교와 연관되어 있다'고 주장하는 것과 다르지 않을 것이다(한국기독교총연합회, "제18대 대통령선거 중 신천지 연루설에 대한 한국기독교총연합회의 입장", 2012.12.15).

그리고 재임 기간 중 박근혜 대통령에 대한 적극적 지지와 축복의 태도는 유지된다. 이러한 태도는 박근혜 대통령 탄핵국면에 들어가기 직전인 2016년 10월까지 유지된다.

4-24. 박근혜 정부가 출범한 지 일 년도 채 안 된 과정에 수많은 외교 정상들을 만나 역대 대통령 중에 국가 신임도를 가장 높힌 평가받을 만한 대통령으로 국민 앞에 각인되고 있다. 이러한 대통령에 대하여 국민 전체가 한마음으로 성원을 하고, 협력하는 것이 국민된 도리가 아니겠는가(한국기독교총연합회, "국론을 분열시키는 정의구현사제단을 해체하라", 2013.11.25).

4-25. 우리는 다시 한번 박근혜 대통령님을 통하여 그런 시대가 오리라고 믿습니다. 박 대통령님은 가정이 없습니다. 오직 대한민국이 가정입니다. 대한민국의 발전과 번영, 통일을 위해 세워

주신 하나님의 일꾼, 고레스[22])와 같은 지도자가 될 줄 믿습니다. 대통령님은 이제 박정희 전 대통령과 같이 정신, 경제, 미래과학의 3요소를 잘 안배하시리라 믿습니다(제46회 국가조찬기도회, 김삼환 목사 설교 "우리 모두 앞으로 나아 갑시다", 2014.03.07).

4-26. 우리 대통령님께서는 부드러운 카리스마를 가지신 어르신입니다. 세계 몇몇 유명 정치인들과 완전 차별화되셨다. 그분들 나름대로 성공한 정치인들이지만, 대부분 육중한 몸매를 자랑하고 있다. 그러나 우리 대통령님께서는 여성으로서의 미와 덕 그리고 모성애적인 따뜻한 미소를 갖고 계신다. 그 따뜻한 미소와 모성애적 카리스마로 대통령님과 뜻을 달리하는 분들도 끝까지 달래고 어르고 품어주실 때, 국민이 하나 되고 대한민국이 다시 비상하며 대통령님께서는 더 성공하는 대통령으로 역사에 남게 되리라 확신합니다(제48회 국가조찬기도회, 소강석 목사 설교 "통일을 가슴에 품고 기도하는 교회", 2016.03.03).

그러나 2016년 11월부터 정국이 탄핵 국면으로 들어가자 한국기독교총연합회의 박근혜 대통령에 대한 태도는 유보적으로 바뀐다. 그리고 박근혜 전 대통령이 구속되자 이러한 태도는 달라진

---

22) 고레스는 페르시아 제국을 만든 초대 황제이다. 그는 구약성서 스가랴 1장 2절에서 이스라엘 민족이 포로로 있던 바벨론을 멸망시키고 이스라엘 민족을 해방시켜 고향으로 돌아가게 한다. 특히 구약성경 이사야서 44장 27절과 28절을 보면 고레스는 페르시아의 왕이지만 이스라엘 민족의 하나님은 "내 목자"라고 부른다.

다.[23] 더 이상 대통령 지지와 축복이 아니라 국민 담론이 제시된다.

> 4-27. 대통령 파면과 구속이라는 시대적 혼란 속에서도 동요함 없이 현실을 직시하고, 미래를 준비하는 국민들의 자세를 높이 평가한다. 이것만으로도 대통령 한 사람을 위한 대한민국이 아 닌 국민 모두의 대한민국임을 알 수 있는 것이다. 나아가 잘못된 역사를 반복하지 않기 위해서는 과거의 잘못을 알고 이를 고쳐 나가려는 노력과 의지가 있어야 할 것이고, 이것이 더 나은 미래 를 준비하는 밑거름이 된다는 것을 기억해야 한다(한국기독교 총연합회, "박근혜 전 대통령의 구속에 대한 논평", 2017.04.01).

2017년 박근혜 대통령 탄핵 이후 당선된 문재인 대통령에 대한 담론은 국가 담론과 연결되어 있다. 그런데 짧은 기간 동안 담론이 크게 변화하였다. 당선 직후에는 이명박 대통령과 박근혜 대통령에 게 했던 것처럼 기대와 지지를 보낸다.

> 4-28. 무엇보다 대통령은 현재 국내외의 경제적 위기 상황, 북핵 문제 등 순식간에 대한민국을 위험에 빠뜨릴 수 있는 중차대한 문제를 해결하고, 청년 일자리 창출을 통해 실질적으로 청년들에 게 꿈을 주고, 인구 노령화에 대비한 정책들을 구체화하여, 대한 민국의 미래를 준비하고 통합된 새로운 가치를 끌어내어 주기를

---

23) 물론 이러한 변화는 공산주의 담론과 국가위기 담론의 포기를 의미하지 않는다. 이에 대한 자세한 분석과 논의는 5장에서 탄핵 담론을 다루면서 하겠다.

기대합니다(한국기독교총연합회, "대한민국 제19대 문재인 대통령께 바라는 글", 2017.05.10).

4-29. 오늘 국가조찬기도회를 통해서 대통령님께서 하나님의 큰 은혜와 성도들의 뜨거운 격려를 받으시고, 새 힘을 얻으셔서 국민들을 더 잘 섬기시고 새로운 대한민국을 세워가는 축복의 지도자가 되시길 바랍니다. 특별히 우리 기독교인은 하나님의 절대 주권을 믿기 때문에 선거 때는 지지하지 않았던 사람도 일단 대통령에 당선이 되면 나라와 민족의 발전을 위해 국가지도자를 위해 기도하고 격려하는 믿음을 갖고 있습니다. 그래서 우리 모두는 한마음으로 이 자리에 모여 기도회를 하고 있는 것입니다. (중략) 그래도 대통령님께서 충분히 이런 역사적인 미션을 잘 이루어주시리라고 믿습니다. 제가 알고 경험했던 대통령님은 반대편 사람의 의견도 잘 들어주시는 넓으신 마음을 갖고 계셨습니다. 그러므로 그 넓으신 마음으로 화해와 평화와 번영을 위해 국가운영을 잘 펼쳐 주시리라고 믿습니다. 우리 대통령님! 힘내시고 이 자리에 모인 저희들의 뜨거운 기도의 힘과 응원을 받으시며 이런 위대하고 건강한 대한민국을 이루어주실 것을 간곡히 부탁드립니다(제50회 국가조찬기도회, 소강석 목사 설교 "반성과 화해로 통일의 길을 열라", 2018.03.08).

그러나 극우성향의 전광훈 목사가 2019년 한국기독교총연합회 대표회장에 당선되고 나서 문재인 대통령 담론은 급변한다. 공산주의 비판 담론이 다시 등장하고 이어서 문재인 하야 주장으로 이어진다. 특히 2019년 전광훈 목사는 한국기독교총연합회 대표회장으로서 문재인 대통령 하야를 주장하였다. 이후 그는 문재인하야 범국민투쟁본부의 총괄대표로 활동한다.

이때부터 한국기독교총연합회는 문재인 정권을 앞에서 말한 외적 위기 즉, 공산주의와 북한의 위협과 연관되었다고 확신한다.

> 4-30. 문재인은 평창 동계올림픽에서 그동안 숨겨놓았던 자신의 사상을 드러내며 "제가 존경하는 한국의 사상가 신영복 선생님"이라고 전 세계를 향하여 내질렀는데, 신영복은 통혁단 사건의 간첩으로서 동료들은 모두 사형 집행되었으나, 자신은 1심에서 사형선고를 받고 2심에서 무기징역으로 감형된 뒤 20년이 지난 장기수로 복역하다 가짜 전향서를 쓰고 석방된 대표적 주사파 간첩입니다(한국기독교총연합회, "한국기독교총연합회 시국선언문", 2019.06.05).

> 4-31. 분명히 문재인은 자신의 잘못된 신념으로 전 국가와 국민에게 북한 공산주의 이념인 주체사상을 강요하고 있으며, 그의 사상을 현실로 이루기 위하여 대한민국의 정보기관인 국정원, 검찰, 경찰, 기무사, 군대를 비롯하여 언론, 정부, 시민단체까지 주체사상을 통한 사회주의 국가를 현실화하기 위하여 동원하고 있습니다. (중략) 독일이 히틀러에게 속아 인류사 앞에 반인륜적인 행위를 한 것 같이, 문재인의 주사파 주체사상의 강요는 한반도

뿐 아니라 세계사 앞에 다시 한번 비극의 역사적 사고를 일으킬 가능성이 분명하기 때문에, 저는 본 훼퍼의 심정으로 생명을 걸고 문재인을 책망하기로 작정 하였습니다(한국기독교총연합회, "한국기독교총연합회 대표회장 전광훈 목사의 국가적 탄압에 대한 성명서", 2019.06.08).

4-32. 한국기독교총연합회는 문재인 정부가 김일성을 추종하는 주체사상으로 무장되어 자유민주주의와 대한민국의 파괴세력으로 규정하고, 문재인 하야 1천만 서명운동과 더불어, 자유대한민국을 공산주의로 몰아가는 선동정치에 이용되는 종북 좌파언론의 척결을 위하여 순교를 각오하고 투쟁할 것이다(한국기독교총연합회, "전광훈 대표회장 관련 보도에 대한 반박 성명서", 2019.07.31).

그리고 나아가서 공산주의로 인한 정치의 위기를 경제의 위기까지 확장한다.

4-33. 대한민국을 10위권으로 만든 주도세력이 대기업 임에도 불구하고, 국민의 동의도 없이 국민연금 주주권 불법행사를 통하여 대한항공을 해체하고, 삼성과 그 외 기업들을 사회주의적 기업으로 만드는 데 혈안이 되어 있습니다. 또한 급격한 최저임금 상승, 4대강 보 해체 및 민노총과 전교조, 언론을 부추겨 사회주의 혁명을 이루려고 하는 시도를 하고 있습니다(한국기독교총연

합회, "한국기독교총연합회 시국선언문", 2019.06.05).

이러한 위기를 극복하기 위해 문재인 대통령의 하야와 대통령 선거를 주장한다.

> 4-34. 이에 6만5천 교회 및 30만 목회자, 25만 장로, 50만 선교가족을 대표하는 한국기독교총연합회은, 그동안 한국 교회가 이루어놓은 세계사적 자랑스러운 대한민국을 지키기 위하여 <u>문재인 대통령이 올해 연말까지 하야 할 것</u>과, 정치권은 무너진 대한민국을 바로 세우기 위하여 4년 중임제 개헌을 비롯하여 <u>국가 정체성을 바로 세우고자 내년 4월 15일 총선에서 대통령 선거와 개헌 헌법 선거를 실시할 것</u>을 요구하는 바입니다(한국기독교총연합회, "한국기독교총연합회 시국선언문", 2019.06.05).
> 스스로 하야하지 않을 경우, 우리 대한민국의 헌법 중 대통령 국민소환제가 없으므로, 대통령국민소환의 성격으로 '<u>문재인 하야를 위한 국민소환 1천만 서명대회</u>'를 시작하겠습니다. 그 후에도 하야하지 않으면, 문재인 대통령이 늘 주장하는 촛불혁명과 같이 저희들도 혁명으로 대처하겠습니다(한국기독교총연합회, "문재인 대통령 국민소환 서명운동에 관한 성명서", 2019.06.14).

### 3-3. 텍스트의 스타일들

국가조찬기도회와 한국기독교총연합회는 진술유형보다 질문

유형을 자주 사용한다. 그리고 또한 아래에 인용된 18대 대표회장 당선 선언문에서 볼 수 있듯이 질문유형은 답을 구하는 것이 아니라 동의를 요구하는 방법으로 사용되기도 한다. 질문을 하고 스스로 답을 하면서 독자와 대중의 동의와 지지를 유도한다. 그러므로 형식으로는 인식 양태지만 실제로는 의무 양태의 요구유형으로 볼 수 있다.

> 4-36. 이 나라와 민족은 누구입니까? 교회와 한기총은 누구입니까? 바로 예수 그리스도의 피 값으로 산 '주님의 자녀들'이요, '주님의 교회'이며, '주님의 한기총' 입니다. 선교자의 피로 이 땅에 교회가 세워졌고 그 핏값으로 세워진 교회는 이 나라와 민족의 역사를 이끌어 왔습니다(한국기독교총연합회, "홍재철 목사 18대 대표회장 당선 선언문", 2012.2.14).

그리고 국가조찬기도회와 한국기독교총연합회는 지지나 비판의 근거를 제시할 때 인식 양태의 진술유형을 사용하였다.

> 4-37. 이 대통령은 서울시장 시절 월급을 모두 환경미화원 자녀들의 장학금으로 내놓고, 이번에는 전 재산 331억 원을 청소년 장학금으로 헌납했습니다. 참으로 잘한 일입니다. 하나님의 마음을 품고 백성의 소리를 듣고 그들의 아픔에 동참하고 그 한을 풀어주는 지도자를 국민은 존경하고 따르게 됩니다(제41회 국가조찬기도회, 이용규 목사 설교 "나라를 살리는 리더십",

2009.08.03).

의무 양태의 사용을 살펴보면 제안유형보다 요구유형이 주로 사용되었다. 이는 단순히 국가조찬기도회와 한국기독교총연합회가 자신의 행위에만 집중하는 것이 아니라 필연적으로 이루어져야 할 일을 주장한다는 것을 의미한다. 특히 요구유형은 정부를 향해 요구할 때 사용하였다.

4-38. 한국기독교총연합회는 대한민국의 민주주의 기본질서를 준행하는 보수정당이나 단체 등의 활발한 활동을 기대하며, 앞으로도 정부는 민주적 질서 유지에 힘쓸 뿐 아니라 이에 반하는 정당이나 단체에 대해서는 단호히 대처해나갈 것을 요청한다(한국기독교총연합회, "통합진보당 정당해산 심판 청구안이 국무회의를 통과한 것을 환영하며", 2013.11.05).

4-39. 이에 6만5천 교회 및 30만 목회자, 25만 장로, 50만 선교가족을 대표하는 한기총은, 그동안 한국 교회가 이루어놓은 세계사적 자랑스러운 대한민국을 지키기 위하여 문재인 대통령이 올해 연말까지 하야할 것과, 정치권은 무너진 대한민국을 바로 세우기 위하여 4년 중임제 개헌을 비롯하여 국가 정체성을 바로 세우고자 내년 4월 15일 총선에서 대통령 선거와 개헌헌법 선거를 실시할 것을 요구하는 바입니다(한국기독교총연합회, "한국기독교총연합회 시국선언문", 2019.06.05).

## 4. 개신교 보수의 정치 담론의 특징

앞에서 진행한 분석을 바탕으로 국가조찬기도회와 한국기독교
총연합회가 생산한 정치 담론의 특징을 비판적 담론 분석의 세 가
지 차원 즉, 텍스트 행위, 담론적 행위, 그리고 사회적 행위의 차원
에서 살펴보자.

### 4-1. 텍스트 행위 차원

국가조찬기도회와 한국기독교총연합회는 정치적 이슈와 사안
들에 대한 공식 발언(선언, 성명, 공식 입장, 논평, 설교 등)과 행동
(구국기도회, 각종 대중 집회, 기자회견 등)을 통해 담론을 생산하
였다. 이러한 국가조찬기도회와 한국기독교총연합회의 정치 담론
텍스트들은 여러 가지 장르를 사용하였다. 선언형(4-1), 설득형(4-
2), 요구형(4-3, 4-4), 당위형(4-5), 명령형(4-6), 그리고 비판또는
비난형(4-7)과 경고형(4-8) 등이 사용되었다.

이러한 유형들의 사용은 국가조찬기도회와 한국기독교총연합
회가 정권과 어떤 관계를 맺고 있느냐에 따라 다르다. 진보 정권이
냐 또는 보수 정권이냐에 따라 각각 다르게 관계를 형성되었기 때
문이다. 그리고 이러한 유형들을 사용한 텍스트들로 만들어진 담론
들은 구체적으로 국가 담론과 대통령 담론으로 나누어 볼 수 있다.

개신교 보수의 국가 담론은 보수 정권의 경우에 하나님의 축복
으로서의 국가 발전이었고 진보 정권일 경우 국가의 위기 그리고

위기에 대한 대응의 내용을 담고 있다. 그리고 대통령 담론의 경우 대통령에 따라 국가조찬기도회와 한국기독교총연합회는 다른 어법과 구조 그리고 표현을 사용하였다. 이 역시 보수 정권의 대통령이냐 진보 정권의 대통령이냐에 따라 달라졌다.

스타일에 있어서도 개신교 보수는 자신들의 정치적 주장에 대한 동의를 이끌어내는 질문유형(4-35)을 사용하였고, 보수 정권을 지지하고 진보 정권을 비판할 때는 인식 양태의 진술유형(4-36)을 사용하였다. 의무 양태의 요구유형(4-37, 4-38)은 보수 정권과 진보 정권 모두에게 정치적 요구할 때 사용되었다. 예를 들면 보수 정권인 박근혜 정부에게는 통합진보당에 "단호히 대처해나갈 것을 요청"(4-37)하였다. 그리고 진보진영의 문재인 대통령에게는 "하야"(4-38)를 요구한다.

### 4-2. 담론적 행위 차원

담론적 행위 차원에서 본다면 국가조찬기도회와 한국기독교총연합회는 국가와 대통령에 관련하여 다양한 정치 이슈와 사안과 관련하여 다양한 정치 담론들을 생산하였다. 이러한 담론의 텍스트들은 개별적으로 있는 것이 아니라 상호 연결되어 있다. 이러한 텍스트 간의 상호 연결됨 즉, 상호 텍스트성은 자기 정체성을 만든다.[24] 또한 1장에서 말하였듯이 텍스트가 상호 연결되었다는 것은 담론 또한 상호 연결되었다는 것을 의미한다. 이를 상호 텍스트성에 따

---

24) Fairclough, *Discourse and Social Change*, 67.

르는 상호 담론성(interdiscoursivity)이라고 했다.[25] 이러한 상호 텍스트성과 상호 담론성은 개인적 정체성을 집단적 주체로 확대시킨다. 그리고 이러한 상호 텍스트성과 상호 담론성 안에서 정체성을 공유하는 사람들과 그 사람들의 사회적 관계는 자신들의 집단적 주체를 위한 실체 즉, 공동체나 조직을 만들고 자신들의 권력과 이익을 위해 계속 담론을 생산한다. 이렇게 만들어지는 담론은 이데올로기의 성격을 갖게 된다.[26] 이러한 입장에서 담론 만들기는 단순한 언어사용이 아니라 권력 관계와 계급, 연합, 공동체, 단체와 같은 집단적 실체를 세우고 유지하고 변화시키는 데 중요한 이데올로기적 행위이다.[27]

국가조찬기도회와 한국기독교총연합회가 생산한 다양한 텍스트들은 모두 정치적 이슈들과 사안들에 대한 것이다. 그러나 이 텍스트들은 따로따로 분리되어 있지 않고 상호 연결되어 있다. 이렇게 연결된 텍스트들은 개신교 보수로서의 자기 정체성과 믿음의 체계를 확인하고 유지하고 재생산하는데 기여한다. 이를 좀 더 자세히 살펴보자. 우선 국가조찬기도회와 한국기독교총연합회의 서로 연결된 다양한 정치 담론과 텍스트들은 이른바 개신교 보수라는 집단적 실체 또는 '거대 주체'를 구성한다. 이 거대 주체는 국가와 대통령이 관련된 각종 정치적 이슈와 사안들에 대한 이원론적 판단을 한다. 이 거대 주체는 신앙의 순수성, 자유 민주주의, 친미라는 코드에 대립하는 코드로 종교 다원주의와 자유주의 신학(4-12), 공산주

---

25) Wodak, Ruth, "Introduction:Discourse Studies-Important Concepts and Terms", 3.

26) Fairclough, *Discourse and Social Change*, 87.

27) 앞의 책, 67.

의와 종북주의(4-13, 4-14)를 설정하고 이항 대립적 사고를 한다. 그런데 이러한 이항 대립적 사고는 대부분 대화와 타협의 여지를 두지 않는다. 오히려 자기 집단이나 계급의 세계관과 신념에 상반되는 집단이나 계급과 갈등을 일으키고 자기 집단의 이익을 정당화한다. 앞에서 분석한 바와 같이 국가조찬기도회와 한국기독교총연합회의 정치 담론에 나타난 세계관과 신념은 보수 정권의 지배 권력과 밀착되어 있고 그것을 대변하고 있다. 그렇다면 이때의 국가조찬기도회와 한국기독교총연합회의 정치 담론은 지배 권력의 이데올로기가 된다. 그런데 이데올로기는 세계관과 신념으로 머물러 있지 않고 포괄적인 정치 운동의 형태를 취하며 정치, 정당, 집단들의 활동과 접합된다.[28] 실제로 국가조찬기도회와 한국기독교총연합회는 정치와 정당 그리고 대통령의 통치 행위와 관련된 공식 발언과 행동을 통해 이항 대립적 정치 담론을 지속적으로 생산하여왔다. 그리고 이러한 이항 대립적 정치 담론은 생산과 소비 그리고 유포의 과정을 거쳐 이데올로기로서 작동해 왔다.

국가조찬기도회와 한국기독교총연합회의 이러한 이데올로기는 보수적이고 권력 지향적인 개신교회의 제도적인 성격에서 유래하였다고 볼 수 있다. 강원돈에 의하면 제도로서 교회는 특정한 상황과 메커니즘을 통해 종교적 세계관을 생산한다. 이러한 생산물은 끊임없이 초월적 근거와 정당성을 추구하고 교인들의 내면화 과정을 거친다.[29] 이러한 과정에서 교회는 소위 사회구성체 안에서 이

---

28) 엔드류 헤이우드/조현수 옮김,『정치학』(서울: 성균관대학교 출판부, 2009), 133-134.

29) 강원돈. "한국 교회에서의 지배 이데올로기의 재생산", 한국산업사회연구회,『한국 사회와 지배 이데올로기』(서울: 녹두, 1991). 365.

데올로기적 상부구조에 속하고 지배 이데올로기를 재생산하는 기구로 작동하는 경향을 가지게 된다.[30] 이러한 교회의 이데올로기적 성격에 대한 비판은 국가조찬기도회와 한국기독교총연합회에도 적용할 수 있다. 국가조찬기도회와 한국기독교총연합회는 바로 개신교 보수진영의 교단들과 교회들의 연합단체이기 때문이다. 그리고 국가조찬기도회와 한국기독교총연합회는 교회와 교단 내부의 치리와 행정에서 벗어나 있다. 그래서 국가조찬기도회와 한국기독교총연합회는 더욱 정치에만 집중할 수 있었으며 나아가 그들의 이데올로기는 강화되고 증폭될 수 있었던 것으로 보인다.

### 4-3. 사회적 행위의 차원

사회적 행위의 차원에서 본다면 국가조찬기도회와 한국기독교총연합회가 국가 담론과 대통령 담론을 통해 만든 이데올로기는 사회구조의 역학과 정권 또는 대통령과의 관계에서 비롯되었다. 담론은 이데올로기와 권력 특히 헤게모니 투쟁과 연관되어 있다.[31] 다시 말해 담론의 텍스트는 헤게모니를 재생산하거나 전환적 충격이 될 수 있는 사회적 행위를 제공할 수 있다.[32] 국가조찬기도회와 한국기독교총연합회는 담론을 만들어 정권과 대통령에 따라 권력 투쟁을 전개하거나 기존의 지배 권력과 연합하기 위한 활동을 하였다.

---

30) 앞의 책, 361.

31) Fairclough, *Discourse and Social Change*, 66.

32) Locke, *Critical Discourse Analysis*, 43.

구체적으로 2000년대 이후 국가조찬기도회와 한국기독교총연합회의 국가 담론과 대통령 담론은 개신교 보수진영의 기득권 사수와 유지 그리고 정치적 이득(규제 완화와 특혜)을 얻을 수 있느냐 없느냐에 따라 달라졌다. 앞의 분석에서 보았듯이 보수 정권의 경우 개신교 보수는 권력과 연합하고 동맹하는 국가 담론과 대통령 담론을 생산하였다. 반면에 진보 정권의 경우 국가조찬기도회와 한국기독교총연합회는 국가의 위기와 대통령을 비판하는 담론을 생산하여 권력에 도전하며 충격을 주어 자신들의 기득권을 사수하려 하였다. 이러한 일이 가능한 이유는 2장에서 소개한 담론의 공작(technologization of discourse)이 실행되었기 때문이다. 개신교 보수는 한국 근현대사 속에서 기존의 보수 또는 진보의 지배 담론을 연구(research)하고 그것을 자신들의 이해관계와 맞게 계속 재고안(redesign) 하거나 대항 헤게모니를 만들 수 있게 재구성하였다. 그리고 그것을 개신교 신자들에게 훈련(training)시키고 나아가서 한국 사회에 영향을 주어 자신들의 기득권과 특혜를 유지하려 한다.

이에 대해 한국 근현대사를 언급하며 좀 더 살펴보자. 한국 사회의 제도권 또는 기득권 종교는 과도한 혜택을 누렸다. 그 연원은 해방 이후 미 군정의 종교정책이 파행적으로 운영되어 온 것으로부터 시작된다.[33] 미 군정은 일제가 만든 불교사찰령을 유지하였지만, 개신교는 해방 후 돌아온 언더우드 2세(Horace Horton Underwood)와 같은 선교사와 미 군정에 근무했던 개신교인의 힘

---

33) 강돈구, "미 군정의 종교정책", 「종교학연구」 12권(1993), 15-42.

을 통해 적산불하³⁴⁾와 각종 특혜³⁵⁾를 누리기도 하였고, 또한 정치적 영향력도 행사하였다. 특히 1950년대 개신교 주류 교파는 약한 규제와 많은 특혜를 누렸다.³⁶⁾ 이후 1960년대 불교는 강한 규제를 받았지만, 기독교는 약한 규제를 받았다. 또한, 1962년 제정된 불교 재산관리법과 1988년 제정된 전통사찰보존법에 의해 불교는 통제를 받았다. 특히 1980년 10 · 27 법란으로 탄압을 받았다. 반면에 기독교를 통제하려던 종교법인법, 정부의 종교 단체 과세 시도는 대부분 좌절되었다.³⁷⁾ 이후 1990년대에 들어와 규제의 격차는 감소하였지만, 특혜의 격차는 확대되었다.³⁸⁾

그러다가 1990년대 말에 들어와 김대중과 노무현의 진보 정권이 이어지면서 개신교가 특혜와 기득권 상실의 위기에 당면하자 개신교 보수는 적극적으로 활동하기 시작했다. 대표적인 예로 노무현 대통령이 재임 중이던 2006년 6월 12일 한국기독교총연합회(당시 대표회장 박종순 목사)는 '사학법 재개정 촉구 비상대책회의'를 열고 개정되어 시행되는 개정사학법의 불복종운동을 벌이기로 결의했다. 결국, 2007년까지 반대 투쟁으로 사학법은 본래의 개정내용이 많이 삭제되어 국회에서 통과되었다. 그리고 보수진영이 다시 집권하자 자신들의 특혜와 기득권을 유지하고 확장한다. 예를 들어

---

34) 일례로 서북출신 개신교들이 주역이 되어 세워진 영락교회 자리는 일본 천리교 경성분소였고, 조선신학교가 세워진 서울역 근처 동자동도 천리교 조선본부 자리였다.

35) 윤경로, "분단 70년, 한국 기독교의 권력 유착 사례와 그 성격", 「한국기독교와 역사」 44호 (2016), 40-41.

36) 강인철, 『한국의 종교, 정치, 국가 1945-2012』 (오산: 한신대학교 출판부, 2013a), 73.

37) 앞의 책, 84-85.

38) 앞의 책, 86-87.

이명박 정권(2008~2013년)은 보수 개신교 편향을 드러내었다. 이명박 대통령 재임 시 한국기독교총연합회를 포함한 개신교 보수는 대사회적으로 공격적인 자세를 취하였다. 그리고 타종교를 절대 악으로 규정하며 나아가서 정부가 타종교에 대한 차별적 태도를 보이는 것을 옹호하였다.[39] 또한, 2010년 불교의 템플스테이를 지원하는 예산이 대폭 삭감되었다. 반면에 대표적인 개신교 보수 인사인 길자연 목사(당시 한국기독교총연합회 회장)가 2011년 제43회 국가조찬기도회에서 기도 인도를 할 때 이명박 대통령이 무릎을 꿇고 기도하게 하여 논란이 있었다. 길자연 목사는 불교의 템플스테이를 의식한 600억 예산의 처치스테이 사업을 신청하겠다고 예고하기도 하였다. 또한, 같은 해인 2011년 이슬람 채권(수쿠크) 세제 혜택이 개신교의 반대로 좌절되었다.[40] 최근 문재인 정부에서도 종교인 과세 시행 논란이 진행될 때도 교회의 특수성, 이중과세, 위헌, '목회자는 근로자가 아니다', '세무감사로 목회자 감시하고 차별한다'는 주장을 하는 담론들이 만들어졌다.[41]

반면에 국가조찬기도회와 한국기독교총연합회는 보수 정권의 경우 지지를 표하며 기존의 지배 권력을 재생산하는 국가 담론과 대통령 담론을 만들어 자신들의 기득권을 유지하려 한다. 특히 한국기독교총연합회는 매우 분명하다. 구체적인 예들로서 이명박 대통령 재임 시 발표한 "북 광명성 3호 발사 계획은 철회되어야 한

---

39) 정태식, "종교와 정치의 긴장과 타협: 한국 개신교 대통령의 구원귀족의 역할", 「신학사상」 156집 (2012), 204-205.

40) 강인철, 『한국의 종교, 정치, 국가 1945-2012』 (오산: 한신대학교 출판부, 2013a), 88-91.

41) 이에 대하여는 제5장에서 자세히 분석하고 논의하겠다.

다"(2012.03.19), "국민일보 노조 파업과 패륜아 김용민의 막말 사태에 대하여"(2012.04.08), "국가인권위원회와 그 하수인 역할을 하는 종교자유정책연구원을 강력히 규탄한다"(2012.06.18), "한일 외교부 장관들의 위안부 문제 합의를 환영하며"(2015.12.29), 그리고 박근혜 대통령 재임 시 발표한 "한국 기독교 역사교과서 공동대책위원회 기자회견"(2015.10.08), "더 이상 좌편향된 교과서로 우리의 자녀들을 교육할 수 없습니다"(2015.10.13), "한일 위안부 합의 환영"(2015.12.29) 등과 같은 한국기독교총연합회의 공식 성명이나 논평들이 있다. 앞장에서 인용된 부분들에서 확인할 수 있듯이 국민일보 관련 선언문은 국민일보의 성격을 보수 기독교 신문으로 유지하려는 의도를 드러내고 있고, 종교자유정책연구원 관련 성명서는 종교차별을 제기하는 것보다 이명박 정권으로부터의 특혜를 유지하기 위한 것이고, 국정 교과서 관련 선언문은 근현대사 부분에 기독교의 업적을 삽입하려는 의도에서 비롯되었고, 위안부 합의 환영은 박근혜 정부를 지지하기 위한 것이었다. 그러므로 이러한 공식문건들에 나타난 정치 담론들은 정권을 지지하거나 표면적으로 약간의 비판적 내용을 담고 있지만, 전반적으로 권력과의 연합을 유도하여 기득권을 유지하기 위해 만들어진 담론들이다. 이러한 국가조찬기도회와 한국기독교총연합회가 만든 국가 담론과 대통령 담론의 사회적 행위는 한국 개신교 보수진영이 어떻게 보수 정권을 지지하고 이용하여 자신들의 정체성과 기득권을 유지하는지 보여준다.

## 5. 개신교 보수가 생산한 정치 담론의 근본주의적 성격

지금까지 분석한 국가조찬기도회와 한국기독교총연합회가 생산한 정치 담론은 브루스(Steve Bruce)와 해리엇(Peter Harriot)이 발견한 근본주의(fundamentalism)의 성격 중에서 네 가지와 일치한다. 이에 대해 정리해보자.

첫째로 근본주의는 개인과 합리성을 강조하는 근대성에 반대한다.[42] 앞에서 보았듯이 국가조찬기도회와 한국기독교총연합회는 합리적 이성을 바탕으로 한 객관적인 역사 이해보다 이항 대립적 사고방식에 기초한 자기중심적인 역사의식 안에서 담론을 생산하였다.

둘째로 근본주의는 과거에 존재했던 참된 종교와 현재의 변화와 위기에 자극받아서 극단적으로 수정한 과거를 강조한다.[43] 국가조찬기도회와 한국기독교총연합회는 1907년 평양대부흥과 같은 과거 역사 속의 한순간을 가장 이상적인 모습으로 주장한다.[44] 그

---

42) Bruce, *Fundamentalism* (Cambridge: Polity Press, 2000), 22; Herriot, "Exploring the Fundamentalist Mindset:The Social Psychologist's Viewpoint", ed. James D. Dunn, *Fundamentalisms:Threat and Ideologies in the Modern World* (London: I.B. Tauris & Co. Ltd, 2016), 27.

43) Steve Bruce, *Fundamentalism*, 14; Peter Herriot, "Exploring the Fundamentalist Mindset:The Social Psychologist's Viewpoint", 28.

44) 이러한 예로서 앞장에서 인용한 2015년 8월 7일 한국기독교총연합회가 발표한 "제70주년 광복절을 맞이하여"와 다음의 예들이 있다.
성령님께서 1907년 평양대부흥의 한 날을 다시 허락하셔서 한국 교회가 연합하고 발전할 수 있도록 함께 기도해야 할 것입니다(한국기독교총연합회, 제67주년 광복절을 맞이하며, 2012.08.14).
오늘 이 여호와 이레의 축복이 우리 민족의 역사에도 그대로 고스란히 나타났습니다. 먼저,

러나 평양대부흥의 의미를 구체적으로 제시하거나 역사적 의의를 설명하지는 않는다. 그리고 평양대부흥의 시작과 쇠퇴의 원인[45] 그리고 탈정치적이고 탈민족적이었던 성격[46]에 대한 언급은 하지 않는다. 다시 말해 평양대부흥의 의미를 탈역사적으로 규정한다. 단지 평양대부흥이 한국 개신교의 모범이라고 반복적으로 그리고 선언적으로 진술한다. 그러므로 국가조찬기도회와 한국기독교총연합회의 평양대부흥에 대한 총체적인 이해는 부재하다.

셋째로 근본주의는 종말론적이다.[47] 국가조찬기도회와 한국기독교총연합회의 정치 담론 안에서 공산주의와 북한의 위협 그리고 종교다원주의와 자유주의로 나타나는 신학의 타락은 종말론적 국가 위기로 인식된다.

넷째로, 근본주의는 종교적 믿음을 반영한 정책을 요구한다.[48] 국가조찬기도회와 한국기독교총연합회는 정치에 적극적으로 개입한다. 나아가서 구체적인 요구사항을 제시한다. 예를 들어 〈표 2〉에서 보듯이 한국기독교총연합회는 2012년부터 2016년까지 정치 외교 관련 공식 발언을 36회 하였다. 여기에 부활절과 성탄절 그리고 각종 국가기념일에 발표한 대부분의 공식 메시지에도 정치와 외교

---

1907년 평양대부흥을 통해 하나님의 역사를 준비시켰습니다(제44 국가조찬기도회, 오정현 목사 설교, 2012.03.08).

45) 이에 대하여는 이철, "1907 평양대부흥 운동의 발흥과 쇠퇴원인에 대한 종교사회학적 연구-부흥운동의 리더십을 중심으로", 「현상과 인식」 104호(2008), 121을 참조하라.

46) 이에 대하여는 정태식, "지식인들의 변증법적 종교 수용에 대한 사회학적 일고찰:1907년 평양대부흥운동을 중심으로", 「사회과학연구」 33권 2호(2007), 49을 참조하라.

47) Bruce, *Fundamentalism*, 11; Herriot, "Exploring the Fundamentalist Mindset:The Social Psychologist's Viewpoint", 28.

48) Bruce, *Fundamentalism*, 12.

관련 내용을 담고 있다. 즉, 거의 모든 정치와 외교 사안과 이슈에 대해 공식 발언을 하고 있다. 당시 구체적인 이슈로는 북한의 미사일 발사, 국민일보 파업, 종교자유정책연구원에 의한 종교탄압, 위안부 관련 합의, 역사 교과서 등이 있다.

그렇다면 왜 국가조찬기도회와 한국기독교총연합회는 이러한 근본주의적 성격을 가지게 된 것일까? 해리엇은 어떻게 근본주의 또는 근본주의 운동이 사람들이 기이한 것을 믿고 따르게 만드는지 논의한다. 그에 의하면 근본주의의 본질은 기본적으로 자신들이 타자들과 다르다는 주장이다. 문제는 근본주의자들이 지배적인 사회적 자아를 형성하려 하고 다른 운동이나 종교 또는 그들이 보았을 때 악마적인 사회 체계에 반대하는데 동원할 수 있는 권력을 가지려 한다는 것이다.[49] 왜냐하면 근대성의 발현 이후부터 계속 변화하는 사회는 자기 정체성의 혼란을 가져오고 또한 이러한 사회의 불확실성은 기득권을 보장하지 않기 때문이다. 그런데 근본주의는 확실성을 제공하고 자부심과 자긍심을 제공한다.[50] 나아가 근본주의는 개인의 정체성이 아니라 '우리'라는 집단적 정체성을 구성한다.[51] 이러한 너희들과 다른 '우리'라는 정체성은 앞에서 언급한 상호 텍스트성을 통해 만들어지는 '거대 주체'라고 볼 수 있다. 그리고 이 '우리'라는 정체성은 '우리들의 이야기' 또는 '우리들만의 서사'를 만들 수 있게 한다.[52] 이러한 과정을 통해 근본주의는 불확실

---

49) Herriot, "Exploring the Fundamentalist Mindset:The Social Psychologist's Viewpoint", 39.

50) 앞의 책, 35.

51) 앞의 책, 30.

52) 앞의 책, 31.

성이 주는 불안감을 감소시킬 수 있고 나아가서 근본주의를 따르는 사람들에게 자기 존중이 생기게 한다.[53] 그러나 이미 알려진 바와 같이 종교적 근본주의는 타협과 대화의 여지가 없고 권력 지향적이기 때문에 폭력적이며 사회갈등과 전쟁까지 야기한다.[54]

국가조찬기도회와 한국기독교총연합회의 국가 담론과 대통령 담론에 나타나는 근본주의적 성격은 결국 자기 정체성 만들기를 넘어서 이데올로기가 되기 때문에 사회 안에 존재하는 다양한 담론들과 쟁투하고 권력과 연합하여 한국 사회의 구조 안에서 지배적인 위치를 차지하려 한다. 그렇다면 국가조찬기도회와 한국기독교총연합회는 사회통합과 발전에 기여하기 어렵다.

## 6. 정리

이 장에서는 2000년대에 들어와서 개신교 보수진영의 정치 담론은 어떻게 변화하였는지 그리고 정치 담론을 통해 권력과 어떠한 관계를 형성하였는지 분석하였다. 구체적으로 이 장에서는 개신교 보수진영의 대표적인 연합단체이라고 할 수 있는 국가조찬기도회와 한국기독교총연합회가 2000년 이후 진보 정권과 보수 정권의 시대에 생산한 정치 담론을 분석하였다. 분석 결과를 살펴보

---

53) 앞의 책, 15.

54) 이에 대하여는 이찬수, "종교근본주의의 폭력적 구조", 「원불교 사상과 종교문화」 63집 (2015), 173; 강학순, "근본주의의 극복에 대한 철학적 고찰", 「현대유럽철학연구」 27권 (2011), 72; 정태식, "공적 종교로서의 미국 개신교 근본주의의 정치적 역할과 한계", 「현상과인식」 33권1-2호(2009), 57-58, 62-63를 참조하라.

면 텍스트들에 선언형, 설득형, 요구형, 당위형, 명령형, 비판 또는 비난형, 그리고 경고형 등의 다양한 장르들이 사용되는 것을 확인할 수 있었다.

텍스트에 나타나는 담론은 '국가 담론'과 '대통령 담론'으로 나누어 볼 수 있다. 국가 담론은 발전, 위기, 비판, 축복의 순서로 진행이 된다. 이러한 국가 담론과 연결된 대통령 담론은 진보 정권의 대통령들(김대중과 노무현)에게는 견제와 비판이었으나, 보수 정권의 대통령들(이명박과 박근혜)에게는 지지와 축복으로 바뀐다. 스타일도 인식 양태의 질문유형과 의무 양태의 요구유형을 주로 사용하였다. 여기서 질문유형은 진정으로 질문을 하고 답을 받기보다 동의를 구하는 용도로 사용하였다.

국가조찬기도회와 한국기독교총연합회가 생산한 정치 담론들은 텍스트들이 정권에 따라 다양하지만 이러한 텍스트들은 개별적으로 있는 것이 아니라 상호 연결되어 있다는 특징이 있다. 이러한 국가조찬기도회와 한국기독교총연합회가 생산한 정치 담론의 상호 텍스트성과 상호 담론성은 개신교 보수로서의 자기 정체성과 믿음의 체계를 확인하고 유지하고 재생산하는 데 기여한다. 그리고 이러한 상호 텍스트성과 상호 담론성은 개신교 보수라는 '거대 주체'를 형성하고 그 실체로서 조직과 공동체를 만들어 유지하려 한다. 이러한 과정에서 국가조찬기도회와 한국기독교총연합회의 정치 담론은 이데올로기적 성격을 갖게 된다.

또한, 담론의 공작은 정권 또는 대통령에 따라 기득권 사수와 유지 그리고 타종교와 비교하여 격차 있는 실제적 이득을 얻을 수 있느냐에 따라 다르게 실행되었다. 특히 이명박과 박근혜 대통령 시기에 국가조찬기도회와 한국기독교총연합회의 정치 담론은 담론의 공작 과정을 통해 정권과 매우 친화적으로 재고안되었다. 이는 국가조찬기도회와 한국기독교총연합회가 한국 사회 안에서 이데올로기적 상부구조로서 또한 이데올로기의 기구로서 기존의 헤게모니와 지배이데올로기를 재생산한다는 것을 의미한다. 그리고 국가조찬기도회와 한국기독교총연합회의 정치 담론은 근본주의적 성격을 가지고 있다. 이러한 성격은 변화하는 사회의 불확실성에서 벗어나 자기 정체성을 확보하고 자부심과 자긍심을 제공하지만 결국 폭력을 수반하고 갈등들을 일으킬 수 있다.

# 개신교 보수의 문화 관련 담론 :
# 동성애와 타종교

# 5장 _ 개신교 보수의 문화 관련 담론 :
## 동성애와 타종교

5장에서는 개신교 보수가 생산하는 문화 담론을 분석하려 한다. 구체적으로 동성애와 타종교에 대해 개신교 보수가 생산한 담론을 분석하려 한다. 먼저 개신교 보수의 동성애 반대 담론을 분석하겠다. 2000년대에 들어와 한국 사회에서 동성애와 차별금지법 제정을 둘러싸고 매우 뜨거운 논쟁이 계속되고 있다. 이러한 가운데 개신교 보수는 동성애와 동성결혼에 대해 민감하고 강력하게 반응하고 있다. 한국 개신교 보수는 동성애에 대한 매우 적극적인 반대를 표명하고 있다. 그러므로 이 장에서는 한국 개신교 보수들이 어떤 인식과 방법으로 동성애 반대 담론들을 생산하고 유포하고 있으며 그 담론들은 어떠한 특성을 가지고 있는지 분석하고자 한다.

다음으로 개신교 보수가 생산하고 유포한 타종교에 대한 담론을 분석하겠다. 한국 사회는 역사적으로 오랫동안 다종교 사회였다. 기독교는 가톨릭의 경우 18세기에 그리고 개신교의 경우 19세기에 전래되어 불교와 유교의 천년 역사보다 짧은 역사를 가지고 있다. 이러한 상황 속에서 기독교는 빠르게 성장하여 한국 사회의 주요 종교로 성장하였다. 2015년 인구주택총조사 결과에 의하면 한국 사회의 주요 종교인구는 개신교인이 전체 인구 대비 19.7%로 가장 많았고, 다음으로 불교인이 15.5%, 그리고 가톨릭은 7.9%였다. 5장에서는 이렇게 한국 사회의 최대 종교로 성장한 개신교의 보수가 최근에 들어와 타종교에 대해 생산하고 유포한 담론을 분석한다. 특히 최근 한국 사회에서 이주민들의 증가로 인해 성장하고 있는 이슬람과 불교와 관련된 담론을 중심으로 분석하겠다.

## 1. 동성애 반대 담론

### 1-1. 동성애 반대 담론의 배경

성(sexuality)이라는 것은 역사적으로 고정된 것이거나 단선적인 방식으로 한 시대에서 다른 세대로 전달되거나 발전하지 않았다. 성은 각 시대의 전문가 담론과 사회정책 그리고 권력의 작용에 의해 형성된 매우 복잡한 과정의 결과물이다. 그래서 이기형은 성을 규정하는 의미의 틀은 변화하며 성적 정체성을 구현하는 방식들 간의 관계는 역사적으로 불연속적이라고 주장한다.[1] 특히 동성애는 고대 그리스의 경우처럼 중년 남성과 소년 사이에 유행하던 시

---

1) 이기형, "담론 분석과 담론의 정치학: 푸코의 작업과 비판적 담론 분석을 중심으로", 117.

기도 있었고, 금기와 처벌 조소 그리고 사회적 배제와 탄압의 대상이었던 시기도 있었다.

그런데 인간의 성과 성적 욕망을 관리하려는 권력은 거대한 담론을 형성하며 인간의 성과 삶을 규정해왔다.[2] 특히 근대에 들어오면서 성에 대한 이야기 즉, 성 담론은 성을 관리 통제하기 위해 사용되었다. 푸코에 의하면 17세기부터 19세기에 이르기까지 성에 대한 담론은 폭발하였다. 성에 대한 암시와 은유의 수사법들이 체계화되었지만, 또한 성에 대한 언어와 진술은 검열되고 통제되었다. 중요한 것은 권력 자체가 행사되는 장(場)에서 성에 대한 담론이 증가하였다는 것이다.[3] 이러한 성 담론은 민법상의 형태로 존재하며 주로 성적 관례를 지배했다. 구체적으로 여성의 육체에 대한 담론, 중등학교 학생의 성에 대한 담론, 성 도덕 담론, 신경질환 또는 정신병의 원인으로 보는 성 담론이 만들어졌다.[4]

이러한 입장에서 본다면 한국 개신교 보수의 동성애 반대 담론도 단순히 기독교 교리에 어긋난다는 것 때문만이 아니라 나름의 역사적 사회적 상황 안에서 생산되고 유포되었다. 구체적으로 최근의 상황을 살펴보면 한국 개신교 보수의 동성애 반대 담론이 양적으로 증가하고 강력한 주장을 포함하기 시작한 시점은 차별금지법 발의 이후이다. 한국 개신교 보수의 동성애 반대 담론은 주로 차별금지법 발의와 관련하여 형성되었다. 차별금지법 제정을 막는 데 개신교 보수가 적극적인 이유는 차별금지법에서 동성애를 포함하

---

2) 이태숙, 『문화와 섹슈얼리티』 (서울: 예림기획, 2004), 82.

3) 미셸 푸코, 『성의 역사: 지식의 의지』 (파주: 나남신서, 2010), 21-22.

4) 이태숙, 『문화와 섹슈얼리티』, 80-81; 푸코, 『성의 역사: 지식의 의지』, 33, 37.

고 있기 때문이다.

2001년 김대중 정권에 의해 출범한 국가인권위원회는 2003년 1월 인권단체 관계자와 전문가 등 17인으로 구성된 차별금지법제정추진위원회를 구성하고, 2004년 8월 추진위원회 안을 마련하고, 2006년 7월에 최종 권고법안을 내놓는다. 이후 2007년 노무현 정권 시절에 법무부로 이 업무가 이관되어 관계부처 협의를 거쳐 그해 12월 차별금지법안이 만들어진다. 이 법안의 제1조는 "정치적, 경제적, 사회적, 문화적 생활의 모든 영역에서 차별을 금지하고 예방하며, 차별로 인한 피해를 효과적으로 구제함으로써 인간의 존엄과 평등을 실현함을 목적으로 한다"고 명시하고 있다. 그리고 3조에서 차별은 "합리적인 이유 없이 성별, 연령, 인종, 피부색, 출신 민족, 출신 지역, 장애, 신체적 조건, 종교, 정치적 또는 그 밖의 의견, 혼인, 임신, 사회적 신분, 그밖의 사유를 이유로 고용, 재화·용역 등의 공급이나 이용, 교육기관의 교육 및 직업훈련, 법령과 정책의 집행 중 어느 하나의 영역에서 분리, 구별, 제한, 배제 등 불리하게 대우하는 행위"로 정의되고 있다.

이상 발의안의 1조와 3조의 내용에는 동성애 관련 내용이 없다. 그 이유는 개신교 보수가 이 차별금지법의 원안을 적극적으로 반대하였고, 결국 발의 원안 중에서 성적 지향, 학력, 가족 형태와 상황, 병력, 출신 국가, 언어, 범죄 및 보호처분의 전력 등 7개 항목이 삭제되었기 때문이다. 이 과정에서 개신교 보수는 언론, 교계, 교회 내부 신도 등 전방위적으로 활동하였고, 특히 국가조찬기도회, 성시화운동본부, 한일기독교의원연맹, 한국기독교총연합회 등의 개신교 보수 단체들은 '동성애차별금지법저지의회선교연합'을 구성하고 법무부 관련 부서를 항의 방문하고 의견서 제출하였다. 그래서 발의안이 수정되었다. 그리고 이 발의안은 다음 해인 2008년 2월 12일 국회 본회의에 상정되었지만 의결되지 못하였고, 그해 5월 29일 제17대 국회의 임기만료로 자동폐기 되었다.

이후 2010년 10월 법무부는 차별금지법 분과위원회를 구성하고 법률제정을 준비한다. 그러나 개신교 보수의 강력한 반발로 실패한다. 개신교 보수는 기도 모임, 동성애 반대광고, 법무부 홈페이지 댓글, 민원전화, 반대시위 등 다양한 방법을 동원하여 반대하였다. 또한, 2011년 이명박 정권 시절 민주노동당 국회의원 권영길 등 10명이 차별금지법안을 발의하였으나, 2012년 18대 국회 임기만료로 폐기되었다. 연이어 2012년에 다시 민주통합당 통합진보당 김재연 의원 등 10명이 차별금지법을 발의하였지만 역시 2016년 19대 국회 임기만료로 폐기되었다. 그 사이 2013년 민주통합당 김한길 의원 등 51명이 차별금지법안을 발의하였으나 철회하였고, 같은 해 민주통합당 최원식 의원 등 12명도 발의하였으나 철회하였다. 이들이 철회한 구체적인 이유는 뒤에서 동성애를 반대하는 텍스트에 나타난 담론을 분석할 때 언급하겠다.

이렇게 동성애 차별금지까지 포함한 차별금지법안이 거듭 제정되지 못하는 것과 달리 2016년부터 개정 시행된 국가인권위원회법은 성적 지향을 포함한 차별에 대해 명시하고 있다.[5] 그러나 국

---

5) 2016년 2월 3일부터 개정 시행되는 국가인권위원회 법 2조 3항은 다음과 같은 행위를 평등권 침해의 차별행위라 명시하고 있다.
합리적인 이유 없이 성별, 종교, 장애, 나이, 사회적 신분, 출신 지역(출생지, 등록기준지, 성

가인권위원회는 사법절차가 아닌 조정제도를 실행한다. 반면에 차별금지법이 국회 본회의를 통과한다면 차별에 대한 법률적인 처벌(징역 또는 벌금)이 가능해진다. 바로 이 지점에서 개신교 보수는 교리와 충돌할 뿐만 아니라 종교와 신앙의 자유에 대한 침해와 위협을 느끼고 반대하고 있다.

## 1-2. 동성애 반대 담론 생산자들

2장에서 분석한 정치 담론 구체적으로 말해 국가 담론과 대통령 담론은 주로 교회 내부가 아니라 국가조찬기도회와 한국기독교총연합회 등과 같은 연합기관이나 단체에서 즉, 교회 외부에서 만들어졌다. 그리고 3장에서 분석한 부자 담론과 축복 담론의 경우는

---

년이 되기 전의 주된 거주지 등을 말한다), 출신 국가, 출신 민족, 용모 등 신체조건, 기혼 · 미혼 · 별거 · 이혼 · 사별 · 재혼 · 사실혼 등 혼인 여부, 임신 또는 출산, 가족 형태 또는 가족 상황, 인종, 피부색, 사상 또는 정치적 의견, 형의 효력이 실효된 전과(前科), 성적(性的) 지향, 학력, 병력(病歷) 등을 이유로 고용(모집, 채용, 교육, 배치, 승진, 임금 및 임금 외의 금품 지급, 자금의 융자, 정년, 퇴직, 해고 등을 포함한다)과 관련하여 특정한 사람을 우대 · 배제 · 구별하거나 불리하게 대우하는 행위,

재화 · 용역 · 교통수단 · 상업시설 · 토지 · 주거시설의 공급이나 이용과 관련하여 특정한 사람을 우대 · 배제 · 구별하거나 불리하게 대우하는 행위, 교육시설이나 직업훈련기관에서의 교육 · 훈련이나 그 이용과 관련하여 특정한 사람을 우대 · 배제 · 구별하거나 불리하게 대우하는 행위,

성희롱[업무, 고용, 그밖의 관계에서 공공기관(국가기관, 지방자치단체, 「초중등교육법」 제2조, 「고등교육법」 제2조와 그밖의 다른 법률에 따라 설치된 각급 학교, 「공직자윤리법」 제3조의 제1항에 따른 공직 유관 단체를 말한다)의 종사자, 사용자 또는 근로자가 그 직위를 이용하여 또는 업무 등과 관련하여 성적 언동 등으로 성적 굴욕감 또는 혐오감을 느끼게 하거나 성적 언동 또는 그 밖의 요구 등에 따르지 아니한다는 이유로 고용상의 불이익을 주는 것을 말한다] 행위.

이와 반대로 연합단체보다 각 교회 내부, 특히 예배 설교에서 나타났다. 그런데 동성애 반대 담론은 개교회와 교단의 영역과 개신교 보수들이 세운 기관과 단체의 영역 모두에서 나타난다.

먼저 동성애 반대 담론을 생산한 개교회와 교단들의 예를 들어 보자. 2015년 대한예수교장로회는 전국 교회를 대상으로 3월부터 7월까지 10만 명에게 차별금지법 반대 서명을 받아 8월 21일 국회에 제출하였다.[6] 또한 2013년부터 2017년까지 주요 교단들(대한예수교장로회 합동, 대한예수교장로회 통합, 기독교대한감리회, 기독교대한성결회, 예수교대한성결교 등)은 성명서나 입장문을 발표하기도 하고 나아가서 교단 헌법을 개정하기도 하였다. 이와 관련된 대표적인 예들만 나열해보자. 2015년 6월 18일 대한예수교장로회 합동은 총회장(백남선 목사)의 긴급 메시지 "차별금지법 반대 기도를 합시다"를 발표한다. 이어 같은 해 6월 28일 대한예수교장로회 백석은 각 교회로 공문을 발송하고 모범 설교를 함께 배포한다. 이어서 2016년 1월 20일 한국성결교회연합회(기독교대한성결교회와 예수교대한성결교회)는 동성결혼, 한국사 교과서 문제, 친이슬람 경제 정책, 종교인 납세 등에 대한 공동성명을 발표하였다.[7] 또한 기독교대한감리회의 동성애대책위원회는 2017년 6월 2일 동성애를 처벌하는 내용이 담긴 군형법 92조 6항 폐기 반대 성명서를 발표한다. 예수교대한성결교회는 2017년 6월 7일 성명서 "동성애 차별금지법안에 대한 우리의 입장"을 발표한다. 대한예수교장

---

6) 아이굿뉴스, 2015년 8월 21일, "합동, 차별금지법 입법반대 10만인 서명 국회 제출".
7) 한국성결신문, 2016년 1월 20일, "한성연, 종교사회적 이슈 입장 표명".

로회 통합은 2017년 6월 12일 "한국 교회는 헌법개정을 통한 동성결혼과 동성애의 합법화에 반대한다"라는 제목의 총회의 입장문을 발표한다. 개신교 22개 교단장들이 참여하는 한국교회교단장회의는 2017년 7월 26일에 동성애 관련 성명서를 21개 교단장들이 동참[8]하여 발표하였다. 기독교대한성결교회는 2017년 8월 19일 동성애 반대 선언문 발표한다. 대한예수교장로회 합동은 2017년 9월 21일 제102회 총회에서 동성애자가 요청하는 세례 및 주례를 거부하고 교회에서 추방할 수 있도록 하는 교단 헌법개정안을 통과시켰다. 구체적으로 교단 헌법의 제4장 제3조 '목사의 직무' 항이 개정되었다. 개정한 내용은 '동성애자와 본 교단의 교리에 위배되는 이단에 속한 자가 요청하는 집례를 거부하고 교회에서 추방할 수 있다'였다. 동성애와 동성혼 허용이 포함된 헌법개정안과 차별금지법이 통과됐을 때 목회자와 교회를 보호하겠다는 의도로 볼 수 있다.[9]

다음으로 동성애 반대 담론을 생산한 개신교 보수 단체는 크게 보수적인 목회자들을 중심으로 조직된 개별 단체들, 교단들의 연합단체, 그리고 개신교 언론단체로 나누어 볼 수 있다. 보수적인 목회

---

8) 참여 교단(교단장)들은 다음과 같다. 그리스도의교회교역자협의회(유흥춘), 그리스도의교회협의회(신조광), 기독교대한감리회(전명구), 기독교대한복음교회(이동춘), 기독교대한성결교회(신상범), 기독교대한하나님의성회(이영훈), 기독교한국루터회(김철환), 기독교한국침례회(유관재), 대한기독교나사렛성결회(김영수), 대한예수교복음교회(임춘수), 대한예수교장로회 개혁(이승헌), 대한예수교장로회 고신(배굉호), 대한예수교장로회 대신(이종승), 대한예수교장로회 순장(지태영), 대한예수교장로회 통합(이성희), 대한예수교장로회 한영(최규석), 대한예수교장로회 합동(김선규), 대한예수교장로회 합신(최칠용), 예수교대한성결교회(김원교), 한국구세군(김필수), 한국기독교장로회(권오륜). https://www.igoodnews.net/news/articleView.html?idxno=53972(2020년 2월 16일 접속)
9) 국민일보, 2017년 9월 21일, "예장합동 헌법개정, 동성애자 주례 거부할 수 있다".

자들을 중심으로 조직된 단체로서 '한국교계동성애동성혼입법저지비상대책위원회'가 2013년 4월 13일 "한국 교계 동성애·동성혼 국회 입법 저지 비상대책위원회 긴급성명서"를 발표한다. 이 단체의 상임 총재는 김삼환 목사(명성교회 담임목사)였으며 공동총재는 전병금 목사(한국기독교목회자협의회 회장), 이영훈 목사(여의도순복음교회 담임목사), 그리고 소강석 목사(새에덴교회 담임목사)였다. 이 단체의 뒤를 이어서 대한기독교여자절제회와 나라사랑기독인연합이 입장문과 공식 발언을 하였다. 그리고 시민단체로는 주요셉 목사가 공동대표로 있는 반동성애기독시민연대가 가장 적극적인 반대 활동을 하고 있다. 교단 연합단체로는 한국기독교총연합회와 한국교회연합이 선언문과 성명서를 발표하였다. 개신교 보수 언론단체로는 유만석 목사가 대표로 있는 한국교회언론회가 가장 전방위적으로 동성애, 차별금지법 제정 반대 담론을 생산 유포하고 있다. 이상의 단체들은 2015년부터 2019년 사이에만 45개 이상의 논평과 보도자료를 발표하였다.

이제 이상의 교단 차원에서 발표한 성명서와 입장문 등을 포함하는 공식적인 발표들, 그리고 기독교 단체들과 언론단체에서 발표한 공식문서와 논평 등에 나타난 담론들이 어떠한 특성을 가지고 있는지 분석하겠다. 담론 분석을 위해 활발하고 공개적으로 활동하여 사회적 여파를 만드는 개교회나 교단 또는 기관이나 단체들이 생산 유포한 담론들을 최대한 수집하였다. 그리고 그 담론들을 분류하고 분석하였다. 그중에서 대표적인 것들을 직접 인용하였다.

## 1-3. 개신교 보수의 동성애 반대 담론 분석

### 1-3-1. 텍스트의 장르들

담론의 장르를 살펴보면 개신교 보수는 단순히 반대하는 주장이나 선언만을 하지 않는다. 개신교 보수는 주장형과 선언형뿐만 아니라 경고형, 명령형, 설명형 등과 같은 매우 다양한 어법과 표현을 사용하였다.

먼저 주장형을 살펴보자. 주장형은 가장 많이 사용되는 유형이다. 주장형은 첫째로 동성애는 잘못된 것이라고 주장하는 형태, 둘째로 동성애를 인정하는 차별금지법 제정이 심각한 문제를 가져온다는 것을 주장하는 형태가 있다. 이러한 주장형은 동성애 반대를 유도하는 효과를 가지고 있다.

먼저 동성애가 잘못된 것이라고 주장하는 형태를 보자.

> 5-1-1. 동성애는 사회기강이 흐트러지고 성 윤리 도덕이 무너지는 사회와 국가에서 흔히 나타나는 병리적 현상이다. 성경적으로도 물론 죄다. 자연질서를 거스르는 역리(逆理)이며, 천륜(天倫)을 거스르는 반인륜이며, 정신적·육체적 파괴를 초래하는 병인(病因)이다. 비전통적 성관계인 동성애가 이토록 인류에 유익보다 해악을 끼침에도 '기본권'이나 '사이비 인권', '사회적 약자', '특별 성적 취향'의 탈을 쓰고 마치 세련된 트렌드인 양 우리를 현혹하는 건 고도의 프로파간다(propaganda, 宣傳)이며, 인류를 기만해 혼돈(混沌)을 가속화하려는 위장된 정치 술수와 목적이 배

후에 도사리고 있기 때문이다(반동성애기독시민연대, "동성애자
(LGBT)[10] 치유회복법을 제정하라!", 2017.05.02).

그리고 차별금지법 제정이 심각한 문제를 가져온다는 주장에
는 더욱 강력한 표현들이 등장한다.

5-1-2. 우리는 자유주의 국가에서 개인의 선택이 존중받아야 하
지만 이러한 자유는 법이 정한 사회통념의 테두리 안에서만 가
능한 것이다. 남자와 남자 혹은 여자와 여자의 성적인 만남이 허
용된다면 이는 우리 사회가 가지고 있는 질서의 울타리를 뛰어
넘는 일이고, 결국 매매춘의 합법화 나아가 소아성애와 같은 반
인륜적인 행태조차 개인의 자유나 소수의 인권으로 인정할 수밖
에 없는 사태가 발생할 것이다(기독교대한성결교회 총회, "동성
애 반대 선언문", 2017.08.19).

5-1-3. 동성애를 차별금지대상에 포함시키더라도, 동성애가 확
산되지 않는다는 것이다. 이 말은 맞지 않다. 동성애를 구별조차
해서는 안 되는 차별금지대상에 포함시키고 나면, 학교에서는 동
성애를 정상이라고 가르쳐야 하며 친구에게 동성애 유혹을 하더
라도 어떠한 제재도 받지 않으며, 동성애로 물의를 일으킨 학생
을 불러서 동성애를 끊도록 상담하고 설득조차 할 수 없게 된다.
공개적으로 동성애자 단체를 학교 내에서 만들어서 모집하더라

---

10) LGBT는 Lesbian, Gay, Bisexual, Transgender의 머리글자를 딴 줄임 말이다.

도 법적으로 막을 길이 없게 된다(나라사랑기독인연합, "동성애 Q&A", 2016.10.10).

5-1-4. 그로 인해 오히려 동성애의 늪에서 벗어나려 몸부림치는 '동성애자'의 '탈출 시도'를 원천차단하고, 그들에게 마땅히 돌아가야 할 에이즈 질병 예방권과 성접촉을 통한 감염으로부터의 보호권 및 건강한 사회복귀권을 제한시킨다. 몸을 함부로 굴리다 결국 심신이 피폐해질 대로 피폐해져 자살고위험군, 각종 성병, 변실금, 악성 에이즈 등으로 인한 수명 단축은 결코 그들의 천부인권을 지켜주는 일이 될 수 없고, 불필요한 사회적 비용과 국가재정 낭비만 초래할 뿐이다(반동성애기독시민연대, "동성애자(LGBT) 치유회복법을 제정하라!", 2017.05.02).

그리고 기독교대한감리회는 차별금지법 제정을 반대하는 성명서는 아니지만 동성애와 관련된 군형법 개정을 반대하는 성명서를 단독으로 발표한다. 이 성명서에서도 주장형을 사용한다.

5-1-5. 군형법 92조 6항이 폐기된다면 군대 안에 항문성교로 질병이 만연하게 될 것이다. 통계에 의하면 에이즈 환자 중에 상당수가 남성 동성애자였다. 우리의 아들들이 군대에 가서 이토록 위험한 상황에 처해지도록 방치할 수는 없다. 결국 군대 기피 현상은 불을 보듯 뻔하다. 결국 또 다른 안보 위기 상황을 발생하게 될 것이다(기독교대한감리회, "동성애대책위원회 성명서",

2017.06.02).

이 성명서는 군형법 92조 6항[11]을 폐기하는 시도들과 관련이 있다. 이 성명서에서는 주장형이 많이 사용되었다.

다음으로 선언형이 있다. 선언형은 두 가지 경우에 주로 사용되었다. 먼저 동성애를 허용하려 하거나 차별금지법을 제정하여 법률적으로 동성애를 인정하려 하면 투쟁을 전개해나간다는 것을 분명히 밝히는 경우 사용되었다.

> 5-1-6. '동성애 반대는 인권침해이자 성 소수자의 차별'이라는 명목하에 진행되는 모든 동성애 합법화 시도는 불가하며, 한국기독교총연합회는 이를 적극 저지할 것을 밝힙니다(한국기독교총연합회 한국교회연합 공동성명서 "서울시는 서울광장 동성애 축제 사용 허가를 즉각 취소하라!", 2015.04.03).

그리고 선언형은 법적 책임을 언급할 때 사용되었다.

> 5-1-7. 2013년에 열린 홍대 앞에서의 동성애 축제 현장과 2014년 신촌 축제에서 동성애자들이 보여준 음란성 선정적 축제와 퍼

---

11) "제92조의6(추행) 제1조 제1항부터 제3항까지에 규정된 사람에 대하여 항문성교나 그 밖의 추행을 한 사람은 2년 이하의 징역에 처한다." 여기서 제1조 제1항부터 제3항까지에 규정된 사람이란 군인(현역에 복무하는 장교, 준사관, 부사관 및 병(兵)), 군무원, 적(軍籍)을 가진 군(軍)의 학교의 학생·생도와 사관후보생·부사관후보생 그리고 군 관련 범죄를 저지른 내외국인을 의미한다.

레이드와 그들이 외치는 구호는 거리에 있던 어린아이들과 일반 시민들에게 충격적이었다. 이들의 영상은 유튜브에서조차 청소년 유해 매체물로 분류되었다. 이런 행사를 열도록 승인한 서울시의 실무자에 대해서는 '업무상 월권'으로 법적 책임을 져야 할 것을 밝힌다(한국기독교총연합회, 한국교회연합, 한국장로교총연합회, 미래목회포럼, 한국교회언론회, 공동성명서 "왜 퀴어축제를 반대하는가", 2015.06.01).

경고형은 동성애를 인정 또는 수용하려고 시도를 하는 정부, 단체, 정치인에게 구체적으로 어떤 행동을 할 것이라고 밝힐 때 사용되었다.

5-1-8. 끝내 법안을 철회하지 않을 경우에는 한국 교회는 모든 방법을 강구하여 반드시 법안 철회 또는 법안 상정을 저지하는 데 온 힘을 기울일 것이며, 대표 발의 및 공동 발의에 참여한 모든 의원들에 대한 낙천, 낙선 운동을 강력히 전개할 것임을 밝혀둡니다. '한국 교계 동성애 동성혼 입법 저지 비상대책위원회'는 현재 법무부가 UN의 권고라면서 받아들이도록 권고하고 있는 차별금지법에 대해서도 성적 지향 등의 독소조항을 그대로 유지하려는 잘못된 시도에 대해서도 우리는 이를 예의 주시하며 대처해갈 것입니다(한국 교계 동성애 · 동성혼 국회 입법 저지 비상대책위원회, 긴급성명서[12], 2013.04.22).

---

12) 기독일보, 2013년 월 23일, "한국 교계 동성애 동성혼 입법 저지 비상대책위원회 '김재연 의

또한 경고형은 개신교 단체가 개신교 내부를 향하여 사용하기도 한다. 임보라 목사의 신학과 설교에 대한 이단 시비[13]를 실례로 볼 수 있다.

> 5-1-9. 약자와 소외된 자와 죄인들을 품고 목회하는 것을 악용(惡用)해 마치 정치 투쟁하듯 싸우려 들어서도 곤란하다. 이는 '신앙 핵심 · 본질'과의 충돌이지 '인권 · 정치투쟁'의 사안이 아니기 때문이다. 만일 그럼에도 불구하고 끝까지 기장 교단이 '거짓된 사랑'과 '동성애자의 인권'을 빌미로 임보라 목사를 비호 · 두둔할 경우, 기장 교단은 엄청난 저항에 직면할 것이며, '인권'을 '성경 말씀'보다 상위에 두는 '사이비 집단'으로 만천하에 공표될 수 있음을 명심해야 한다(반동성애기독시민연대, 성명서 "기장 교단은 이단판정을 받기 전 임보라 목사를 면직시켜라", 2017.09.29).

명령형은 성명서와 같은 공식 문건에서 중앙정부나 정부 기관 또는 지방정부를 향하여 자신들의 요구사항을 강력하고 분명하게 전달할 때 사용된다. 명령형 뒤에는 그에 대한 설명이 따른다.

---

원 차별금지법 철회하라'".

13) 국민일보, 2017년 7월 21일, "임보라 목사, 잘못된 신론 구원론 갖고 있다". 임보라 목사는 한국기독교장로회 섬돌향린교회 담임목사이다. 임 목사는 동성애와 관련하여 타 교단들로부터 이단으로 규정된다. 대한예수교장로회 합동, 대한예수교장로회 통합, 대한예수교장로회 대신, 대한예수교장로회 고신, 대한예수교장로회 합신, 기독교대한감리회, 기독교대한성결교회, 기독교한국침례회 8개 교단의 이단대책위원장들은 2017년 7월 20일 임보라 목사가 이단성이 있다고 결론짓고 보고서를 각 교단총회로 보냈다.

5-1-10. 보건복지부와 질병관리본부는 동성애와 연관된 에이즈 문제를 진솔하게 밝히고, 교육부는 즉각 학교에서 동성애 교육을 중단하라. 2011년 미국 질병관리본부의 통계에 의하면, 13~24세 사이의 남성 에이즈 감염경로를 살펴보면, 90% 이상이 동성 간의 성 접촉으로 나타나고 있다. 우리나라 2006년 통계도 에이즈 감염인의 92%가 남성임이 밝혀졌다. 더욱이 청소년들의 에이즈 증가율은 날로 심각하다. 그럼에도 교육부는 초중고등학교에서 동성애 교육을 확산시키고 있다. 누가 우리 아이들을 에이즈로 내모는가?(한국기독교총연합회, 한국교회연합, 한국장로교총연합회, 미래목회포럼, 한국교회언론회, 공동성명서 "왜 퀴어축제를 반대하는가", 2015.06.01).

5-1-11. 국민의 인권을 진정으로 생각한다면, 바로 사는 것을 가르치라. 이제라도 서울시는 동성애 퀴어축제와 퍼레이드 장소 사용을 즉각 취소하고, 정부와 질병관리본부는 전체 국민들과 어린 학생들에게 동성애와 에이즈의 연관성과 문제점을 제대로 가르쳐 건강한 생활과 가치 있는 올바른 삶을 살도록 선도하라! 잘못된 선전으로 인하여 청소년들이 동성애에 빠지고, 에이즈와 같은 치명적인 질병에 걸린다면, 인권이란 미명하에 국가가 살인을 방조하는 것이 나 다름없다(한국기독교총연합회, 한국교회연합, 한국장로교총연합회, 미래목회포럼, 한국교회언론회 공동, 성명서 "왜 퀴어축제를 반대하는가", 2015.06.01).

이상의 강력한 표현 형태인 주장형, 경고형 그리고 명령형과는 다른 유형으로 설명형이 사용되었다. 설명형은 주로 동성애 관련 행사 허가에 대해 나름의 근거를 대면서 반박할 때 주로 사용되었다.

5-1-12. 퀴어문화축제는 언론이 미화 포장하고 있는 것처럼 문화축제가 아닌 동성애자 및 LGBT들의 성 해방구일 뿐이다. 정치투쟁의 일환으로 길거리에서 벌이는 음란한 퍼포먼스일 뿐이다. 차단벽으로 둘러친 서울광장 내에서의 행사나 퀴어퍼레이드 모두 일반 시민이 수용하기 어려운 반나체 차림의 광란의 퍼포먼스에 불과한 것이다. 이는 우리 사회 통념상 용납키 어려운 행사이며, 형법 제245조 공연음란죄에 해당되는 내용인 것이다(반동성애기독시민연대와 20개 단체, 성명서 "퀴어축제 서울광장 승인한 박원순 후보를 반대하고, 절대 불허 공표한 김문수 후보를 지지한다!", 2018.06.08).

5-1-13. 그렇지만 3선에 도전하는 박원순 서울시장 후보는 올해도 서울광장에서 퀴어축제를 수용할 계획이기에 용납하기 어려우며 절대 반대한다. 퀴어축제 부스와 피켓에서 보여진 막가파식 선정성은 불쾌감을 느끼는 일반 국민뿐 아니라, 성 소수자 옹호 측에서도 "성 소수자에 대한 편견과 오해를 풀려고 노력해야 할 퀴어축제에서 오히려 동성애자들을 성행위에 집착하는 변태로 일반화하는 짓거리나 하고 있다"는 비판이 나오고 있는 실정

이다(반동성애기독시민연대와 20개 단체, 성명서 "퀴어축제 서울광장 승인한 박원순 후보를 반대하고, 절대 불허 공표한 김문수 후보를 지지한다!", 2018.06.08).

### 1-3-2. 텍스트에 나타난 담론들

개신교 보수의 동성애 반대 담론은 양에 있어서 다른 어떤 담론보다 가장 많고 내용 또한 매우 다양하고 폭넓다. 이러한 담론의 내용들은 크게 두 가지로 나누어 볼 수 있다. 개신교 보수의 동성애 반대 담론은 개신교 교리와 관련된 담론(창조, 죄, 영적 전쟁, 구원, 사랑 등)과 사회적 또는 국가적 차원의 담론(가정파괴, 성 문란, AIDS, 출산, 동성 결혼 반대, 차별금지법 제정은 국가 혼란, 종북주의, 역차별, 군형법 폐지 반대, 외교, 치료 가능, 교육의 문제, 개인의 판단과 결정 등)으로 나눌 수 있다.

먼저 개신교 교리와 관련된 담론을 살펴보자. 개신교 보수는 남녀의 차이 또는 특성은 하나님이 창조하신 것이라는 교리와 믿음을 전제한다.

> 5-1-14. 남녀의 성(性)은 고유한 특성으로 존중받아야 한다. 남녀의 차이는 하나님께서 창조하신 고유한 특성이다. 그것은 남녀 간의 우월적 지위를 다투기 위한 차이가 아니라 각자의 고유한 역할을 통해 조화로운 세상을 이루어 가기 위한 창조주의 배려이다. 우리는 남녀의 성(性)에 대한 개념 또한 이와 다름이 없다고 믿는다. 한 남자와 한 여자로 이루는 가정만이 인간의 존엄

성을 유지할 수 있는 유일한 방법이라 할 것이다(기독교대한성 결교회 총회, "동성애 반대 선언문", 2017.08.19).

그런데 동성애는 이러한 하나님의 창조질서를 파괴한다고 주 장한다.

5-1-15. 하나, 우리는 동성애 문제를 사회적 현상으로 볼 때 성 적 정체성의 문제와 쾌락추구 차원의 성적 취향의 문제가 혼재 되어 나타나고 있다는 점을 이해한다. 따라서 성적 자기 결정권 에 대한 인권 보호의 문제가 창조주 하나님의 창조질서에 어긋 나는 세속화된 육체적 쾌락 추구의 문제와는 변별력 있게 구분 해서 다루어지기를 바란다(대한예수교장로회 통합, "총회장 성 명서", 2014.04.07).

5-1-16. 여섯째는 하나님의 창조질서를 깨뜨리고 성적 방종과 문란을 야기시키는 동성애 확산과 조장을 막는데 한국 교회가 전 력을 다해야 한다. 특히 인권을 빙자한 포괄적 차별금지법 제정 은 철저하게 저지시키는 것이 한국 교회의 사명이다. 한국 사회 가 소돔과 고모라로 망하는 것을 방관치 말자(한국교회언론회, " 신년 메시지", 2015.12.30).

5-1-17. 동성 간 성적인 행위는 창조질서에 위배 될 뿐만 아니 라 인간의 윤리와 도덕에 어긋난 행위로써 결코 용납될 수 없

는 사회악이다. 사람이 남자와 여자로 존재함은 이성 간의 성적 결합이 자연스럽고 정상적인 것은 남녀 신체구조를 보더라도 자연의 순리임을 보여준다. 그러므로 동성애는 비윤리적이며 비정상적인 성적 죄악이기에 당연히 억제되고 제한되어야 한다(예수교대한성결교회, "동성애 차별금지 법안에 대한 우리의 입장", 2017.06.07).

그러므로 개신교 보수는 동성애를 하나님 앞에서 죄라고 판단한다.

5-1-18. 하나, 우리는 성경이 동성애를 거룩하신 하나님의 뜻에 어긋나는 타락한 인간들의 죄악된 현상 가운데 하나요, 부정한 동기와 학습에 의한 결과라고 가르치고 있다고 믿고 있다(레 18:22, 20:13, 롬1:26-27, 고전 6:9-11, 딤전1:9-10)(대한예수교장로회 통합, "총회장 성명서", 2014.04.07).

5-1-19. 하나, 동성애는 분명히 비성서적이며 반기독교적입니다. 동성애를 정당화하는 그 어떤 언술과 행위도 옹호하거나 지지할 수 없습니다. 동성애는 신앙의 관점에서 양심적으로 하나님 앞에 회개하고 돌이켜야만 하는 하나의 죄악입니다(대한예수교장로회 통합, "동성애 문제에 관한 총회장 목회서신", 2016.05.10).

백석 교단은 모든 소속 교회에 동성애는 죄라는 내용을 담은 공문과 함께 모범 설교문[14]을 배포한다.

> 5-1-20. 우리 그리스도인은 "하나님께서 동성애를 가증하다고 여기는 죄"이기 때문에 절대로 동성애를 인정해서도, 용납해서도 안 됩니다. 세계 추세가 그렇고 시대의 흐름이 그렇다고 말하는 실수를 범하지 말아야 합니다. (중략) 오늘 우리 교회에 속한 모든 성도들이 하나님의 말씀에 순종하여 동성애의 실상을 이해하고, 죄악에 반대하며, 성경적 세계관을 가지고 경건한 삶을 사는 아름다운 은혜가 있기를 간절히 축원합니다(대한예수교장로회 백석, "전국 교회 담임 교역자 수신 공문 내 동성애 조장 반대 주일 모범 설교문", 2015.06.28).

그래서 개신교 보수에게 동성애는 죄이기 때문에 반대 운동은 영적 전쟁으로 인식된다.

> 5-1-21. 진정으로 하나님을 경외하고 한국 교회를 사랑한다면 이 같은 충고에 귀 기울이리라 믿는다. 동성애 반대 운동은 거대한 골리앗과 맞서 싸워야 할 철저한 무장이 필요한 영적 전쟁(靈戰)이다. 우리가 대충 준비하고 나섰다가는 패퇴할 수밖에 없는 위험한 전쟁이다. 그렇기에 전쟁터에 나가기 전에 먼저 스스로를

---

14) https://www.pgak.net/www.contents.asp?id=sub09_04_new2&layout=board&skin=white2015&ext=list.asp&boardid=XXYYD&noscroll=1 (2020년 2월 5일 접속)

돌아보고 죄부터 씻어내야 한다. 구설수에 오르는 인물을 전면에 내세우는 건 상대편에게 조롱거리가 될 위험성이 크다(반동성애 기독시민연재 대표 주요셉 목사 크리스천투데이 칼럼, "가장 효과적인 동성애 반대 운동은 무엇인가?", 2017.06.12).

그런데 개신교 보수는 동성애는 죄로 보지만 동성애자는 적으로 보지 않고 구원 대상으로 본다. 대한예수교장로회 통합은 총회의 입장문에서 그것을 밝히고 있다.

> 5-1-22. 하나, 총회는 동성애자를 혐오와 배척의 대상이 아닌 사랑과 변화의 대상으로 여긴다. 성경의 동성애 금기를 공적 권위로 받아들인 총회는 <u>동성애자를 사랑과 변화의 태도로 대해야 한다.</u> 총회는 동성애자를 혐오와 배척의 대상이 아닌 하나님의 형상으로 창조된 천부적 존엄성을 지닌 존재임을 고백한다. 교회는 동성애적 끌림으로 고민하고 어려워하는 사람들의 마음을 이해하고 그들이 하나님 앞에 그 어려움을 내려놓을 수 있도록 도와야 한다. 동성애자들도 우리와 마찬가지로 그리스도의 복음으로 변화되어야 할 연약한 인간에 불과하기에 자신의 정체성을 하나님과의 관계성 속에서 완성하도록 도와야 한다(대한예수교장로회 통합 동성애대책위원회, "동성애에 대한 총회 입장문", 2017.06.12).

또한 기독교대한성결회도 동성애자를 하나님의 잃어버린 백성으로 보고 구원의 은혜는 누구나 차별 없이 받는다고 주장한다.

> 5-1-23. 동성애자 또한 구원받아야 할 하나님의 잃어버린 백성임을 잊지 않는다. 우리는 동성애를 반대하지만 동성애자를 배척하지는 않는다. 그들도 구원받아야 할 하나님의 잃어버린 백성이고, 그들이 하나님의 품으로 돌아오기를 원한다면 언제든 도울 준비가 되어있다. 소위 진보라 주장하는 단체들이 '인권'이라는 이름으로 진영을 구축하고 동성애를 반대하는 것이 동성애자를 반대하는 것이라 주장하는 것은 지극히 정치적인 주장일 뿐이다. 교회는 모든 사람들을 위해 열려 있고 구원의 은혜는 누구에게나 차별 없이 임하는 것임을 분명히 선언한다(기독교대한성결교회 총회, "동성애 반대 선언문", 2017.08.19).

그러나 동성애는 죄이며 하나님의 창조질서를 파괴하는 것이라는 인식은 바뀌지 않는다. 따라서 동성애자 즉, 죄인을 구원받게 하는 것은 개신교 보수의 사명이 된다. 대한예수교장로회 백석은 모범 설교문에서 다음과 같이 밝힌다.

> 5-1-24. 그렇다고 해서 우리가 동성애자들을 증오하고 저주하자는 말이 아닙니다. 동성애자에 대한 진정한 인권과 사랑은 동성애를 인정하는 것이 아닌, 동성애의 실체를 바로 알려주고 동성애가 잘못된 것임을 인정하고 치유되고 회복할 수 있도록 돕고 섬기는 것입니다. 예수님께서는 간음하다 현장에서 잡힌 여인이

돌에 맞아 죽도록 하지 않으셨습니다. 하지만 거기서 끝나지 않으시고 '다시는 죄를 범치 말라'고 말씀하시며 간음이 '죄'인 것을 명확하게 지적하시고, '죄'를 짓지 말도록 권고하셨습니다. 우리는 동성애 자체는 반대하고 배격해야 합니다(대한예수교장로회 백석, "전국 교회 담임 교역자 수신 공문 내 동성애 조장 반대 주일 모범 설교문", 2015.06.28).

나아가서 동성애자들을 혐오의 대상이 아니라 전도 및 교화의 대상으로 이해한다. 대한예수교장로회 통합이 2014년 발표한 총회장(김동엽 목사) 성명서와 2016년 발표한 총회장(채영남 목사) 성명서에서 이러한 입장은 잘 나타나고 있다.

5-1-25. 하나, 우리는 만인의 구원을 지향하는 하나님의 교회로서 성적 정체성과 취향이 다른 성적 소수자들이 처한 상황을 깊이 이해하고 목회적인 차원에서 이들을 교회 안에 포용하여 그리스도의 사랑의 돌봄과 섬김으로 동행하며 전문적 상담의 기회를 제공하고 하나님의 말씀으로 새로운 길을 안내하는 선교적 책임을 수행할 것을 다짐한다(대한예수교장로회 통합, "총회장 성명서", 2014.04.07).
하나, 동성애는 절대로 거부할 수 없는 생리학적 유전적 요인이 아니라, 개인의 자기 의지에 의한 선택적 취향이며, 치유될 수 있는 질병과 같은 병리 현상입니다. 따라서 교회는 동성애자들을 교회의 품 안에 수용하며 그들의 치유를 위한 목회적 동행을 배려해야 합니다. 교회는 동성애자들을 정죄하고 소외시키며 배척하기보다는, 그들을 회개와 용서를 통해 변화된 삶으로 이끌기 위한 선교적 노력을 기울여야 합니다(대한예수교장로회 통합, "동성애 문제에 관한 총회장 목회서신", 2016.05.10).

개신교 단체인 반동성애기독시민연대도 이와 같은 입장을 보인다. 이 단체의 대표로 있는 주요셉 목사는 단체의 사이트에 칼럼에서 동성애자를 사랑해야 한다고 주장한다. 그러나 주요셉 목사 역시 동성애 문제를 죄로 바라보는 시각은 바꾸지 않는다.

5-1-26. "동성애 죄는 혐오하지만 동성애자는 사랑해야 한다"고 말하면 구약성경(레 18:22; 20:13, 신 23:17)을 예시하며 돌로 쳐 죽이는 게 하나님의 뜻이라고 말하는데, 돌로 쳐 죽여야 할 대상은 동성애자뿐만 아니라 다른 범죄자들도 많다. 만일 우리가 예수 그리스도의 십자가 대속에 제한을 두거나 무조건 정죄하는 바리새인적 태도를 갖는다면 하나님께서 결코 기뻐하시지 않을 것이다. 동성애 확산을 막고 차별금지법과 동성결혼을 반대한다고 그들을 미워하거나 혐오의 돌을 던져선 안 된다. 우리도 죄에서 건짐 받고 용서받았기에, 그들을 향해 미움이 아닌 긍휼의 마음으로 다가가야 한다. 그래야 긴 싸움에 지치지 않고 버틸 수 있는 힘을 갖게 된다(반동성애기독시민연재 대표 주요셉 목사 크리스천투데이 칼럼, "가장 효과적인 동성애 반대 운동은 무엇인가?", 2017.06.12).

이상의 교리 담론은 이영훈 여의도순복음교회 담임목사의 인터뷰에서 함축적으로 요약된다.

5-1-27. 기독교 근본정신은 사랑이다. 동성애에 빠진 사람을 혐오하거나 적대하지 않는다. 그러나 동성 간 결합은 다른 문제다. 하나님의 창조 섭리에 어긋나고 자연법칙에도 맞지 않기 때문이다. 저출산 시대 가정 붕괴를 부추길 수도 있다. 교회는 윤리적 종교적 차원에서 동성 간 결혼이 합법화되지 않도록 노력할 것이다(이영훈 여의도순복음교회 담임목사, "신동아 인터뷰", 2018년 11월호).

나아가서 개신교 보수는 정부가 제정하려는 차별금지법을 동성애와 관련하여 매우 적극적으로 거부하고 순교[15]까지 각오한다.

5-1-28. 이 나라가 성 소수자들이 세운 나라인가. 우리는 정부가 동성애자들을 혐오하지 않는 것과 옹호하는 것의 차이를 혼동하고 있음을 심히 우려하지 않을 수 없으며, 소수를 감싸기 위해 대다수 국민을 적으로 돌리는 NAP와 차별금지 기본법 제정을 강력히 반대하며 즉각 철회할 것을 강력히 촉구한다. 만일 정부가 이를 시행할 경우 한국 교회는 순교적 각오로 거부하고 저항할 것임을 천명하는 바이다(한국기독교총연합회, 한국기독교

---

15) 순교 담론은 동성애뿐만 아니라 탄핵, 종교인 과세, 사립학교법 개정 반대 등의 시민사회 관련 쟁점에서도 나타난다. 순교 담론은 개신교 보수가 한국 사회의 주요 쟁점과 관련하여 저항과 투쟁을 할 때 자주 등장한다. 이에 대한 논의는 7장에서 하겠다.

연합, 한국교회총연합, 한국장로교총연합회, 공동성명서 "NAP (제3차 국가인권정책 기본계획안)와 차별금지법, 순교적 각오로 거부 저항할 것을 천명한다", 2018.08.07).

다음으로 개신교의 범위를 넘어서는 사회적 또는 국가적 수준으로 확대된 동성애 반대 담론이 있다. 이러한 담론에는 가정파괴, 성 문란, AIDS, 출산, 동성 결혼 반대, 차별금지법 제정은 국가 혼란, 종북주의, 역차별, 동성애를 처벌하는 군형법 조항 폐지 반대, 외교 (국내 주재 대사관 및 미국 연방 대법원 판결과 장로교 비판), 치료 가능, 학교 교육의 문제, 개인의 판단과 결정 등을 포함하고 있다. 실로 한국 개신교 보수의 동성애 반대 담론은 한국 사회의 각 영역을 전방위적으로 다룬다.

먼저 동성애는 가정을 파괴한다는 담론을 살펴보자.

5-1-29. 가정의 기본은 남자와 여자로 구성된다. 그 사이에서 자녀가 태어나고, 하나님이 설계하신 건강한 가정을 유지하게 되는 것이다. 그런데 동성애를 사회가 묵인한다면 결혼율의 감소와 함께 저출산 문제를 악화시킬 수 있다. 한 국가가 문명을 이어가고 건강한 사회를 지탱하기 위해서는 일정 수준의 인구 증가율이 필요하다. 이런 사회적인 모든 문제를 감안하여, 동성애를 미화하거나 지지하는 행위는 금해야 한다(한국교회언론회, 논평 "동성애 미화, 사회를 병들게 한다", 2010.05.12).

가정파괴 담론은 가정은 남성과 여성으로 구성된다는 젠더 개념을 전제하고 있다. 나아가서 성 문란, 성 윤리, 에이즈(AIDS), 출산과 육아 등이 함께 언급된다.

5-1-30. 가정은 국가의 핵심입니다. 이런 사실을 생각할 때 만일 가정을 깨트린다면 국가를 깨트리는 결과를 가져올 것입니다. 동성애가 가정을 파괴하기 위해서 사용하는 방법은 여러 가지입니다. 그중 가장 대표적인 방법이 성 문란을 조장하는 것입니다. 젊은 층들로 하여금 섹스에 대한 부담을 약화시키고, 미화시킬 뿐 아니라 섹스는 어떻게 하든 즐거운 것이라고 조장합니다. 그런데 방법적인 제재를 가하지 않는 동성애가 가지고 있는 가장 큰 문제는 에이즈의 발병원이라는 사실입니다(대한예수교장로회 백석, "전국 교회 담임 교역자 수신 공문 내 동성애 조장 반대 주일 모범 설교문", 2015.06.28).

5-1-31. 그뿐인가? 가정도 해체되고, 정상적인 부부의 사랑을 통하여 얻어지고, 가정에서 키워져야 할 아이들이, 인위적이고, 인공적인 방법으로 얻어져, 가정의 의미는 상실되어져 갈 것이다 (한국교회언론회, 논평 "여성가족부가 헌법도 부정하는 정부 기관인가?", 2017.12.08).

5-1-32. 넷째는 성 정체성(이성애, 동성애, 양성애)에 대하여 차별을 금지한다면, 학교에서는 학생들에게 동성애를 보편화시키

는 교육을 해야 하고, <u>성의 왜곡을 가져오므로 심각한 윤리의 훼</u><u>손을 가져오게 되는 것이다.</u> 이는 그간의 사회 구성원들의 오랜 동의하에 성립되어왔던 기존의 가치관을 유연하게 적용하면 될 사안인데 구태여 법제화하려는 것은 심각한 사회적 갈등과 혼란 을 가져올 것이다(한국교회언론회, 논평 "차별금지법안은 악법 의 소지가 크다", 2013.03.06).

개신교 보수는 이러한 문제 제기와 함께 동성결혼도 반대한다.

5-1-33. 2017년 현재 서구 유럽을 중심으로 이미 22개 국가는 동성 결혼을 합법화했다. 총회는 동성 결혼을 합법화시키는 것이 마치 인권 선진국으로 가는 길인 것처럼 오도하는 일부 언론의 보도 태도에 대해 심각한 우려를 표명한다. <u>동성 결혼 합법화는</u> <u>건전한 성 윤리의 붕괴는 물론 건강한 가정 질서와 사회질서를</u> <u>붕괴시킨다.</u> 총회는 결혼은 성경의 가르침에 따라(창 2:21~25) 남자와 여자의 결합으로 가정을 이루고, 성적인 순결을 지키는 것이기에 동성 결혼은 기독교 윤리에서 옳지 않으며 마땅히 금해 야 한다고 주장한다(대한예수교장로회 통합 동성애대책위원회, "동성애에 대한 총회 입장문", 2017.06.12).

개신교 보수는 다음으로 동성애를 인정하는 차별금지법 제정 은 국가 혼란을 가져온다는 주장을 한다.

5-1-34. 그리고 포괄적 '차별금지법' 제정으로 인하여 사회의 혼란은 가중되고, 잘못된 가치관을 가진 것들을 차별하지 말라는 것이 되는데, 현재도 장애인이나 노인이나 여성에 대한 것은 차별하지 못 하도록 되어있다. 그럼 남은 것은 이단이나 이슬람 동성애/동성혼에 대하여 차별하지 말라는 것이 되는데, 이렇게 되면 국가의 근간이 흔들려 혼란이 가중되고, 대다수 국민들의 양심의 자유, 표현의 자유, 종교의 자유 등이 차별을 당하는 일이 벌어질 것이다(한국교회언론회, 논평 "국민의 외침보다 편향된 인권을 선택한 정부", 2018.08.07).

또한 개신교 보수는 비개신교 세력들이 연합하고 있다고 주장한다. 구체적으로 동성애자와 좌파와 불교 그리고 개신교 주요 교단에서 이단으로 규정하는 신천지까지 연합하여 종교차별금지법을 발의하려 한다고 주장한다.

5-1-35. 동성애자들을 비롯한 모든 좌파들은 6월의 서울광장 퀴어축제를 기폭제로 똘똘 뭉쳐서 포괄적 차별금지법 입법 발의에 불을 붙일 것이 자명하다. 종교계에서도 불교계의 중심인 조계종이 동성애자들과 손을 잡고 종교차별금지를 이유로 정치권에 「포괄적 차별금지법」 발의에 압박을 가할 것이라는 예측을 하게 한다. 또한 연일 CBS와 한국기독교총연합회를 규탄하는 시위와 시민 서명을 받고 있는 신천지가 기존 기독교로부터 차별과 핍박을 받고 있다는 이유를 들어 종교차별금지 입법을 발의하는 데

서명지를 사용할 거라는 이야기도 들린다(한국교회언론회, 논평 "한국 교회 교단 연합기관들 하나 돼야", 2016.05.18).

나아가서 2013년에는 "종북 게이"라는 신조어를 만들어 사용하면서 차별금지법을 발의한 국회의원들을 비난하기도 하였다. 그래서 국회의원 김한길과 최원식은 차별금지법 발의를 철회한다. 그들은 철회 요지서에서 "차별금지법안의 취지에 대해 오해를 넘어 지나친 왜곡과 곡해가 가해져 합리적이고 이성적인 토론이 어려운 상황"이며 "주체사상 찬양법, 동성애 합법화 법이라는 비방과 종북 게이 의원이라는 낙인찍기까지 횡행하고 있다, 이 같은 움직임을 주도하고 있는 일부 교단이 앞으로 반대 운동을 더 확대하겠다는 입장을 분명히 하고 있다"고 말한다.[16] 종북 게이라는 신조어는 진보 정치인이나 단체들은 공산주의자로서 친북 또는 종북을 통해 국가 혼란을 가져온다는 의식과 그리고 그들이 이번에는 차별금지법 제정을 통하여 동성애를 퍼트려 국가를 혼란에 빠뜨리려 한다는 의식이 접합되어 만들어진 것으로 보인다. 이지성에 의하면 종북과 게이가 각각 지칭하는 것이 다른데 이 두 가지가 결합하면서 종북 게이가 도대체 누구인지 왜 그리고 어떻게 사회를 흔든다는 것인지 모호해지지만 두 언어가 결합하면서 혐오와 공포가 배가 되는 기이한 현상이 벌어지게 된다.[17]

그리고 차별금지법이 제정되고 나서 동성애를 비판하면 민형

---

16) 뉴스앤조이, 2013년 4월 18일, "종북 게이 논란에 파묻힌 차별금지법 결국".

17) 이지성, "혐오의 시대, 한국 기독교의 역할-극우 개신교의 종북 게이 혐오를 중심으로," 「기독교사회윤리」 42집(2018), 226.

사상 처벌을 받게 되고 표현의 자유 그리고 종교와 양심의 자유를 잃게 되는 것은 역차별[18])이라는 담론이 등장한다.

> 5-1-36. 그런데 그들의 주장과 달리 실제로 그들의 어젠더가 진보적이며, 인권문제로만 볼 성격의 사안인지는 불확실하다. 그들은 오히려 '정치적 올바름'으로 동성애자 이외의 약자가 당하는 억울한 피해에 대해 침묵하고 있고, 언론과 유력정치인, 유엔 등의 성원을 등에 업고 무소불위의 특권을 휘두르고 있으며, 반대자들의 입에 재갈을 물리는 역차별을 당연시하고 있으며, 비도덕 · 비윤리적 성 모럴을 대다수 일반인에게 강요하는 만행까지 불사하고 있기 때문이다(반동성애기독시민연대 대표 주요섭 목사 크리스천투데이 칼럼, "가장 효과적인 동성애 반대운동은 무엇인가?", 2017.06.12).

> 5-1-37. 설교뿐만 아니라 동성애자들이 결혼을 한다고 목사에게 와서 주례를 해달라고 하거나, 교회를 빌려달라고 할 때 거부해도 그것을 소수의 인권을 무시했다고 동일한 처벌을 받습니다. 세상에 이런 역차별이 어디가 있단 말입니까? 이것은 소수를 위해 다수의 인권을 무시하는 것입니다. 자신들의 성적 취향을 인권으로 포장하여 사회를 악으로 몰고 가는 동성애에 대한 적절한 조치가 있어야 할 것입니다(대한예수교장로회 백석, "전국 교

---

18) 개신교 보수의 차별 또는 역차별 주장은 동성애 반대 담론뿐만 아니라 타종교, 세습, 종교인 과세, 역사 교과서 국정화에 대한 담론에서도 등장한다. 이에 대한 논의는 7장에서 하겠다.

회 담임 교역자 수신 공문 내 동성애 조장 반대 주일 모범 설교문", 2015.06.28).

5-1-38. 한겨레가 왜곡하지 말아야 할 것 중에 하나는, 기독교는 결코 '차별금지'를 반대하는 것이 아니다. '차별금지법' 속에 담고 있는 몇 가지의 '독소조항'으로 인하여, 양심적이고, 상식적이고, 건강한 시민 정서를 가진 대다수의 국민들이 법적으로 '역차별'을 당함으로, 국가가 겪게 될 혼란을 예방하자는 것이다(한국교회언론회, 논평 "진보신문 한겨레의 염려, 한국 교회를 두려워하지 말고 국가의 미래를 염려하라", 2016.04.27).

5-1-39. 소위 '차별금지법'은 소수자를 차별하지 말자고 하면서, 결국은 절대다수를 '역차별'하는 내용을 담고 있어, 이것이 법의 본질인지 묻고 싶다. 안 후보자는 특정 색채를 띤 시민단체에서도 활동했고, 소수자의 인권을 대변하는 기관에서 일한 경험으로, 대다수 국민들을 강자의 관점으로 본다면, 국민들의 권익은 누가 지키는가?(한국교회언론회, 논평 "문재인 정부의 장관 후보자 합당한가?", 2017.06.13).

역차별 담론의 또 다른 예로는 동성애로부터 벗어난 사람 즉, 탈동성애자 인권 담론이 있다.

5-1-40. 더 나아가 수명 10~20년 감소, 에이즈를 비롯한 각종 성

병과 질병, 항문괄약근 파괴로 인한 변실금, 우울증, 자살, 인성파괴, 가정파괴 등 동성애의 무서운 폐해는 철저히 감추고 오히려 천신만고 끝에 동성애에 탈출한 탈동성애자들을 동성애가 치유된다는 말하기에 사기꾼들로, 동성애치유 사역을 하기에 '전환치료' 혐오행위자로, 동성애자들의 불편한 진실을 폭로하기에 배신자로 낙인이 찍어 온갖 혐오 발언과 심지어는 살해 협박을 하고 있다. (중략) 따라서 우리 사회는 '동성애자들을 위한 진정한 인권은 동성애에서 탈출하도록 돕는 것'이라는 탈동성애자들의 간절한 절규를 외면해서는 안 된다(동성애문제대책위원회,[19] 성명서 "동성애자들보다 더 소수자인 탈동성애자들의 인권을 먼저 보호하라!", 2018.07.14).

나아가서 국가가 국민이 동성애에 빠지지 않도록 해야 하고 탈동성애자를 도와야 한다고 주장한다.[20]

---

19) 선민네트워크, 대한민국지키기불교도총연합, 대한민국수호천주교인모임, 전국유림총연합 등 60여 개 종교 및 시민단체가 동성애문제대책위원회에 참여하고 있다. 선민네트워크는 김규호 목사(예장 합동 선한 일하는 교회)를 상임대표로 14명의 개신교인 공동대표로 이루어진 개신교 시민단체이다.

20) 2018년 7월 14일 범종교 및 범시민단체로 구성된 '동성애문제대책위원회'(동대위 · 위원장 이계성 대한민국수호천주교인모임 공동대표)는 서울시 의회 앞에서 '제2회 동성애 치유와 탈동성애 인권개선 기원 4대 종교집회' 및 '제3회 탈동성애인권보호 국민대행진'을 개최했다. 이들이 발표한 성명서의 제목은 "동성애자들보다 더 소수자인 탈동성애자들의 인권을 먼저 보호하라!"이었다. 이들은 같은 날 발표한 성명에서 "동성애자들보다 더 소수자인 탈동성애자들의 인권을 먼저 보호해야 한다"고 주장했다. 앞에서 말했듯이 동성애대책위원회에 참여하고 있는 단체 중 선민네트워크는 개신교 단체이다.

5-1-41. 이렇게 국가기관들이 국민들의 세금으로 도적적 타락을 방조하고 조장한다면 이 나라의 미래는 암담하다고밖에 볼 수 없다. 국가기관들은 국민들이 동성애에 빠지지 않도록 하는 데에 전력을 다해야 하며, 동성애에 빠진 사람들을 치료하고 회복되도록 해야 하며, 탈동성애자들이 사회에 복귀하여 정상적인 삶을 누릴 수 있도록 도와주어야 한다(예수교대한성결교회, "동성애 차별금지법안에 대한 우리의 입장", 2017.06.07).

이러한 역차별 담론은 결국 차별금지법에 의한 기독교 박해를 주장하는 것으로 발전한다.

5-1-42. 미국과 영국은 차별금지법 통과로 기독교가 박해를 받고 있다. 워싱턴타임스 2016년 1월 뉴스에 따르면 미국 크리스천은 65%가 박해가 점점 더 가중되고 있다고 느낀다. 휴스턴 시장이 레즈비언인데 미국 전도자들이 동성애는 죄라고 전도하자 수갑이 채워지고 벌금을 물었다. 2014년 휴스턴시의 관료들은 휴스턴시가 제정한 "Bathroom Bill(화장실 법안, 여자가 남자 화장실을 남자가 여자 화장실을 쓸 수 있게 한 법안)"을 반대하는 목사들을 가려내겠다고, 휴스턴시에 있는 목사들에게 설교 노트와 교인들과 나눈 대화 내용들을 제출하라는 소환장을 발부하였다(코람데오닷컴 홍성철 칼럼, "왜 동성애 법제화를 반대해야 하는가", 2016.06.22).

그리고 역차별 담론은 차별금지법으로 인해 일어날 수 있는 문제의 경우를 제시하며 비판한다.

> 5-1-43. 차별금지법이 통과되면 공공장소에서 동성애를 나쁘다고 강의, 방송 등을 할 경우 처벌받는다. 동성애를 비윤리적이라고 인식하는 사람의 입을 막고 손발을 묶고, 동성애를 정상이라고 인식할 때까지 민형사상 처벌(2년 이하의 징역, 천만 원 이하의 벌금, 삼천만 원 이하의 이행강제금, 징벌적 손해배상)을 하여서 그 생각을 뜯어고치겠다고 하는 무서운 법이다. 표현의 자유조차 앗아가는 독재와 같은 법이다. 이렇게 되면 더 이상 동성애가 확산되는 것을 막으려는 어떠한 조치도 할 수 없으며, 동성애 확산을 속수무책으로 바라보도록 만든다(나라사랑기독인연합, "동성애 Q&A", 2016.10.10).

그리고 개신교 보수의 동성애 반대는 관련 법률 개정도 반대한다. 차별금지법 논란이 진행 중이었던 2014년에 군내에서 동성 간의 성행위를 처벌하는 군형법 92조 6항을 폐기하려는 움직임이 있었다. 이에 개신교 보수 단체인 한국기독교총연합회는 폐기를 반대하는 성명서를 발표한다.

> 5-1-44. 계급이 우선이 되는 군대 내에서 동성애에 대한 처벌 조항이 사라진다면, 동성애의 피해로부터 하급자들을 어떻게 보호할 수 있겠는가? 동성애로 인해 하급자들에게 어떠한 정신적,

신체적 피해가 생기지 않는다고 확신할 수 있겠는가? 그리고 군대에 보내야 할 아들을 둔 부모의 불안함은 더욱 커지지 않겠는가? 군대라는 특수한 환경 속에서는 동성애 처벌에 대한 법은 보다 강화되어야 하며, 동성애로 인한 피해가 생기지 않도록 조항과 규정은 철저하게 고수되어야 한다. (한국기독교총연합회, 성명서 "군대 내 동성애 처벌조항을 폐지하려는 일부 의원들을 강력히 규탄한다", 2014.03.21).

이틀 후인 2014년 4월 7일 대한예수교장로회 통합 총회장 김동엽 목사도 동성애에 대해 전체적으로 다루면서 군 내 동성애 처벌에 대한 군형법 92조 6항 폐지를 반대하는 성명서를 발표한다.

5-1-45. 하나, 우리는 군대 내 동성 간 성행위나 성추행 처벌조항인 군형법 제92조 6항의 폐지로 인해 군대 내의 동성애와 에이즈 확산, 군 기강 해이, 전투력 저하 등의 폐해를 초래하여 국가안보와 국가의 기반인 건강한 가정을 무너뜨리고 국가의 미래를 위협하는 불행한 결과를 야기할 수 있으므로 이를 철회할 것을 강력히 주장한다. 더불어 우리는 정치지도자들이 공공사회의 보편적 질서와 건강한 성 윤리를 지키는 공적 책임의 중요성을 바르게 인식할 것을 촉구한다(2014년 4월 7일 대한예수교장로회(통합) 총회장 성명서).

이후 3년이 지나고 나서 2017년 군내 동성애를 실제로 처벌하는 일이 발생하자 이에 반대하는 시민사회 움직임이 있었다. 2017년 5월 24일 육군 군사법원이 군내 동성 성관계를 한 혐의로 기소된 A가 징역 6개월에 집행유예 1년을 선고받았다. 이 선고는 헌법재판소가 군형법 92조 6항에 대해 2002년, 2011년, 2016년 잇달아 합헌 결정을 내린 것과 연장 선상에서 이루어진 판결이었다. 그러자 92조 6항을 폐지하자는 시민사회 운동이 일어났다. 그리고 김종대 국회의원을 대표 발의자로 하여 10명의 국회의원들은 군형법 92조 6항을 폐기하는 법률안을 2017년 5월 24일에 발의하였다. 그리고 이날은 위에서 보았듯이 육군 군사법원이 동성 성관계를 판결하는 날이었다. 이러한 군내 동성 성관계를 처벌하는 법을 폐기하려는 움직임에 반대하는 성명서를 기독교대한감리회가 2017년 6월 2일 발표하였다.

> 5-1-46. 군대는 국가안보를 위하여 조직된 특수집단이며, 철저한 계급조직으로 상명하복에 의해 질서가 이루어지는 국가안보 기관이다. 만약 군형법 92조 6항이 폐기된다면 상급자와 하급자 간의 동성애가 강요 또는 자행될 수도 있다. 자연히 군대 내에 사적인 관계를 형성하는 2차적 문제를 야기시킨다. 이는 전투력 확보를 중요시하는 군대에서 병사들의 정신적 전투력을 약화시킬 우려가 매우 높다. 군형법 92조 6항이 폐기된다면 군대 안에 항문성교로 질병이 만연하게 될 것이다. 통계에 의하면 에이즈 환자 중에 상당수가 남성 동성애자였다. 우리의 아들들이 군대에 가서 이토록 위험한 상황에 처해지도록 방치할 수는 없다. 결국

군대 기피 현상은 불을 보듯 뻔하다. 결국 또 다른 안보 위기 상황을 발생하게 될 것이다(기독교대한감리회 동성애대책위원회, 성명서, 2017.06.02).

이상의 군형법 92조 6항 폐지를 반대하는 성명서들은 동성애로 인한 피해들 구체적으로 말하자면 동성애 강요와 확산 그리고 그에 따르는 전투력 저하를 주요 골자로 하고 있다.

개신교 보수는 차별금지법 반대와 군형법 폐지 반대에서 더 나아가 헌법개정 반대도 한다. 2017년 국회 헌법개정특별위원회가 헌법 제36조 1항의 "혼인과 가족생활은 개인의 존엄과 양성의 평등을 기초로 성립되고 유지되어야 하며 국가는 이를 보장해야 한다"에서 "양성의 평등"을 "성 평등" 또는 "평등"으로 바꾸는 논의를 하였다. 그러자 제일 먼저 한국교회교단장회의에서 헌법개정에 반대하는 성명서를 발표한다.

5-1-47. 헌법개정으로 국민의 기본권을 보호하고 지속 가능한 국가 발전을 담보하기보다는 건강한 가정과 가족을 해체하고 가치관의 혼란을 가져올 수 있는 조항에 대하여 결코 수용할 수 없음을 밝히는 바이다. 따라서 헌법개정 논의가 국민 다수가 공감하는 가치와 윤리적 토대에 기초하여 이루어져야 하므로 불필요한 혼란과 대립을 불러오지 않기를 바란다(한국교회교단장회의, 성명서 "한국 교회는 헌법개정을 통한 동성결혼과 동성애의 합법화에 반대한다", 2017.07.26).

이어서 기독교대한성결교회 총회는 동성애 반대 선언문에서 헌법 36조 1항 개정을 반대한다. 그런데 헌법개정 반대가 매춘의 합법화와 소아성애로까지 연결되어 다소 비약이 있어 보인다.

> 5-1-48. 사회적 통념을 파괴하는 헌법의 개정은 결국 혼란만 초래할 뿐이다. 우리는 자유주의 국가에서 개인의 선택이 존중받아야 하지만 이러한 자유는 법이 정한 사회통념의 테두리 안에서만 가능한 것이다. 남자와 남자 혹은 여자와 여자의 성적인 만남이 허용된다면 이는 우리 사회가 가지고 있는 질서의 울타리를 뛰어넘는 일이고 결국 매매춘의 합법화 나아가 소아성애와 같은 반인륜적인 행태조차 개인의 자유나 소수의 인권으로 인정할 수밖에 없는 사태가 발생할 것이다(기독교대한성결교회 총회, "동성애 반대 선언문", 2017.08.19).

또한 개신교 보수의 동성애 반대 담론은 동성애를 인정하는 다른 국가에 대한 비판을 포함하고 있다. 담론의 범위가 국가 밖으로 확대되었다. 먼저 동성애 축제에 참가한 대사관들을 비판한다.

> 5-1-49. 로마에 가면 로마의 법을 따르라(When in Rome, do as the Romans do). 너무나 상식적인 말로 그 지역의 풍습과 문화를 중시하라는 뜻이다. 그러나 로마에 가서 로마법을 따르기는커녕, 대한민국 주재 14개 외국대사관은 한국국민들을 무시했다. 그중

13개국[21] 대사관은 올해 또다시 오만방자하게 처신해 동성애를 반대하는 대다수 한국인들의 정서를 무시하고 상처를 줬다. 이는 주한대사관 직원들이 한국 내 여론을 무시하고 자국의 문화를 강요하려는 문화제국주의적 발상을 했기 때문으로 판단된다(반동성애시민연대, 성명서 "음란 퀴어축제 참가 각국 대사관을 규탄하며 대표상품 불매운동 천명한다!", 2018.07.16).

다음으로 개신교 보수는 동성애와 동성결혼을 인정한 국가들을 비판한다. 이 비판에서 미국도 예외가 되지 않는다. 오히려 미연방법원의 판결과 개신교 교단을 더 강하게 비판한다.

5-1-50. 차별금지법이 세계적인 추세라는 것은 사실과 다르며 설사 그렇다 하더라도 외국의 나쁜 것들조차도 무조건 받아들이는 것은 옳지 못하다. 동성결혼의 경우 전 세계에서 14개 국가와 합중국인 미국은 50개 주 가운데 11개 주만이 인정되고 있다. 전세계 93%의 나라들에서 동성결혼은 합법이 아니며 아시아에서는 단 하나의 국가도 없다. 또한 동성애를 인정하는 나라들은 대개 포르노를 합법화하여 성적인 타락을 법적으로 허용하는 나라들이며, 2012년에 미국 콜로라도와 워싱턴주는 마약 소지를 합법화하였다. 그러기에 선진국이라고 생각하는 국가들이 경제적으로는 부유한지 몰라도 윤리·도덕적으로는 후진국이다. 선진

---

21) 이 성명서에는 13개국이 미국, 프랑스, 영국, 독일, 캐나다, 네덜란드, 호주, 뉴질랜드, 노르웨이, 스웨덴, 덴마크, 핀란드, 유럽연합 대표부, 아일랜드라고 명시하고 있다.

국이니 무조건 따라 해야 한다는 것은 매우 위험한 사대주의적인 사고방식이다(한국교회언론회, 논평 "MBC 2580은 공영방송의 정도를 크게 벗어났다", 2013.05.20).

한국교회언론회와 한국기독교총연합회 등과 같은 개신교 보수 단체들은 2013년 미국의 연방 대법원이 "결혼보호법"을 위헌이라고 판결한 것을 비판하고 오히려 러시아를 주목한다.

5-1-51. 미국 연방 대법원이 26일 "결혼보호법"(DOMA)에 대하여 '위헌'결정을 내렸다. 즉, '결혼은 이성간 결합이라'는 규정을 깬 것이다. 그 이유는 '개인의 동등한 자유를 박탈한다'는 취지 때문이다. 이를 '역사적 판결'이라고 하지만, <u>미국 연방 대법원은 씻지 못할 오판을 하였다는 역사적 기록으로 남겨지게 될 것이다. 오히려 러시아에서는 2013년 6월 11일 동성애를 반대하는 "비전통적 성관계 선전 금지법" 법안을 두마(하원)에서 재적 의원 450명 중 437명 출석에 찬성 436, 반대 0, 기권 1로 가결시켰다.</u> 절차는 상원에서 통과되고 러시아 대통령이 서명하면 공식 발효되는, 입법이 거의 확실시되는 것으로 전망하고 있다(한국교회언론회, 논평 "미국 결혼보호법 위헌 결정 유감이다", 2013.06.27).

5-1-52. <u>한국기독교총연합회는 미국 대법원에서 "결혼은 이성간 결합"이 위헌이라고 판결한 것에 대해 심각한 우려를 표한</u>

다. 성경 창세기 1장 28절 이하에 "생육하고 번성하여 땅에 충만하라"는 말씀에는 남녀가 가정을 이루고 자식을 낳아 번성하라는 의미가 포함되어 있는 것인데 결혼이 이성간 결합이라는 말이 위헌이라고 한 것은 성경에 위배되는 것이다(한국기독교총연합회, 성명서 "미 대법원의 이성간 결혼의 위헌 판결에 대하여", 2013.06.28).

이러한 미국 비판은 대부분의 개신교 보수가 친미 성향을 가지고 있는 것은 감안한다면 매우 이례적인 일이라고 볼 수 있다. 그런데 미국 연방 대법원은 2015년 한 걸음 더 나아가서 미국의 모든 주에서 동성 결혼은 합헌이라는 판결까지 내린다.

나아가서 한국 개신교 보수의 미국 비판은 미국 장로교 비판으로 이어지고 심지어 미국 장로교 총회에게 동성결혼 인정을 철회하라고 요구한다.

5-1-53. 최근 미국 장로교(PCUSA)는 제221차 총회에서 결혼에 대한 정의를 '한 남자와 한 여자'가 아닌 '두 사람'의 결합으로 수정한 법안을 통과시키며 동성결혼을 인정하는 결의를 한 바 있다. 한국기독교총연합회는 성경에 입각하여 동성애는 '죄'이며 극악의 결과라고 분명히 밝혔다. 성경의 말씀을 더욱 굳게 시키고, 믿음의 삶으로 성도들을 이끌어야 할 미국 최대 장로교단이 오히려 성경의 권위를 무시하고 이에 반하는 결의를 한 것에 대해 도저히 용납할 수 없으며, 한국기독교총연합회는 '동성결혼

인정' 결의를 즉각 철회할 것을 강력히 촉구한다. 비록 미국에서 동성결혼을 허용한 주는 19개이지만 아직 60%가 넘는 다른 주들에서는 동성결혼을 허용하지 않고 있다. 특히 창조의 질서를 거스르는 행위마저 법제화하려는 죄악된 행위에 대해서 강력히 대처해나가야 할 미국의 교회와 교단이 시류에 편승해 이 같은 결의를 한 것에 대해서는 반드시 그 책임을 물어야 할 것이다. 죄악과 타협하기 위해 모인 집단이라면 하나님을 대적하려고 사람들이 쌓아 올렸던 바벨탑과 무엇이 다르겠는가?(한국기독교총연합회, 성명서 "미국장로교총회(PCUSA)가 결의한 동성결혼 인정을 즉각 철회할 것을 요구한다", 2014.06.23).

그리고 개신교 보수는 동성애에 대한 의학적인 인식이 있다. 그것은 동성애는 치료할 수 있다는 것이다. 이러한 치료 담론은 동성애(homosexuality)는 질병이고 이성애(heterosexuality)가 정상이라는 인식에서 출발하여 치료를 당연하다고 받아들이게 한다.

5-1-54. 동성애가 선천적인가 후천적인가라는 논의도 있지만, 외국의 사례들을 보면, 치료를 통해서 얼마든지 이성애자가 될 수 있다고 한다. 그리고 과학적으로도 동성애를 나타내는 유전자는 없다고 한다. 오히려 강한 중독성 때문에 선천적이라는 오해와 주장을 낳고 있다고 한다.(한국교회언론회, 논평 "동성애 미화 사회를 병들게 한다", 2010.05.12).

5-1-55. 동성애를 정상으로 간주하므로, 동성애자인 학생을 불러서 동성애를 끊도록 상담하고 설득할 수조차 없다. 어린 청소년이 동성애에 빠지면 동성애를 끊도록 학교에서 도와주어야 하는데, 어떠한 도움도 주지 못하도록 막는다. 동성애 차별금지를 시행하는 국가에서는 동성애를 치유하는 의사의 행위가 위축되어서, 정작 동성애에서 벗어나기를 원하는 많은 동성애자들이 의사의 도움을 받지 못하고 어려움을 겪고 있다. 미국 몇 개의 주에서 동성애치료금지법이 통과되어 동성애를 치료하는 것을 원천적으로 금지하고 있다(대한기독교여자절제회 교육자료실, "동성애 차별금지법을 반대하는 이유", 2018.07.17).

또한 교육의 차원에서 차별금지법이 가져올 학교 교육의 문제를 제기한다.

5-1-56. 동성애를 차별금지대상에 포함시키더라도, 동성애가 확산되지 않는다는 것이다. 이 말은 맞지 않다. 동성애를 구별조차 해서는 안 되는 차별금지대상에 포함시키고 나면, 학교에서는 동성애를 정상이라고 가르쳐야 하며 친구에게 동성애 유혹을 하더라도 어떠한 제재도 받지 않으며, 동성애로 물의를 일으킨 학생을 불러서 동성애를 끊도록 상담하고 설득조차 할 수 없게 된다. 공개적으로 동성애자 단체를 학교 내에서 만들어서 모집하더라도 법적으로 막을 길이 없게 된다(나라사랑기독인연합, "동성애 Q&A", 2016.10.10).

5-1-57. 학교는 반드시 동성애를 정상이라고 가르쳐야 하며, 학생이 동성애로 물의를 일으키더라도 제재를 할 수 없고 기숙사에서 내보낼 수 없다. 학교에 동성애 동아리를 만들어 공개모집을 하더라도 막을 수 없으므로 우리 자녀가 동성애자가 될 확률이 커진다. 동성애를 정상으로 공인하는 외국은 성교육 시간에 동성애 동영상을 보여주고 동성애 하는 방법까지도 가르친다. 미국 매사추세츠주는 '게이와 레즈비언 긍지의 날'이 되면 초등학교 전 학년에게 그림책을 사용하여 철저하게 동성애와 동성결혼이 정상이라고 가르친다. 캐나다 토론토는 1학년(6세) 때는 사람의 성기에 대해, 3학년(8세) 때는 동성애와 트랜스젠더에 대해, 6학년 때는 자위를, 7학년 때는 이성 간 성행위 및 항문 성행위를 가르친다(대한기독교여자절제회 교육자료실, "동성애 차별금지법을 반대하는 이유", 2018.07.17).

그리고 개신교 보수는 자신들과 어울리지 않는 담론을 생산한다. 그것은 동성애는 개인의 판단과 결정의 문제라고 주장하는 담론이다.

5-1-58. 동성애 차별금지법안에 대한 인식 차이의 밑바닥에는 동성애를 어떻게 보느냐는 관점 차이가 존재하고 있다. 동성애를 개인적인 성적 지향으로 보는지, 혹은 비윤리적인 성행위로 보는지의 차이가 있다. 하지만, 이러한 차이조차도 개인이 판단할 문제이지, 국가에서 결정하여서 한쪽 손을 들어 주어야 할 필요는

없다. 현대는 다양한 사회이기에, 각자 자신의 윤리관으로 살아갈 수 있도록 국가는 배려해 주어야 한다. 만약 두 관점 차이가 사회적 문제를 일으킬 경우에만, 국가에서 원만하게 절충하도록 도와주면 된다(나라사랑기독인연합, "동성애 Q&A", 2016.10.10).

5-1-59. 차별금지법안은 국민에게 동성애와 트랜스젠더를 정상이라고 인식하도록 공권력을 사용하여 강요하게 된다. 동성애와 트랜스젠더를 정상이라고 인식하든지, 비윤리적이라고 인식하든지는 개인의 윤리관에 따라서 결정할 문제이지, 정부가 한쪽으로 결정하고 그것을 받아들이도록 강요해서는 안 된다. 법은 국민의 윤리의식을 수렴하여 만들어져야 하며, 개인의 윤리관은 존중되어야 한다. 상당수의 국민이 동성애를 비윤리적이고 보는 상황에서, 동성애를 비윤리적이라고 보는 것 자체를 차별이라고 금지시키려는 것은 민주주의의 원칙에도 어긋난다(나라사랑기독인연합, "동성애 Q&A", 2016.10.10).

5-1-60. 동성애를 정상이라고 또는 비윤리적이라고 인식하는 것은 개인의 윤리관에 따라서 결정할 문제이지, 정부가 한쪽으로 결정하고 그것을 받아들이도록 강요해서는 안 된다. 그런데 동성애를 차별금지법에 포함하면 동성애를 정상이라고 인식하도록 공권력을 사용하여 강요한다. 공공장소에서 동성애를 비윤리적이다, 비정상이다, 죄라고 표현하면 처벌받는다(대한기독교여자절제회 교육자료실, "동성애 차별금지법을 반대하는 이유",

2018.07.17).

개인의 선택과 권리를 보장하는 것은 매우 근대적인 가치이다. 베버에 의하면 금욕적 프로테스탄티즘(개신교), 특히 칼뱅주의에 의해 완결된 탈주술화의 과정은 개인주의 발전을 가져왔다.[22] 금욕주의적 개신교 소그룹들과 분파들은 가부장적이고 권위적인 속박을 근본적으로 분쇄함으로써 그리고 인간보다 신에게 더 복종해야 한다는 명제를 나름의 방식으로 해석함으로써 근대 개인주의의 가장 중요한 역사적 토대를 형성하였다.[23] 또한 버거(Peter Berger)가 주장하였듯이 개인주의는 다양성을 전제한다.[24] 버거에 의하면 근대 이후 종교는 절대적 권위를 점점 잃는다. 그리고 개인들은 종교가 세계를 설명하는 것에 더 이상 이끌려가는 것이 아니라 다양한 종교들 가운데 자신의 종교를 선택한다. 즉, 종교가 세계를 설명하면 인간은 그것을 운명처럼 받아들이기만 하는 것이 아니라 여러 종교의 다양한 세계에 대한 설명들이 있고 그 가운데 하나를 개인이 선택하는 것이다.[25] 그런데 위의 나라사랑기독인연합과 대한기독교여자절제회의 세 문건에서 나오는 개인의 판단과 결정은 동성애 찬성을 포함하고 있는 알 수 없다. 오히려 같은 문건의 다른 부분을 보면 개신교 보수의 동성애 반대를 이미 전제로 깔고 있는 듯

22) 김덕영, 『막스 베버:통합과학적 인식의 패러다임을 찾아서』 (서울: 길, 2012), 727.

23) 앞의 책. 726.

24) Peter Berger, *The Sacred Canopy: Elements of the Sociological Theory of Religion* (New York: Anchor Books, 1967), 152.

25) 앞의 책, 152.

하다. 그리고 4장에서 논의하였듯이 한국 개신교 보수 단체는 근본주의적 성향을 가지고 있다. 그런데 이러한 개신교 보수가 개인의 판단과 결정을 주장하는 것은 매우 특이한 일이다.

또한 위의 세 문건에서 볼 수 있듯이 개인의 판단과 결정이라는 주장은 한 단체에서만 주장하는 것은 아니다. 물론 첫 번째(5-1-58)와 두 번째(5-1-59) 인용은 2016년 10월 10일에 업로드된 나라사랑기독인연합에서 만든 동성애 관련 자료이다. 이 문건에서 반복을 확인할 수 있다. 그리고 세 번째(5-1-60) 인용은 대한기독교여자절제회에서 홈페이지 교육자료실에 2018년 7월 17일 발표한 것이다. 유사한 부분은 대한기독교여자절제회가 나라사랑기독인연합의 문건을 참고하여 작성한 것처럼 보인다. 학술적인 연구나 논문이 아니므로 표절을 문제 삼을 필요는 없다. 다만 이러한 유사한 부분을 개신교 보수의 동성애 반대 텍스트들이 얼마나 서로 밀접하게 있고 나아가서 결합하였는지 잘 보여주는 실례라고 할 수 있다.

마지막으로 개신교 보수는 차별금지법 제정의 문제뿐만 아니라 동성애와 관련된 구체적인 사안에 대해 행동도 한다. 예를 들어 2012년 5월 14일 한국기독교총연합회는 이미 서울시 25개 구청과 서울메트로, 서울도시철도공사, 서울시 버스운송사업조합에 "동성애 옹호 광고에 대한 게재 철회 및 반려 요청의 건"으로 공문을 발송한다.

5-1-61. 시내버스와 구내 공용 게시판은 성 소수자라고 이야기하는 동성애자들만이 아닌, 서울시민 전체가 이용하는 공간이다.

이러한 곳에 동성애를 옹호하는 광고를 허용한 것은 자칫 모든 국민을 위해 일하는 공공기관이 소수의 이익을 실현하기 위한 창구로 전락해 버릴 수 있어 우려가 된다. 향후 만약 어떤 소수에 의해 '평등' 혹은 '자유'라는 명목의 목소리들이 난립한다면 그것을 모두 수용하고 대변할 것인가?(한국기독교총연합회 성명서, "동성애 옹호 광고를 즉각 철회하라", 2012.05.15).

양성애자로 알려진 미국 가수 레이디 가가의 내한 공연취소도 요구한다.

5-1-62. 동성애를 노골적으로 미화하고 엽기적 퍼포먼스를 펼치며 기독교를 비하하는 미국 팝가수 레이디 가가의 이번 내한 공연은 즉각 취소되어야 한다. 레이디 가가는 동성애자이며 동성애 옹호론자로 동성애를 미화하고 정당화시키는 데 자신의 음악과 공연을 이용하는 것으로 유명하다. 특히 동성애자들의 결혼을 위해 목사가 되겠다며 기독교를 모독하고 있다(한국기독교총연합회, 성명서 "레이디 가가의 내한공연을 취소하라", 2012.04.26).

### 1-3-3. 텍스트의 스타일들

다양한 장르와 기독교 교리만이 아니라 사회 전 영역으로 확장된 개신교 보수의 동성애 반대 담론은 인식 양태의 진술유형과 질문유형 그리고 의무 양태의 요구유형과 제안유형을 모두 사용한다. 스타일의 모든 유형을 사용하여 개신교 보수는 동성애 반대와 구체적인 반대의 전략인 차별금지법 제정저지에 전념하고 나아가서 그들의 개신교 신앙의 정체성을 반동성애로 만든다. 유형별로 다루어보자.

개신교 보수는 그들이 사실이라고 여기는 동성애 문제와 동성애가 가져올 수 있는 폐해를 분명히 알리기 위해 인식 양태의 진술 유형을 사용한다. 크게 세 가지로 나누어 볼 수 있다. 첫째로 동성애로 인해 발생하는 문제를 폭로할 때 진술유형을 사용한다.

> 5-1-63. 동성애는 사회기강이 흐트러지고 성 윤리 도덕이 무너지는 사회와 국가에서 흔히 나타나는 병리적 현상이다. 성경적으로도 물론 죄다. 자연질서를 거스르는 역리(逆理)이며, 천륜(天倫)을 거스르는 반인륜이며, 정신적 · 육체적 파괴를 초래하는 병인(病因)이다. 비전통적 성관계인 동성애가 이토록 인류에 유익보다 해악을 끼침에도 '기본권'이나 '사이비 인권', '사회적 약자', '특별 성적 취향'의 탈을 쓰고 마치 세련된 트렌드인 양 우리를 현혹하는 건 고도의 프로파간다(propaganda, 宣傳)이며, 인류를 기만해 혼돈(混沌)을 가속화하려는 위장된 정치 술수와 목적이 배후에 도사리고 있기 때문이다(반동성애기독시민연대, "동성애자(LGBT) 치유회복법을 제정하라!", 2017.05.02).

둘째로 동성애는 에이즈와 같은 질병을 유발하고 차별금지법은 탈동성애를 막는다는 사실을 알리려 할 때 진술유형을 사용한다.

5-1-64. 그로 인해 오히려 동성애의 늪에서 벗어나려 몸부림치는 '동성애자'의 '탈출 시도'를 원천차단하고, 그들에게 마땅히 돌아가야 할 에이즈 질병 예방권과 성접촉을 통한 감염으로부터의 보호권 및 건강한 사회복귀권을 제한시킨다. 몸을 함부로 굴리다 결국 심신이 피폐해질 대로 피폐해져 자살 고위험군, 각종 성병, 변실금, 악성 에이즈 등으로 인한 수명 단축은 결코 그들의 천부인권을 지켜주는 일이 될 수 없고, 불필요한 사회적 비용과 국가재정 낭비만 초래할 뿐이다(반동성애기독시민연대, "동성애자(LGBT) 치유회복법을 제정하라!", 2017.05.02).

셋째로 동성애는 국가와 사회에 혼란을 가져온다는 사실에 전념하여 전달하려 할 때 진술유형을 사용한다.

5-1-65. 그리고 포괄적 '차별금지법' 제정으로 인하여 사회의 혼란은 가중되고, 잘못된 가치관을 가진 것들을 차별하지 말라는 것이 되는데, 현재도 장애인이나 노인이나 여성에 대한 것은 차별하지 못 하도록 되어있다. 그럼 남은 것은 이단이나 이슬람 동성애/동성혼에 대하여 차별하지 말라는 것이 되는데, 이렇게 되면 국가의 근간이 흔들려 혼란이 가중되고, 대다수 국민들의 양심의 자유, 표현의 자유, 종교의 자유 등이 차별을 당하는 일이 벌어질 것이다(한국교회언론회, 논평 "국민의 외침보다 편향된 인권을 선택한 정부", 2018.08.07).

다음으로 인식 양태의 질문유형은 질문에 대한 답을 얻기 위한 것이 아니라 질문을 던지는 수단을 통해 자신들이 말하고자 하는 사실을 강조하기 위해 사용한다.

예를 들어 질문유형은 차별금지법이 소수를 위해 다수를 차별하는 법이라는 사실을 알리기 위해 사용된다.

> 5-1-66. 소위 '차별금지법'은 소수자를 차별하지 말자고 하면서, 결국은 절대다수를 '역차별'하는 내용을 담고 있어, 이것이 법의 본질인지 묻고 싶다. 안 후보자는 특정 색채를 띤 시민단체에서도 활동했고, 소수자의 인권을 대변하는 기관에서 일한 경험으로, 대다수 국민들을 강자의 관점으로 본다면, 국민들의 권익은 누가 지키는가?(한국교회언론회, 논평 "문재인 정부 장관 후보자 합당한가?", 2017.06.13).

나아가서 이러한 사실을 알리는 것을 넘어 비판의 효과를 높이기 위해 사용된다. 대표적인 예가 퀴어축제 장소를 허가한 박원순 시장에 대한 비판이다.

> 5-1-67. 그런데 서울시와 박원순 시장은 어찌하여 백주대낮에 알몸으로 거리를 활보하고 동성 간의 음란행위를 보란 듯이 정당화하는 집단파티가 서울시민을 위한 공공의 장소에서 벌어지도록 허가, 방조하고 있는가. 서울시와 박원순 시장은 성 소수자들의 인권만 중요하고 그들로 인하여 파괴될 우리 사회의 건전

한 성 윤리와 도덕적 가치 규범, 더 나아가 청소년에게 미칠 해악은 안중에도 없다는 말인가? 간통죄 폐지가 불러온 성 가치관의 혼란에 마치 화답이라도 하듯 동성애자들의 집단파티를 위해 기꺼이 대문까지 열어준 박원순 시장은 시장으로서의 특권뿐 아니라 자신에게 공공의 책무를 부여한 서울시민들 앞에 시장직을 걸고 분명히 대답하기 바란다. 박원순 서울시장은 서울시민을 위한 공복인가? 성 소수자들을 위한 인권운동가인가?(한국기독교총연합회와 한국교회연합회, 공동 성명서 "서울시는 서울광장 동성애 축제 사용 허가를 즉각 취소하라!", 2015.04.03).

그리고 때로는 비판을 넘어 탄식을 하기도 한다.

5-1-68. 다만 임신, 출산, 성적 지향, 성 정체성 등은 대한민국 사회의 성 정체성과 성 윤리를 송두리째 흔들어 놓을 수 있는 위험이 있기에 국민의 행복 추구 권리에 준하여 반대하고 있는 것이다. 그 어떤 대한민국의 부모가 자신의 자녀들이 미성년인 채로 임신하며 출산하길 원하겠는가! 그 어떤 대한민국의 자녀들이 남자인 엄마를 두고 여자인 아빠를 두고 싶겠는가!(한국기독교총연합회, "MBC 시사메거진 2580의 언론 횡포에 대한 공개사과 요청", 2013.05.22).

이러한 인식 양태 진술유형과 질문유형의 사용은 개신교 보수가 동성애 반대를 통해 자신들의 정체성을 확인하고 이러한 정체성

안에서 단결하게 한다. 그리하여 동성애를 반대하고 차별금지법 제정을 막는 행위에 전념할 수 있게 한다.

의무 양태의 요구유형은 진행되고 있는 차별금지법 제정 움직임이나 퀴어축제와 같이 이미 허가가 난 행사에 대한 취소를 요구할 때 주로 사용되었다. 의무 양태 요구유형을 사용하여 차별금지법 제정 시도 철회와 퀴어 축제 취소의 당위성과 필연성을 강조한다.

> 5-1-69. 우리는 이러한 충격적이고 범법적인 행위를 더 이상 묵과할 수 없습니다. 신촌에서 있었던 퀴어축제의 불법적인 행위들을 경험했음에도 서울시가 이를 용인하고 서울광장 사용을 승인한 것은 불법을 동조, 조장하는 것으로도 간주될 수 있는 아주 심각한 문제입니다. <u>지금이라도 당장 허가를 취소하시기 바랍니다</u>(한국기독교총연합회와 한국교회연합회, 공동 성명서 "서울시는 서울광장 동성애 축제 사용 허가를 즉각 취소하라!", 2015.04.03).

의무 양태의 제안유형은 용도는 세 가지로 나타난다. 첫째로 동성애 문제를 해결하기 위한 제안 또는 대안을 제시할 때 사용되었다. 여기서 개신교 보수가 제안하는 해결방법은 동성애는 일종의 질병이라는 인식 아래 만들어진 것이다. 가장 대표적인 예가 LGBT 치유회복법을 제안하고 입법화를 주장하는 것이다.

> 5-1-70. <u>반동연(반동성애기독시민연대)은 문제가 많은 「차별금</u>

지법」대신에「동성애자(LGBT) 치유회복법」을 제안하며, 이 법이 속히 입법·제정되길 촉구한다. 이「동성애자(LGBT) 치유회복법」은 동성애자들에게 제재를 가하려는 게 아니라(지금 상태 그대로 두고), 스스로 벗어나고 싶은 사람들에게 실질 혜택을 주자는 취지의 법이다. 동성애자들 중에도 약자와 억압받는 자, 벗어나고 싶어도 알코올·도박·게임중독자들처럼 스스로의 힘으로 벗어날 수 없는 이들에게 실질 도움을 주자는 취지로 제안하는 것이다. 이는 사회공동체에 유익이 됨은 물론이다(반동성애기독시민연대, "동성애자(LGBT) 치유회복법을 제정하라!", 2017.05.02).

둘째로 제안유형은 또한 퀴어 축제에 참가하였던 각국 대사관을 거론하고 그 국가들에게 저항하기 위해 불매운동을 제안할 때 사용된다.

5-1-71. 이는 대한민국을 동성애 쓰나미로부터 지켜내고 건강한 사회를 유지하기 위한 자구책이며 몸부림이다. 동성애를 반대하며 차별금지법 제정을 심각히 우려하는 대한민국 국민 모두 애국하는 마음으로 각국의 대표 수입상품에 대한 불매운동에 동참해주기 바란다. 한국에서 돈 벌면서 한국민을 무시한 행동은 결코 간과하거나 용납할 수 없는 일이다(반동성애기독시민연대 성명서, "음란 퀴어축제 참가 각국 대사관을 규탄하며 대표상품 불매운동 천명한다!", 2018.07.16).

셋째로 의무 양태 제안유형은 동성애자를 혐오하지 말고 긍휼히 즉, 불쌍하고 가엾게 여기자는 제안을 할 때 사용되었다.

> 5-1-72. "동성애 죄는 혐오하지만 동성애자는 사랑해야 한다"고 말하면 구약성경(레 18:22; 20:13, 신 23:17)을 예시하며 돌로 쳐 죽이는 게 하나님의 뜻이라고 말하는데, 돌로 쳐 죽여야 할 대상은 동성애자뿐만 아니라 다른 범죄자들도 많다. 만일 우리가 예수 그리스도의 십자가 대속에 제한을 두거나 무조건 정죄하는 바리새인적 태도를 갖는다면 하나님께서 결코 기뻐하시지 않을 것이다. 동성애 확산을 막고 차별금지법과 동성결혼을 반대한다고 그들을 미워하거나 혐오의 돌을 던져선 안 된다. 우리도 죄에서 건짐 받고 용서받았기에, <u>그들을 향해 미움이 아닌 긍휼의 마음으로 다가가야 한다. 그래야 긴 싸움에 지치지 않고 버틸 수 있는 힘을 갖게 된다</u>(반동성애기독시민연재 대표 주요셉 목사 크리스천투데이 칼럼, "가장 효과적인 동성애 반대 운동은 무엇인가?", 2017.06.12).

## 1-4. 개신교 보수의 동성애 반대 담론의 특징

### 1-4-1. 텍스트 행위 차원

앞에서 살펴보았듯이 동성애 반대 담론은 매우 폭넓게 나타난다. 이에 따라 다양한 장르를 사용하였다. 주장형(5-1-1, 5-1-2, 5-1-3, 5-1-4, 5-1-5), 선언형(5-1-6, 5-1-7), 경고형(5-1-8,

5-1-9), 명령형(5-1-10, 5-1-11), 설명형(5-1-12, 5-1-13) 등을 주로 반대와 비판을 표현하는 데 효과적으로 사용했다. 스타일에 있어서 인식 양태의 진술유형(5-1-63, 5-1-64, 5-1-65)과 질문유형(5-1-66, 5-1-67), 그리고 의무 양태의 요구유형(5-1-69)과 제안유형(5-1-70, 5-1-71, 5-1-72)을 모두 사용하여 자신들의 반대에 전념하고 자신들의 정체성을 형성한다.

### 1-4-2. 담론적 행위 차원

담론적 행위의 차원에서 개신교 보수의 동성애 반대 담론에 대해 세 가지로 나누어 살펴볼 수 있다. 첫째로 동성애 담론 반대 담론 안에 다양한 세부 담론들이 있는데 이 담론들은 서로 연결되어 있다. 이른바 동성애 반대 관련 세부 담론 간의 상호 담론성(intertextuality)을 잘 보여주고 있다. 구체적으로 개신교 보수의 동성애 반대 세부 담론은 교리를 바탕으로 서로 연관되어 있다. 동성애는 창조질서의 파괴(5-1-14, 5-1-15, 5-1-16, 5-1-17)이며, 하나님 앞에 죄(5-1-18, 5-1-19, 5-1-20)이며, 동성애와의 싸움은 영적 전쟁(5-1-21)이라는 서사들은 전통적인 기독교 교리 안에서 서로 연결되고 결합한다. 그리하여 동성애가 명백하게 잘못된 것이며 받아들일 수 없는 것이라는 인식을 형성하고 강화한다. 물론 동성애자들에 대해서는 배제보다 포용을 제시한다. 그래서 동성애자들도 구원의 대상이라고 한다. 이러한 동성애자들에 대한 태도는 기독교의 중요한 가치인 이웃사랑에 대한 반영으로 볼 수 있다. 그런데 이러한 태도는 동성애는 죄라는 전제 아래 나타난다. 그러므로 개신교 보수의 동성애자에 대한 태도는 동성애자를 이성애자들과 분리하고 나서 구원의 대상으로 접근하는 것이다. 여기에 의료적 치료가 가능하다(5-1-54)는 담론까지 더하여 여러 가지 다양한 세부 담론들이 상호결합하여 일관성 있는 내용을 담은 한 세트의 동성애 반대 담론이 만들어진다.

이러한 개신교 보수의 동성애 반대 담론은 목회자의 설교, 교단들과 목회자 중심으로 조직된 단체들의 성명서와 공식 입장문 등으로 구체화 되어 확산한다. 이렇게 되면 개신교인들에게 동성애 반대는 당연하며 진리로서 받아들여질 수 있게 된다. 즉, 진리효과가 동성애 반대 담론에서 나타난다.[26]

둘째로 그리고 이러한 동성애 반대 담론은 개신교 보수의 결속을 강화하는 기능을 한다. 임희숙에 의하면 교회 지도자는 성 담론을 통제하여 교회의 분열을 예방하고 결속을 강화하고자 한다고 주장한다.[27] 나아가서 임희숙은 교회 지도자가 성 담론을 다루는 다섯 가지 전략을 파악하여 제시한다. 첫 번째 전략은 성을 금기사항으로 여기고 아예 다루지 않는 것이다. 둘째 전략은 침묵과 은폐로 이미 발생한 성 문제를 해결하는 것이다. 성폭력의 경우 은혜롭게 처리하여 교회의 질서를 깨뜨리지 않게 하는 것이 그 예이다. 셋째 전략은 전통적 보수적으로 대응하여 확고한 윤리를 강조함으로써 교회 공동체의 결속을 강화하는 것이다. 가성 해제 상황에서 위기나 불안감을 느끼는 사람들에게 결혼, 가족, 출산에 대한 담론은 확

---

26) 임희숙, 『교회와 섹슈얼리티』, 190, 196-197.

27) 앞의 책, 62.

신과 신뢰를 제공하고 소속감을 공고하게 만드는 데 기여한다. 넷째 전략은 공동체의 도덕적 헌신을 강화 하는 것이다. 가부장제를 옹호하는 관점에서 순결과 모성 이데올로기를 강조하는 경우에는 남성들보다 여성들에게 더 많은 헌신과 희생을 요구하고 이를 당연히 여기는 경향을 띤다. 다섯 번째 전략은 종교적 소명이나 신의 권위를 내세워 세상에서 비난받는 죄를 덮어 버리는 것이다. 종교 지도자들의 성적 비행에 대한 문제 제기와 제재가 어려운 이유는 그들을 주의 종, 신의 대리인으로 간주하기 때문이다.[28]

이러한 다섯 가지 전략은 교회 내에서 지도자들이 성 담론을 다루는 방법을 파악한 것이지만 개신교 보수의 동성애 반대 담론에서도 사용되고 있다. 구체적으로 말해서 위에서 말한 다섯 가지의 전략 중에서 세 번째 전략과 네 번째 전략이 효과적으로 개신교 보수에 의해 사용되고 있는 것을 확인할 수 있다. 세 번째 전략이 교회 안에서 보수적 윤리를 확고하게 강조하는 것처럼 개신교 보수는 동성애는 죄라는 확고한 윤리를 강조하여 개신교 보수의 결속을 유도(5-1-58, 5-1-59, 5-1-60)하고 있다. 그리고 네 번째 전략이 헌신과 희생을 강조하듯이 개신교 보수는 동성애와의 영적 전쟁 즉, 거룩한 싸움을 위한 헌신을 이끌어내고 있다.

셋째로 동성애에 대한 판단은 개인의 판단(5-1-58, 5-1-59, 5-1-60)이지 국가가 정해주는 판단이 아니라는 주장은 매우 특이하다. 실제로 이러한 개인의 판단이라는 주장은 결국 개인의 판단에 따라 동성애를 반대할 수 있다는 것을 의미하고 이것을 국가가

---

28) 앞의 책, 63-64.

통제하는 것은 옳지 않다는 것을 의미하는 것으로 보인다. 그러므로 앞에서 논의하였듯이 이러한 주장은 동성애 반대를 염두에 두고 하는 주장이다.

### 1-4-3. 사회적 행위 차원

권력과 관련된 담론은 언제나 지배력을 쟁취하는 것을 목적으로 한다. 개신교 보수의 동성애 담론도 마찬가지이다. 개신교 보수는 동성애 반대 담론을 사회적으로 확대하여 외연을 넓히고 담론의 진리효과를 증가시키려 한다. 개신교 보수의 동성애 반대 담론은 교회 내부뿐만 아니라 교회 외부 즉, 한국 사회와 해외를 향하고 있다. 개신교 보수의 입장에서 보면 동성애 반대 담론은 교회와 사회 그리고 국가의 여러 영역을 넘나들며 다양하게 작동하고 있다. 구체적으로 개신교 보수는 동성애가 사회의 기본 단위인 가정을 파괴하는 문제(5-1-29)를 야기한다. 그리고 개신교 보수에 의하면 동성애를 인정하는 차별금지법 제정은 성 문란과 AIDS(5-1-30), 출산과 육아(5-1-31), 성 윤리의 문제(5-1-32) 등을 야기한다. 그리고 나아가서 차별금지법 제정 시도는 바로 좌파의 활동(5-1-35)이라고 주장한다. 또한 개신교 보수의 주장에 의하면 동성애 자체를 반대하는 표현을 할 수 없게 하므로 인권 역차별(5-1-36, 5-1-37, 5-1-8, 5-1-39, 5-1-42, 5-1-43)이며 이는 나아가서 동성애를 반대하는 기독교를 정확히 말해 개신교 보수를 박해하는 것이 된다. 그리고 학교 교육에도 문제(5-1-56, 5-1-7)가 발생한다. 결국 개신교 보수의 입장에서 본다면 차별금지법 제정은 한국 사회에 총체적인 문제를 가져와 국가 혼란(5-1-34)을 가져온다. 심지어 차별금지법을 발의한 국회의원들을 "종북 게이"라고 부르면서 비난하였다. 개신교 보수는 오히려 소외되고 있는 탈동성애자들 즉, 동성애에서 벗어난 사람들에 대한 인권 보호의 필요성(5-1-40, 5-1-41)을 역설한다. 또한 버스와 지하철의 동성애 연상 광고(5-1-61), 미국 팝송 가수 레이디 가가의 공연(5-1-62) 등을 반대하였다.

　　이렇게 전방위적으로 동성애 반대 담론을 사회적으로 확장하려는 이유는 개신교 보수가 동성애 반대를 종교의 범위를 넘어 사회 전체적으로 확대하여 이데올로기화하려 하기 때문이다. 한국 개신교 교단 중에서 동성애와 동성결혼을 인정하거나 수용하는 한국의 개신교 교단은 2020년까지 없다. 앞에서 인용한 2015년 7월 27일 교단 성명서를 발표한 예수교대한성결회 뿐만 아니라 대부분의 한국 개신교 교단들은 결혼을 한 남자와 한 여자의 결합으로 규정하고 있으므로 동성애나 동성결혼을 교단 차원에서 인정하지 않는다.[29] 또한 한국 개신교 신학계에서 동성애의 인정이나 동성결혼 합법화와 관련해서 찬성이나 긍정적인 입장을 밝힌 글은 많지 않다. 한국 교계뿐만 아니라 한국 사회 안에서도 동성애 반대가 인정이나 찬성보다 더 많다. 실제로 2014년 한국갤럽의 사회조사 결과에 의하면 "남자끼리 또는 여자끼리의 동성애도 사랑의 한 형태라고 생각하십니까, 그렇지 않다고 생각하십니까?"라는 질문에 "그렇다"라고 응답한 비율은 24%이었지만 "그렇지 않다"라고 대답한 비

---

29) 류성민, "동성애 동성결혼에 대한 종교적 이해:미국과 한국 개신교를 중심으로," 「종교문화연구」 25(2015), 33.

율은 76%이었다.[30] 같은 조사 결과를 심도 있게 분석한 류성민에 의하면 우리나라에서는 전반적으로 동성애를 인정하고 있지 않고 대체로 비종교인보다는 종교인이, 여성보다는 남성이, 미혼자 보는 기혼자가, 이념적으로는 진보 성향의 사람보다는 보수성향의 사람들이 상대적으로 동성애를 인정하지 않는 비율이 높았다. 또한 불교인(84%), 개신교인(83%), 천주교인(72%)의 순으로 동성애를 인정하지 않는 비율이 높았다.[31]

그러나 동성 결혼에 대한 질문에는 약간 다른 결과가 나타난다. 동성애를 인정하지 않기 때문에 동성 결혼은 더욱 인정하지 않으리라고 예상할 수 있지만 실제로는 다른 결과가 나왔다. 아래 〈표 1〉은 한국갤럽의 조사 결과이다. 조사 질문은 "귀하는 동성애자 커플에게 합법적으로 결혼할 수 있는 권리를 주는 것에 찬성하십니까, 아니면 반대하십니까?"였다. 2014년 결과는 동성결혼의 법적 허용에 대해 찬성(35%) 보다 반대(56%)가 높은 편이다. 그리고 2014년 찬성 35%는 2001년 17%과 2013년 25%보다 높다. 다시 말해 동성 결혼을 찬성하는 비율이 높아지고 있다. 이렇게 서로 엇갈리는 한국갤럽의 사회조사 결과들은 한국 사회의 동성애와 동성 결혼에 대한 인식이 고정적이지 않다는 것을 의미한다.

---

30) 한국갤럽조사연구소 편, 『한국인의 종교 1984~2014』 (서울: 한국갤럽조사연구소, 2015), 88-89, 153.
31) 류성민, "동성애 동성결혼에 대한 종교적 이해:미국과 한국 개신교를 중심으로," 17.

**〈표 1〉 동성결혼 법적 허용[32]**

| 연도 | 찬성(%) | 반대(5) | 모름/응답거절 |
|---|---|---|---|
| 2001 | 17 | 67 | 16 |
| 2013 | 25 | 67 | 8 |
| 2014 | 35 | 56 | 8 |

반면에 개신교 보수는 동성애와 동성 결혼을 강하게 반대하고 이를 사회에 확산시키기 위해 강력한 주장을 하며 매우 많은 힘을 쏟고 있다. 그러나 한국 개신교 보수의 동성애 반대 담론이 문화적 헤게모니를 쟁취하였다고 단언하기는 쉽지 않다. 한국 사회가 동성애를 인정하는 방향으로 변화하려 한다면 개신교 보수는 그것을 막으려 할 것이다. 그렇게 하려면 개신교 보수는 그만한 문화 권력을 가지고 있어야 한다. 다시 말해 개신교 보수의 동성애 반대 담론이 그만큼의 진리효과를 가질 수 있어야 한다. 현재까지 개신교 보수는 동성애 반대 담론을 생산 유포하며 차별금지법 제정을 막는 데 성공적이었다. 그러나 동성애 반대 담론이 빠르게 변화하는 한국 사회 안에서 앞으로 계속 지배적일 것이라고 말하기는 쉽지 않다.

그리고 개신교 보수가 동성애 반대 담론의 사회적 확장하는 것을 넘어서 다른 국가에 대한 비판으로 발전하는 것은 다소 무리가 있어 보인다. 앞에서 보았듯이 한국 개신교 보수는 2013년 결혼보호법을 위헌판결한 미국의 연방 대법원 판결[33]을 비판(5-1-51,

---

32) 한국갤럽조사연구소 편,『한국갤럽 데일리 오피니언 143, 2014년 12월 2주』(서울: 한국갤럽조사 연구소), 12.

33) 미국 연방대법원의 판결에서 중요한 원칙으로 작용한 것은 이성 커플이든 동성 커플이든 결혼할 권리가 동등하게 있다는 것이다.

5-1-52)하고, 미국 장로교(Presbyterian Church USA의 동성애 인정을 철회하라고 요구(5-1-53)하였다. 한국의 경우 한국기독교장로회를 제외하고 대부분의 장로교단이 보수적이며 친미적인 성향을 가지고 있는데 이러한 비판과 철회 요구는 매우 이례적인 일이다.

동성애와 관련하여 한국과 미국에서 펼쳐지는 양상은 다르다. 앞에서 보았듯이 2013년 미국 연방 대법원은 결혼을 이성 간의 결합으로 규정한 결혼보호법을 위헌으로 판결하였고, 이어서 2015년 동성애자들의 결혼이 합법으로 판결하였다. 그리고 장로교(PCUSA)를 비롯하여 미국 내 몇몇 개신교 교단들은 동성애와 동성 결혼을 인정한다. 미국 내 개신교 주류 교단인 연합감리교회(UMC, The United Methodist Church)는 2020년 동성애와 동성애자 성직 문제로 분리를 결정하기도 하였다가 코로나 창궐로 인해 미루어졌다.[34] 반면에 보수 개신교인들이 지지를 받은 도널드 트럼프 대통령은 2017년 5월 4일 "자유로운 발언과 자유를 증진시키기 위한 행정명령(Executive Order 13798: Promoting Free Speech and Religious Liberty Executive Order)"을 발표한다. 종교를 이유로 하는 동성애 반대와 그 실천을 보장하기 위한 행정명령이었다. 이 행정명령의 섹션 1은 "연방법은 연방정부에 의한 부당한 간섭 없이 종교를 실천하고 시민 생활에 충족히 참여하는 미국인들과 그들의 조직들의 자유를 보호한다"는 내용을 포함하고 있고 섹션 2는 "재무부는 어떤 개인과 예배처소 혹은 종교 조직들이 하나의 종교

---

34) CNN, 2020년 1월 17일, "The Methodist Church will probably split in two over homosexuality, and that's bad for all of us". NBC news, 2020년 5월 5일, "With split over gay marriage delayed, United Methodists face a year in limbo".

적 관점에서부터 도덕적 혹은 정치적 이슈들에 대해 말하거나 말한 것에 대항하여 어떤 적대적인 행동도 하지 않는다. 그리고 그와 유사한 성격의 발언이 법에 모순이 되지 않으면 재무부에 의해서 공적인 지위의 한 후보자의 편에서 정치적 캠페인에 참여하거나 개입하는 것으로(또한 반대하는 것으로) 다루어지지 않는다"는 내용을 포함한다.[35]

그러나 퓨 리서치(Pew Research)의 조사 결과를 분석한 류성민에 의하면 동성애를 인정하는 미국인들의 인식이 증가하고 있다.[36] 또한 동성애를 인정하는 경향은 미국뿐만 아니라 유럽에서도 나타난다. 덴마크, 네덜란드, 스웨덴, 뉴질랜드(1998년 11월 30일 조슬린(Joslin) 사건 심의 요청 후 UN 인권위원회 결정), 오스트리아 (2004년 8월 5일 스할크(Schalk) 유럽인권재판소 소송 판결)의 사례들을 분석한 장민영에 의하면 동성 커플의 법적 인정에 대한 추세는 수용적인 태도로 변화하고 있다.[37]

지금까지 한국 개신교 보수가 보여준 인식과 행위로부터 미루어 짐작한다면 한국 개신교 보수는 이러한 미국과 유럽의 변화에 대해 거부하고 신앙의 승리를 계속 주장할 것이다. 그러나 한국갤

---

35) 류성민, "동성결혼 합법화 이후 종교계의 대응:미국과 한국의 개신교를 중심으로," 「종교문화연구」 29호(2017) 86 재인용.

36) 류성민, "동성애 동성결혼에 대한 종교적 이해:미국과 한국 개신교를 중심으로," 14-15.

37) 장민영, "인권법 측면에서의 동성 커플의 법적 인정에 대한 연구-인권위원회와 유럽인권재판소 사례분석을 중심으로," 「중앙법학」 16권 3호, 172. 장민영은 점진적으로 동성 커플의 법적 인정에 관한 법제를 마련 시행하는 것이 타당하다고 본다. 그리고 우선 동성 커플이 결혼 배우자가 갖는 권리 및 혜택에 준하는 정도의 권리 및 혜택을 향유 할 수 있도록 하는 동반자 관계 등록제 도입에 대한 검토가 필요하다고 결론을 맺는다.

럽의 조사 결과에서 나타난 바와 같이 한국 사회의 동성애와 동성 결혼에 대한 인식은 고정적이지 않다. 특히 〈표 1〉에서 보았듯이 동성 결혼 찬성 비율은 증가하고 있다. 그러므로 세계적인 추세와 국내 인식 변화의 영향으로 인해 개신교 보수가 원하는 동성애 반대 담론의 이데올로기화가 얼마나 성공적이며, 진리효과도 얼마나 유지할지 가늠하기 어렵다. 앞으로 한국 개신교 보수가 앞으로 어떠한 전략과 투쟁을 전개하느냐에 따라 달라질 것으로 보인다.

## 2. 타종교 담론

지난 세기 동안 한국 사회에서 기독교는 빠르게 성장하였다. 2015년 인구주택총조사 결과에 의하면 개신교 신자는 전체 인구 대비 19.7%로 한국 사회의 최대 종교가 되었다. 특히 개신교는 도시화와 산업화를 통한 경제성장이 진행되는 동안 급성장하였다.[38] 개신교의 급성장은 종교시장이라는 관점에서 보면 개신교가 타종교와의 경쟁에서 높은 성과를 올렸다는 것을 의미한다. 이러한 급성장의 과정에서 개신교는 타종교를 향한 배타적인 태도를 유지하였다.[39] 따라서 한국 개신교 보수의 타종교 담론은 자기 성장을 위해 타종교를 비판하는 내용들을 주로 담고 있다. 이 장에서는 개신교 보수가 생산한 타종교 담론이 어떻게 구성되었고 어떻게 작동하는지 분석한다. 담론 분석을 위해 활발하고 공개적으로 활동하여

---

38) 이원규, 『한국 교회의 사회학』 (성남: 북코리아, 2018), 145.
39) 이원규, 『한국 교회 어디로 가고있나』 (서울: 대한기독교서회, 2000), 249-250.

사회적 여파를 만드는 목회자와 기관이나 단체들이 생산 유포한 담론들을 최대한 수집하였다. 그리고 그 담론들을 분류하고 분석하였다. 그중에서 대표적인 것은 직접 인용되었다.

개신교 보수의 타종교 담론 분석은 최근에 들어와서 갈등이 주로 만들어지는 이슬람과 불교에 대한 담론을 위주로 실시하려 한다. 먼저 이슬람에 대한 배타성을 살펴볼 것이다. 한국 개신교 보수는 수쿠크(이슬람 채권) 조세 특혜, 할랄 도축장 설립, 난민 수용 등의 문제와 관련하여 반대 활동을 한다. 특히 이슬람 채권 수쿠크에 면세 혜택을 주는 법안에 대한 반대는 매우 적극적으로 나타났다. 이명박 정부는 수쿠크에 법인세, 양도세, 부가세, 취득세, 등록세 등을 면제해주려 했다. 이에 대해 개신교 보수들은 수쿠크만을 우대하는 것은 종교적 차별이며 금융시장에 혼란과 나아가서 금융 주권에 문제를 가져온다고 반대하였다.[40]

국내로 유입되고 있는 이주 무슬림들의 주요 출신지는 동남아시아와 남아시아, 중앙아시아 이슬람국가이다. 안정국은 OIC(Organization of Islamic Conference) 국가 및 주요 동남아시아를 포함하는 65개국의 이주자 수에 각국의 무슬림 인구비율을 적용하여 2015년 2월 총 135,585명의 외국 국적 체류 이주 무슬림이 국내에 유입되었을 것으로 추정한다. 여기에 65개국 외에 외국 국적 무슬림이 있을 것으로 추정한다면 이보다 더 많을 것이다.[41] 안정국

---

40) 2011년 1월 29일 한국장로교총연합회는 당시 대표회장 양병희 목사와 29개 회원 교단 총회장 일동의 명의로 성명서 "정부의 수쿠크 특혜법안은 즉각 폐기되어야 한다"를 발표한다.
41) 안정국, "한국 이슬람의 현황과 종파 분화: 시아 무슬림을 중심으로," 「인문과학연구논총」 36권 3호(2015), 157.

은 2011년에도 한국 체류 외국인 무슬림 인구를 92,059명으로 추정하였다.[42] 그러므로 4년 만에 국내 무슬림 인구는 약 47% 이상 증가한 것으로 추정할 수 있다. 또한 한국 내에 이슬람 사원은 1976년 이태원에 설립된 이슬람 중앙사원을 시작으로 16개의 다양한 형태의 이슬람 사원과 센터가 부산, 광주(경기도), 전주, 안양, 부평, 안산, 파주, 포천, 광주(전남), 대구, 김포, 대전, 제주, 구미, 김해에 세워져 있다.[43] 그러나 개신교, 천주교, 그리고 불교의 교세에 비교하면 한국 내 이슬람은 여전히 소수이며 그중 대부분이 한국인이 아니라 외국인 이주민이다.

한국 개신교 보수는 이슬람에 매우 배타적인 태도를 취하고 있다. 예를 들어 2017년 한국기독교총연합회 22대 대표회장 선거 운동에서 이영훈 목사(여의도순복음교회 담임목사)는 동성애, 이단 문제와 함께 이슬람 확산 저지를 적극적으로 표명한다. 그리고 이영훈 목사는 당선되었다.

5-2-1. 넷째, 한국 교회의 기독교 단체의 연합된 힘을 모아 이슬람 세력의 확산, 동성애 합법화, 이단 문제 등에 적극적으로 대처하겠습니다. 최근 한국 교회는 이슬람 세력의 확산, 동성애 합법화, 차별금지법 제정 시도 등과 같은 정치 사회적 변화와 이단 집단의 극렬한 활동으로 인해 극심한 도전을 받고 있습니다. 특히 이슬람은 한국을 아시아 지역의 이슬람 확산을 위한 교두보로 삼

---

42) 한겨레신문, 2011년 5월 16일, "한국의 무슬림 얼마나 되나".
43) 한국이슬람교중앙회 http://www.koreaislam.org(2020년 3월 23일 접속)

고 공격적인 포교 활동 및 정치 활동을 펼치고 있습니다(한국기독교총연합회, "대표회장 선거 이영훈 후보 소견서", 2017.01.25).

이제 불교의 경우를 살펴보자. 불교에 대한 개신교의 배타적 태도는 이슬람에 대한 배타적 태도와는 양상이 다르다. 개신교 보수는 이슬람의 확산을 경계하지만, 아직 개신교와 이슬람의 직접적이고 심각한 충돌은 일어나지 않았다. 이슬람이 아직 소수이고 한국 사회 안에서 최대 종교인 개신교에 맞대응할 정도로 사회적인 영향력을 가지고 있지 않기 때문이다. 그러나 불교의 경우는 다르다. 개신교 보수는 불교와 구체적인 논쟁과 비난을 주고받고 있다. 1990년대까지 불교계는 1980년에 일어났던 10·27 법난의 충격과 피해에서 벗어나지 못하였다. 그러나 불교계는 2000년대 들어와 이전과는 달리 개신교의 도전에 적극적으로 맞대응하고 있다. 2000년 이후 있었던 주요 사건들만 나열해도 적지 않다. 2005년부터 지리산 선교사 유적지 문화재 등록과 관련하여 불교계와 논란이 있었다.[44] 2008년에는 3월 '10·27법난에 대한 피해자의 명예회복 등에 관한 법률'이 공포되었다. 또한 같은 해 8월 27일 이명박 대통령의 종교 편향과 관련하여 범불교대회가 개최되었다. 2010년 12월 15일 한국기독교총연합회 대표회장 후보 정책 토론회에서 길자연 후보(당시 왕성교회 담임목사)는 불교의 템플스테이(temple stay)가 문화관광부의 지원을 받는 것처럼 개신교의 처치스테이(church

---

44) 지리산기독교선교유적지보존연합은 문화재로 등록을 하려 하였고 조계종 화엄사 측이 불법건축물이라는 관계부처에 공문을 발송하면서 논란이 발생하였다(데일리굿뉴스, 2014.06.17, "지리산 선교사 유적지, 종교 간 논란으로 확대돼선 안 돼").

stay)를 위해 5~6년간 3,000억 원 기금 조성을 거론하였다.[45] 이로 인해 불교 측과 긴장이 조성되었다. 이후 2014년 개신교인들의 봉은사 땅 밟기가 있었고, 실천불교승가회, 원불교사회개벽교무단, 전국목회자정의평화협의회, 천주교정의구현전국사제단이 제안한 종교평화법을 개신교 측이 반대하였다. 그리고 2015년 봉은사역 역명에 대한 개신교 측의 반대, 2017년 KTX 울산(통도사)역 역명에 대한 개신교 측의 반대, 2017년 세종시 한국불교문화체험관 설립에 대한 개신교 측의 반대와 불교 측의 반박이 있었다. 가장 최근에는 2019년 개신교 신자인 황교안 자유한국당 대표가 부처님오신날 법요식에서 합장을 하지 않자 조계종은 보도자료(2019년 5월 22일)를 통해 그것을 비판하였고, 이에 대해 한국기독교총연합회의 비판 성명을 발표(2019년 5월 23일)하였다. 그러자 이번에는 대한불교청년회가 한국기독교총연합회을 비판하는 성명서를 발표(2019년 5월 28일)하였다.

## 2-1. 개신교 보수의 타종교 담론 분석

### 2-1-1. 텍스트의 장르들

타종교 담론에서 개신교 보수는 선언형과 확신형을 주로 사용하였다. 선언형은 정부나 타종교에 자신들의 생각과 행동을 분명히 알리고 주장할 때 사용되었다. 이슬람과 관련된 선언형 사용의 예로는 수쿠크법 관련 성명서가 있다.

---

45) 불교신문, 2010년 12월 16일, "기독교, 처치스테이 정부 지원 추진하나".

5-2-2. 정부가 자본주의 원칙과 헌법상의 권리까지 침해하면서 이슬람 금융에만 특혜를 제공하려는 기도에 대해서는 좌시할 수 없다. 정부의 수쿠크 특혜법안은 즉각 폐기되어야 한다(한국장로교총연합회(29개 회원 교단), 성명서 "국민 여러분 수쿠크법을 아십니까?", 2011.01.29).

불교와 관련된 선언형 사용 예로는 위에서 언급한 황교안 자유한국당 대표의 합장 문제가 생겼을 때 한국기독교총연합회의 성명서가 있다.

5-2-3. 표를 가지고 자신들에게 유익한 법안을 만들고자 하는 정치 행위는 당연한 것이 아닌가? 그러나 표를 가지고 헌법에 명시된 개인의 종교의 자유를 억압하는 폭권에 한국기독교총연합회는 강력히 저항할 것을 천명한다. 더불어 이를 종교 간 분쟁으로 몰고 가려는 일련의 행위에 대해서는 분명히 거부하며 우려를 표하는 바이다(한국기독교총연합회, "조계종의 황교안 대표 사퇴하라는 주장에 대한 한국기독교총연합회의 입장", 2019.05.23).

확신형은 수쿠크를 들여오는 무슬림들은 위험한 원리주의자들이라는 것을 말하려 할 때 사용한다.

5-2-4. 이슬람 금융에서는 이자를 받을 수 없다고 전제하는 것은 그들이 원리주의자들이라는 분명한 증거다. 보통의 평범한 무슬

림들은 이슬람권 어떤 나라에서든지 은행에 돈을 맡기고 이자를 받아 가지만 원리주의자들만은 샤리아를 지키기 위해서 일부러 이자를 주지 않는 특별 구좌에 예금을 한다. <u>돈보다 이슬람 율법을 지키는 것이 중요하다는 증거다.</u> 이것을 볼 때 이 돈은 원리주의자들이 운영한다는 것이 확실하다(크리스천투데이 이만석 칼럼, "수쿠크법을 반대하는 12가지 이유", 2011.04.11).

### 2-1-2. 텍스트에 나타나는 담론들

앞에서 말하였듯이 이번 장에서는 주로 이슬람과 불교에 대한 담론들을 다루겠다. 먼저 개신교 보수가 생산한 이슬람 담론에 대해 살펴보자. 개신교 보수의 이슬람 담론은 이슬람의 실체를 자주 언급한다. 이슬람의 실체 담론은 경제, 테러, 결혼 또는 젠더, 난민법 등의 내용을 담고 있다. 여기서 실체라는 언어가 암시하듯이 그동안 가려져 있거나 잘 알려지지 않은 것을 보여준다는 것을 의미한다. 그래서 이러한 담론은 '실체 폭로 담론'이라고도 할 수 있다.

이슬람 담론은 한국 사회에 수쿠크와 같은 경제로부터 시작해 정치와 종교의 문제를 가져온다는 주장을 포함하고 있다.

5-2-5. 전 세계에서 활동하고 있는 모든 이슬람 테러단체들의 공통된 구호가 바로 "샤리아로 통치하는 세상을 만들자"는 것이다. 이 금융방식을 처음 만든 것도 이집트의 무슬림형제단이며 <u>그들의 목적도 역시 샤리아로 세계를 점령하기 위해서 먼저 경제와 금융을 점령해야 한다는 것이었다.</u> 샤리아가 얼마나 위험한 것인

지는 철저하게 샤리아로 통치했던 탈레반 정권을 보면 쉽게 확인할 수 있겠지만 이보다 더 중요한 문제는 샤리아는 실체가 없는 법이라는 것이다(선교신문, 이만석 칼럼, "왜 수쿠크 조세 특별법을 막아야 하는가?", 2011.05.02).

5-2-6. 국내법이 샤리아의 지배를 받는 하위법이 된다. 이것은 이슬람이 한국을 점령하는 고속도로를 만들어주는 것과 같으며 이슬람이란 특정 종교에 특혜를 주는 세계 유일의 국가가 되는 것이다. 이슬람 금융은 이슬람 율법인 샤리아를 준수하는 것이고 샤리아 위원회가 모든 결정권을 가지고 있는데, 이것은 1920년대 이집트 무슬림형제단이 고안한 것이다. 이슬람 금융은 곧 금융 지하드이기도 하며, 국가안보를 위협하기까지 하는 무서운 것임을 알고서 현명하게 대처해야만 하는 사안인 것이다(기독교타임즈, 기독교대한감리회 이슬람연구원 김형원 기고문, "급증하는 국내 이슬람 사원과 무슬림", 2016.12.14).

이어서 테러의 위험이 등장한다.

5-2-7. 최근 유럽을 중심으로 빈번하게 발생하는 무차별 테러의 근원이 무엇이며 특히 종교개혁 500주년을 맞이한 기독교인들을 향한 그들의 적대감이 어떤 것인지 정부는 심각하게 고민해야 할 것이다. IS의 창궐과 시리아 내전으로 인한 인도주의적인 난민 수용이 유럽 국가들에게 테러의 부메랑이 되어 돌아오

는 것을 바라보며 급증하고 있는 국내 이슬람 인구와 자본의 본질이 어떤 것인지 우려할 수밖에 없는 것이다(기독교대한성결교회 제111-9차 총회 임원회, "충남 부여 할랄 도축장 건립 반대 서명서", 2017.09.05).

다음으로 한국 문화와 다른 이슬람의 결혼 문화와 젠더 담론이 등장한다.

5-2-8. 무슬림 중 상당수가 본국에 처자를 둔 채 한국 여성과 중혼한다. 이슬람에서는 일부다처제가 허용되기 때문이다. 또한 남자가 여자를 때리는 게 죄가 아니다. 여성을 남성의 부속물로 여기는 탓이다. 교회가 이슬람의 급속한 유입을 경계하는 것은 신앙 문제뿐 아니라 우리 사회의 도덕과 질서를 지키기 위해서다. 난민을 가장한 이슬람 선교사, 테러분자, 과격주의자가 뒤섞일 수 있으니 정부에서 철저하게 난민 심사와 관리를 해야 한다(이영훈 여의도순복음교회 담임목사, "신동아 인터뷰", 2018년 11월호).

나아가서 무슬림과의 결혼은 사회적 문제를 만든다고 주장한다. 실제로 개신교 교단 중 하나인 감리교단이 2017년 개최한 이슬람 관련 세미나에서 국회의원 이혜훈은 한국 여성이 무슬림과 결혼을 하였을 때 생기는 문제를 거론한다.

5-2-9. 무슬림은 대한민국의 이슬람화를 위해 장애인과 이혼 여성 등에 접근하여 아이부터 갖도록 유도하고, 무슬림과 결혼해서 낳은 아이를 호적에 등록하려면 부모와 아이 모두 무슬림이 되어야 하며, 결혼한 뒤 대한민국 국적을 취득한 후에는 본국의 아내와 자녀 등 친인척을 초청해 국내 무슬림 인구를 증가시키는 일도 하고 있다(기독교대한감리회 이슬람연구원 총회 및 세미나에서 이혜훈 국회의원 발언,[46] 2017.01.18).

마지막으로 난민 담론이 등장한다. 이슬람 전문가로 알려진 개신교 목사 이만석은 난민으로 인해 사회적 정치적 문제가 발생할 수 있다는 문제를 제기한다.

5-2-10. 그런데 우리나라는 남의 나라에 쫓겨서 난민 생활을 해본 경험은 있어도 난민들을 받아들여 본 경험이 없기 때문에 아시아 최초로 만든 대한민국의 난민법에는 많은 문제점이 있는 것이 사실이다. 국제난민협약에서 난민들을 보호하라고 한 것이지 난민 신청자까지 보호하라는 의미는 아니었다. 그러나 대한민국 난민법에 보면 난민 신청자들부터 혜택을 주도록 되어 있어 허위 난민신청으로 그들에게 이용당하면서 국민의 혈세를 낭비하고 국가와 국민들을 위험에 빠뜨리는 현상이 나타나고 있어, 유럽처럼 더 큰 화를 당하기 전에 난민법을 폐지해야 한다는 것을 말하고자 한다(기독일보, 이만석 칼럼, "대한민국 난민법 폐기해

---

46) 기독교타임즈, 2017년 1월 18일, "대한민국, 하나님 앞에 기도해야 할 때".

야-1", 2018.11.22).

　나아가서 난민은 한국 전통과 문화를 따르고 한국법을 지켜야 한다는 주장도 나타난다.

　5-2-11. 성경에 등장하는 난민과 유사한 의미로 '피난민, 거류민, 나그네, 유배자'가 있다. 성경적으로 난민을 받아들이는 개념은 이스라엘의 율법을 받아들이고 하나의 집단으로 동화되는 것을 전제로 한다. 레위기, 여호수아서에서는 타지에서 온 거류민이 이스라엘 땅에 살아갈 때에는 자신들의 종교, 관습, 문화를 버리고 이스라엘 종교와 법, 전통을 따르도록 하는 의무가 주어졌다. 이처럼 성경이 말하는 <u>건전한 난민 정책의 원칙은 난민들이 대한민국의 법을 따라야 한다. 불법 취업을 목적으로 한 가짜난민, 극단적 이슬람의 유입문제는 감성적 인권문제로 봐서는 안 된다.</u> 이들이 국내 법도를 지킬 때만 공존이 가능하다. 유럽 각국에서 무슬림 숫자가 증가할수록 이슬람의 정치적 입지는 더 강력해지고 있으며, 그 결과 정치적 힘으로 이슬람을 국가정책에 반영시키고 있다(개혁주의이론 실천학회 샬롬 나비, 논평 "무슬림 난민 수용에 대한 논평", 2018.11.07).

　이제 불교 관련 개신교 보수의 담론을 살펴보자. 개신교 보수가 생산한 불교 관련 담론의 가장 많은 부분을 차지하는 것은 바로 개신교가 차별[47]을 당하고 있다는 주장이다.

> 5-2-12. 지난 역사를 돌이켜보면 이승만 정부로부터 시작하여
> 현 정부에 이르기까지 일방적으로 불교를 지원해온 것이 사실
> 이다. 템플스테이를 비롯해 문화재 관리비용이라는 명목으로 일
> 년에 수천억씩 국가가 지원을 했고, 공원에 있는 불교의 사찰 입
> 장료를 비롯한 많은 공적자금이 불교에 유입되어 들어간 것은
> 누구나 다 알고 있는 역사적 사실이다. 그럼에도 불구하고 한
> 국 교회와 한기총은 종교적 충돌과 분쟁의 소지를 주지 않기 위
> 하여 조용히 침묵해왔으며 우리가 하는 선교와 나라 사랑하는
> 애국 운동에만 전력해왔다(한국기독교총연합회, "조계종의 황교
> 안 대표 사퇴하라는 주장에 대한 한국기독교총연합회의 입장",
> 2019.05.23).

나아가서 개신교가 차별 받는다는 인식은 불교 지도자들을 좌
파로 의심하는 것으로 비약된다.

> 5-2-13. 역대 우리나라 기독교에는 장로 대통령 세 분이 있었으
> 나, 이승만 대통령 시절에는 국가의 살림을 일본으로부터 빼앗아
> 서 일방적으로 불교에 주었고, 김영삼 대통령 시절에는 군목을
> 절반으로 줄였으며, 이명박 대통령 시절에는 공무원과 직장인들

---

47) 이러한 차별 또는 역차별 담론은 동성애, 세습, 종교인 과세, 역사 교과서 국정화 찬성에도
   사용되었다. 차별 또는 역차별 담론은 개신교 보수가 각종 사회 쟁점들과 관련하여 담론을
   생산할 때 자주 강조하는 논점이다. 이에 대하여 7장에서 논의하겠다.

이 점심시간에 했던 성경공부와 신앙적 모임을 금지했었다. 또한 황교안 총리의 대통령 권한대행 시절에도 오히려 교회가 상대적으로 불교에 대하여 역차별 받아 온 것이 사실이었다. 그럼에도 불구하고 황교안의 개인 신앙을 가지고 사퇴운운 하는 것은 그 뒤에 불교의 지휘부가 좌파의 세상으로 가려 하는 의도를 의심하지 아니할 수 없다. 한기총은 이번 성명서에 대하여 사과할 것과 바로 잡을 것을 요구하는 바이다(한국기독교총연합회, "조계종의 황교안 대표 사퇴하라는 주장에 대한 한국기독교총연합회의 입장", 2019.05.23).

그리고 차별 담론은 2014년 종교평화법 제정 움직임에 대한 반대로 연결된다. 실천불교승가회, 원불교사회개벽교무단, 전국목회자정의평화협의회, 그리고 천주교정의구현전국사제단의 성직자들은 2014년 7월 17일 "우리 사회의 화합과 공존을 염원하는 종교인 기자회견"을 열고 종교평화법과 차별금지법이 속히 제정되어야 한다고 주장했다. 그러나 개신교 보수는 이에 대한 반대를 분명히 표명한다. 반대의 첫 번째 이유는 타종교가 특히 불교가 더 많은 혜택을 누리려 한다는 것이다.

5-2-14. 그렇기 때문에 '종교 편향' 주장과 '종교차별금지법' 제정 주장은 더 많은 혜택을 누리려는 과욕쯤으로 보는 시각들이 늘어나고 있다. 그런데 특정 종교에서 주장하는 '종교 편향'의 사실관계도 정확히 모르면서 종교 일부의 목소리에 눌리고, 정치적

인 '표'를 의식하여 소위 '종교차별금지법'을 무턱대고 제정한다고 나서고 있는 정치권 일부의 행동은 국민들의 정서를 알기나 하는지 모를 일이다(한국교회언론회, 논평 "소위 '종교차별 금지법', 종교갈등 원인된다", 2008.11.04).

종교평화법을 반대하는 두 번째 이유는 선교를 차단한다는 것이다.

5-1-15. 증오범죄법을 종교평화법이라는 이름으로 바꾸어 다시 입법 제안을 한 것은 외형적으로는 종교 간의 갈등을 해소하고, 갈등에 따른 불법행위 등에 대하여 입법을 통하여 제도적으로 규율하는 것처럼 보이지만 실질적으로는 <u>불교계의 정치권에 대한 개입, 영향력 확대 및 기독교 선교에 대한 차단 전략이라고 할 수 있다</u>(기독일보, 장헌일 칼럼, "종교평화법 제정은 종교 간 갈등만 심화시킨다", 2014.07.20).

그리고 종교평화법은 국가가 종교에 개입하는 것이므로 위헌[48]이라는 담론으로 발전한다.

5-2-16. 만일 종교평화법 등의 제정을 통하여 종교자유의 일환으로 보장되는 선교의 자유를 제한하거나 또는 제재를 가한다면

---

[48] 개신교 보수는 종교인 과세와 사학법 개정 반대 담론에도 위헌을 거론한다. 이에 대하여는 6장에서 논의하겠다.

이는 명백히 국가 권력이 종교에 대하여 간섭하는 것이기 때문에 이 법을 통해서 특정 종교를 우대 또는 차별대우하기 위한 정책 수립 내지 정치 활동으로밖에 해석이 되지 않기 때문에 위헌적인 법이다. 왜냐하면 종교의 자유란 신앙의 자유와 신앙실행의 자유이기 때문이다. 신앙실행의 자유는 종교의식의 자유, 종교선전의 자유, 종교교육의 자유, 종교적 집회 결사의 자유가 여기에 해당된다. 종교선전(포교 또는 선교)의 자유는 자신의 신앙에 대한 동조자를 규합하기 위한 적극적인 신앙의 실천행위다. 순수한 교리적인 방법으로 타종교를 비판하고 다른 신앙을 가진 사람을 개종시키는 자유도 포함된다(기독일보 장헌일 칼럼, "종교평화법 제정은 종교 간 갈등만 심화시킨다", 2014.07.20).

나아가서 선교의 자유를 보장하라고 주장한다.

5-2-17. 종교평화법은 명칭만 보면 종교 간 평화를 가져오는 좋은 법처럼 보입니다. 그러나 종교평화법의 내용을 보면, 분쟁을 예방한다는 명목으로 타종교인에게는 일체의 선교행위를 법으로 금지하고 있는바, 이것은 우리 헌법 제20조 1항이 철저하게 보장하고 있는 종교의 자유, 즉, 선교와 포교의 자유를 본질적으로 침해할 뿐 아니라 그 제2항이 규정하고 있는 정교분리 원칙에도 위배되는 위헌적인 법률이 될 것입니다(한국기독교공공정책협의회, 성명서 "종교 자유 침해와 정교분리 원칙에 위배되는 종교평화법 제정을 강력 반대한다!", 2014.07.21).

또한 종교평화법은 사이비 이단을 인정하여 사회악을 만든다고 경고한다.

> 5-2-18. 셋째, 종교평화법 제정은 사이비 이단들을 또 다른 종교로 인정하게 되며 반사회적, 반도덕적인 행태를 방조하거나 오히려 보호하는 악법이 될 것이다. 왜냐하면 정상적 기독교 활동을 위축시킬 때 그 공간을 사이비 이단들이 모든 수단을 동원하여 차지하려 할 것이 분명하기 때문이다. 따라서 엄청난 사회악을 가져올 것이다(기독일보 장헌일 칼럼, "종교평화법 제정은 종교 간 갈등만 심화시킨다", 2014.07.20).

> 5-2-19. 최근 사회적으로 심각한 물의를 일으킨 구원파는 사이비 이단임에도 불구하고 종교탄압을 주장하는 그들의 행태로 볼 때 종교평화법이 제정되면 그 어떠한 법적 조치도 하지 못하고 오히려 문제를 제기한 측이 처벌을 받게 되어 이단 사이비는 더욱 창궐하게 되고 반사회적 반도덕적 문제가 더욱 확산될 것이 자명하다(기독일보 장헌일 칼럼, "종교평화법 제정은 종교 간 갈등만 심화시킨다", 2014.07.20).

## 2-1-3. 텍스트의 스타일들

주로 인식 양태의 진술유형과 의무 양태의 요구유형을 사용한다. 개신교 보수는 인식 양태의 진술유형을 사용하여 이슬람과 관련하여, 특히 수쿠크와 관련하여, 앞으로 일어날 수 있는 문제 또는 직면하게 될 위기에 대해 전념하여 말하고 있다.

5-2-20. 지금 전 세계에 투자할 곳을 찾고 있는 오일달러가 현금으로 2조 달러(약 2,300조 원) 정도 된다고 하는데 이 돈이 쏟아져 들어와 한국의 건물과 부동산을 사들인다면 한 번 부동산을 사면 영구 소유권을 주는 한국의 소유권법 때문에 삽시간에 무슬림들이 국가의 주인이 되고 한국인들은 모두 임대해서 사용하는 비참한 현상이 현실화될 것이다(기독일보 이만석 칼럼, "한국의 이슬람 동향과 그들의 포교 전략은", 2017.07.17).

5-2-21. 둘째는 이슬람 자금을 도입하는 나라에는 이슬람 율법에 의하여 무슬림 '이맘'들이 포함된 '샤리아 위원회'를 만들어야 하는데, 금융과 기업, 경제계에 특정 종교의 영향력이 확대되는 결과가 된다. 따라서 자연스럽게, 자본을 통한 특정 종교 포교도 따라온다고 보아야 한다. 이는 심각한 종교 편향이 된다. (중략) 넷째는 수쿠크 금융을 운용하는 나라가 전 세계적으로 세 나라에 불과하다. 영국은 이 자금 도입 이후, 지하철, 버스, 공항 등에 대한 이슬람 테러와 테러 시도가 있었다. 교회들도 상당수 팔려 모스크로 변했다. 그 밖에도 프랑스에서의 이슬람 폭력 시위는 유명하다(한국교회언론회, "이슬람 금융 과세 특례 문제 있다", 2011.02.11).

불교와 관련하여서도 불교 측의 잘못을 분명히 드러내기 위해 진술유형을 사용하고, 그리하여 개신교의 잘못 없음을 전념하여 말하고 있다.

> 5-2-22. 정당 대표가 종교행사에 참여할 수 있지만 종교의식을 강요하는 것은 오히려 개인의 종교에 대한 자유를 억압하고 강요하는 행위이다. 조계종의 성명을 이해하지 못하는 것은 아니나, <u>불교의식을 하지 않았다고 정당 대표에게 자연인으로 돌아가라는 것은 표를 가지고 정당 대표마저 좌지우지하려는 행위이고 이것이야말로 종교라는 이름으로 정치에 영향을 미치려는 것이다</u>(한국기독교총연합회, "조계종의 황교안 대표 사퇴하라는 주장에 대한 한국기독교총연합회의 입장", 2019.05.23).

개신교 보수는 의무 양태의 요구유형을 사용하여 구체적인 사안에 대해 필연적이라고 여기는 조치를 요구한다. 예를 들자면 할랄 도축장 설립계획 중단과 난민법 폐기 등을 요구한다.

> 5-2-23. 이에 정부는 대 이슬람 정책에 대해 다시 한번 돌아보기를 촉구하며 충남 부여에 건설하고자 계획하고 있는 <u>할랄 도축장에 관한 모든 계획을 중단하길 요구한다</u>(기독교대한성결교회 제111-9차 총회 임원회, "충남 부여 할랄 도축장 건립 반대 서명서", 2017.09.05).

> 5-2-24. 그러나 우리나라의 공권력은 경찰이 시위대에 구타를

당해도 가해자를 처벌하지도 않고 오히려 경찰이 처벌을 받는 이상한 구조를 가지고 있다. 경찰서장이 계급장을 뜯기고 모욕을 당해도 가해자를 처벌하기는커녕 피해자가 가해자에게 사과를 하는 이상한 공권력을 가지고 있다. 그런 상황에서 무슬림들의 테러를 어떻게 막을 것이며 유럽처럼 집단 성폭행 사건들이 줄지어 일어날 때 어떻게 대응할 것인지 전혀 준비되어 있지 않은 상황이다. 대한민국의 무기력한 공권력 수준으로는 밀려드는 난민들로부터 치안을 유지할 수 없을 것이며 하루속히 난민법을 폐기하는 것이 최선의 길이다(기독일보 이만석 칼럼, "대한민국 난민법은 폐기해야-2", 2018.11.22).

## 2-2. 개신교 보수의 타종교 담론의 특징

### 2-2-1. 텍스트 행위 차원

타종교 담론에서 개신교 보수는 선언형(5-2-2, 5-2-3)과 확신형(5-2-4)을 주로 사용하여 설명이나 동의를 구하기보다 자신의 분명한 태도를 보여주려 한다. 스타일도 진술유형(5-2-20, 5-2-21, 5-2-22)을 주로 사용하여 타종교의 위험과 문제를 전념하여 말한다. 그리고 의무 양태의 요구유형(5-2-23)을 사용하여 필연적으로 시행되어야 할 조치들(할랄 도축장 계획 중단과 난민법 폐기 등)을 주장한다.

### 2-2-2. 담론적 행위 차원

이 장에서는 개신교 보수의 타종교 담론을 이슬람에 대한 담론과 불교에 대한 담론으로 나누어 보았다. 먼저 개신교 보수의 이슬람에 대한 담론은 수쿠크를 통한 경제에서 정치로 이어지는 침투(5-2-5, 5-2-6), 테러의 위험(5-2-7), 결혼과 젠더 문제(5-2-8, 5-2-9), 사회문제를 가져올 수 있는 이슬람 난민(5-2-10, 5—11) 등의 내용을 통해 이른바 이슬람의 실체를 폭로하는 담론이다. 이러한 '실체 담론'은 이슬람이 한국 사회에 해가 된다는 것을 말하려는 개신교 보수의 의도를 나타내고 있다.

또한 개신교 보수의 불교에 대한 담론은 이슬람 담론에서 나타난 만큼 공격적이지는 않다. 그러나 불교에 대한 개신교 보수의 주장은 차별(5-2-12)받고 있다는 것이다. 이러한 맥락에서 종교평화법 제안도 차별을 위한 정책(5-2-14, 5-2-15)이며 위헌(5-2-16)이라고 비판을 한다.

### 2-2-3. 사회적 행위 차원 분석

한국적 다종교 상황은 개신교 보수의 지배 정권을 향한 정치담론과 연관되어 있다. 불교 그리고 천주교와 경쟁을 해야 하는 다종교 사회 안에서 개신교 보수진영이 정권으로부터 얻으려는 실제적 이득(또는 규제 완화와 특혜)[49]과 연관되어 있다는 것이다. 강

---

49) 이에 대하여는 강인철, 『한국의 종교, 정치, 국가 1945-2012』, 68-69을 참조하라. 강인철은 교조 탄생일 공휴일 지정, 국가 공식 연호, 국가기관(군대, 교도소, 경찰서 유치장, 국공립 병원) 내 선교 허용, 국가조찬기도회 등 최고 지도자들과 제도화된 정기 교류 채널, 종립학교의 자유로운 종교교육 허용, 고등교육 기관, 종합병원, 언론사, 수익사업체 등의 설립, 교단과

인철에 의하면 라틴 아메리카의 가톨릭과 같이 특정 종교가 국가와 유사한 위치에 있으면 지배층의 전략은 투쟁, 제휴, 연대일 수 있다. 그러나 종교다원주의 상황에서 국가는 종교를 대상으로 포섭적 전략과 배제적 전략을 모두 사용한다.[50]

한국의 경우에 있어서 강력한 국가와 종교다원성의 결합으로 인해 국가와 종교 관계가 종교에 대한 국가의 확고한 우위의 형태로 만들어져있다.[51] 그렇다면 다종교 상황 안에서 규제 완화와 특혜가 가능하게 하려면 개신교 보수는 국가 권력과 연합해야(또는 국가 권력에 포섭되어야) 한다. 그래서 4장에서 보았듯이 대표적인 개신교 보수 단체라고 할 수 있는 국가조찬기도회와 한국기독교총연합회의 이명박 정권과 박근혜 정권에 대한 정치 담론은 다종교 문화인 한국 사회에서 적극적이고 전방위적으로 정권과 친화적이다(4-20, 4-21, 4-23, 4-24, 4-25, 4-26). 특히 이러한 측면은 초기 이명박 정부 시절에 두드러지게 나타났다. 이명박 정부 또한 이 시기에 불교와 개신교 그리고 천주교 사이에서 균형보다 확연하게 개신교 편향적인 모습을 보였다. 나아가서 이명박 정부는 진보적인 한국기독교교회협의회(NCCK)와 보수적인 한국기독교총연합회의 사이에서도 균형을 유지하기보다 한국기독교총연합회로 경도된 모습을 보였다.[52] 그리하여 1980년대 후반부터 20년간 유지되어오던 "과두적 종교부문 사이의 균형 추구"라는 국가의 전략은

---

종교 단체에 법인 자격을 부여하고 면세 혜택을 제공하는 것 등을 지목한다.

50) 앞의 책, 34.

51) 앞의 책, 91.

52) 앞의 책, 88.

이명박 정부의 등장 이후 변화하였다.[53) 국가조찬기도회와 한국기독교총연합회의 정치 담론은 초역사적이고 권력의 진공 상태에서 존재하는 것이 아니라 바로 이러한 국가 정치와 연동된 다종교 시장의 맥락 안에서 생산되었고 정권의 유지를 위해 그리고 개신교 보수의 실제적 이득을 위해 활용되었다.

한국 사회에서 개신교는 다종교 상황 속에서 나름의 사회적 우위를 차지하고 있다. 2015년 인구주택총조사 결과에 의하면 개신교는 한국 사회 내에서 가장 많은 신자를 가진 최대 종교이다. 그런데 이슬람의 등장은 기존의 다종교 상황이 좀 더 심화된다는 것을 의미한다. 전국적으로 아직 13만5천 명이고 그중 다수가 이주민이지만 개신교 보수의 입장에서 이슬람의 확산은 막아야 하는 당면과제가 되었다. 개신교 보수의 입장에서 보면 수쿠크와 난민으로 인한 이슬람의 확산은 한국 사회의 자본주의 경제 체제와 정치를 혼란에 빠지게 하고 나아가서 테러와 같은 위험을 불러올 수 있다. 그러므로 한국 개신교 보수에 의하면 이슬람의 확산은 한국 사회의 주요 문제 중 하나가 되었다. 구체적으로 개신교 보수는 이슬람의 확산과 동성애를 같은 정도의 위험요소로 인식한다.[54) 예를 들어 한국기독교총연합회 22대 대표회장 후보자였던 순복음교회 이영훈 목사는 다음과 같은 정견 발표를 한다.

---

53) 앞의 책, 87.

54) 그런데 이슬람도 동성애를 인정하지 않는다. 이슬람 국가마다 정도의 차이가 있지만, 이슬람은 꾸란과 모하메드의 말과 행동을 기록한 하디스를 기초로 하여 동성애를 처벌한다. 이영훈 목사뿐만 아니라 개신교 보수진영은 이러한 사실과 관계없이 동성애와 이슬람을 같은 정도의 위험으로 인식하고 있다.

5-2-25. 최근 한국 교회는 이슬람 세력의 확산, 동성애 합법화, 차별금지법 제정 시도 등과 같은 정치·사회적 변화와 이단 집단의 극렬한 활동으로 인해 극심한 도전을 받고 있습니다. 특히 이슬람은 한국을 아시아 지역의 이슬람 확산을 위한 교두보로 삼고 공격적인 포교 활동 및 정치 활동을 펼치고 있습니다. 또한 동성애 합법화는 성 소수자 인권 보호라는 미명 아래 동성애가 국민 정서와 건강에 끼치는 해악을 묵과한 채 시도되고 있습니다. 동성애, 동성결혼은 한국 전통적 사상과 윤리에 위배되고, 가정파괴와 갈등의 원인, 그리고 기독교 신앙에 근본적 어긋남으로 어떤 경우에도 허용되어서는 안 됩니다(한국기독교총연합회, "22대 대표회장 선거 후보자 이영훈 목사 정견 발표", 2017.01.25).

또한 개신교 보수는 정부가 불교를 지원하고 개신교를 차별하는 것을 방지하기 위한 필수적인 사항들을 확실하게 요구한다. 그러나 4장 4절의 사회적 행위 차원 분석에서 보았듯이 한국 개신교는 오히려 다종교 상황 속에서 특권 및 특혜를 누려왔다. 그리고 2008년 이명박 대통령의 종교 편향으로 인해 범불교대회가 있었다. 즉, 개신교가 차별을 당하고 있다는 개신교 보수의 인식은 사실과 거리가 있다. 이러한 인식은 종교평화법이 제안되었을 때에도 작동하였다. 이상에서 보았듯이 개신교 보수의 타종교 담론은 위험과 차별을 주장하지만 사실과 다른 부분들이 있다.

## 3. 정리

이 장에서는 개신교 보수가 생산하고 유포한 문화 관련 담론으로서 동성애와 타종교 담론을 분석하였다. 먼저 동성애 반대 담론은 개신교 교리와 관련된 세부 담론들과 사회적 (또는 국가적) 차원에서 만들어진 세부 담론들로 매우 다양하고 폭넓게 확대된 것을 확인할 수 있다. 이러한 세부 담론들은 별개로 각각 있지 않고 상호 연결되어 있다. 이것이 개신교 보수의 동성애 반대 담론에서 나타나는 상호 텍스트성(intertextuality)이라고 볼 수 있다.

개신교 보수의 동성애 반대 담론은 단순히 성 관련 담론이 아니라 교회와 신앙 그리고 정치와 권력에 대한 담론들이 결합하여 거대한 담론이 되었다. 이는 개신교 보수의 동성애 반대 담론에서 나타나는 상호 담론성(interdiscousivity)이라고 볼 수 있다. 그리고 이렇게 확대된 동성애 반대 담론을 만들기 위해 개신교 보수는 다양한 형태의 어법과 양태의 유형을 사용하였다. 개신교 보수는 차별금지법 제정을 막고 동성애와 동성 결혼을 반대에 전방위적으로 나서며 그들이 원하는 결과를 얻기도 하였다. 그러나 북미와 유럽 그리고 한국 사회의 동성 결혼에 대한 수용 정도가 올라가고 있다는 것은 한국 개신교 보수가 맞닥뜨리고 있는 도전이라고 볼 수 있다.

다음으로 타종교 담론와 관련하여 개신교 보수의 이슬람 담론과 불교 담론으로 나누어 보았다. 개신교 보수는 수쿠크, 테러, 결혼, 난민 등에 가려진 이슬람의 실체를 드러내려 한다. 그리고 이슬람의 성장은 정치적 경제적 사회적 위험을 불러올 것이라고 주장한다. 개신교 보수는 이른바 이슬람 실체 담론을 생산하고 유포한다. 그리고 개신교 보수는 정부가 불교를 지원하고 개신교를 차별한다는 인식 아래 불교와의 관계를 설정하고 종교평화법을 반대한다. 이러한 개신교 보수의 타종교 담론은 두 가지 의도를 내재하고 있는 것으로 보인다. 하나는 다종교 사회인 한국 사회 안에서 벌어지는 종교 경쟁에서 승리하는 것이다. 다른 하나는 개신교가 받아온 특혜와 규제 완화를 유지하는 것이다.

# 시민사회와 관련된 쟁점들에
# 대한 개신교 보수의 담론

# 6장 _ 시민사회와 관련된 쟁점들에 대한 개신교 보수의 담론

– 탄핵 촛불, 세습, 종교인 과세, 사립학교법, 역사 교과서

    한국 개신교 보수는 시민사회와 연결되거나 시민사회의 관심을 받고 있는 쟁점들에 대한 담론을 생산하였다. 6장에서는 2000년대 이후 개신교 보수가 시민사회와 관련된 주요 쟁점들에 대하여 생산하고 유포한 담론들을 분석한다. 구체적으로 박근혜 대통령 탄핵 촛불, 담임목사직 세습, 종교인 과세, 사립학교법 개정, 그리고 역사 교과서 국정화와 관련하여 개신교 보수가 생산한 담론들을 분석하려 한다. 개신교 보수가 이러한 시민사회 관련 주요 쟁점들에 대해 어떤 이해와 사회적 구현을 시도하고 이로 인해 무엇을 성취하려 하는지 또는 실제로 무엇을 성취하였는지 담론 분석을 통하여 파악할 것이다. 그리고 나아가서 한국 개신교 보수는 시민사회와

어떻게 엇갈리고 있는지 살펴볼 것이다. 담론 분석을 위해 활발하고 공개적으로 활동하여 사회적 여파를 만드는 교회나 목회자, 교단 그리고 기관이나 연합단체들이 생산 유포한 담론들을 최대한 수집하였다. 그리고 그 담론들을 분류하고 분석하였다. 그중에서 대표적인 것은 직접 인용되었다.

## 1. 박근혜 대통령 탄핵 촛불 반대 담론

박근혜 대통령 탄핵은 정치적인 사건이었고, 2017년 3월 10일 헌법재판소의 판결로 종결되었다. 그리고 탄핵의 과정에서 시민들의 촛불집회는 커다란 영향을 미치었다. 그러나 한국 개신교 보수는 시민사회와는 다른 목소리를 내었다. 한국 개신교 보수는 "대통령 탄핵 무효 국민저항 총궐기 운동본부"(이하 탄기국)이 주도하는 태극기 집회에 적극적으로 참가하였다. 대표적인 예로 헌법재판소의 탄핵 판결(2017년 3월 10일) 이전이었던 2017년 3월 1일에 탄기국이 광화문에서 대규모 태극기 탄핵 반대 집회를 주최하였을 때 한국기독교총연합회는 구국기도회를 같은 장소에서 2시간 전에 개최하고 교인들의 참여를 독려하였다. 안양에 소재한 초대형 교회인 은혜와진리교회(담임목사 조용목)는 참가하는 교인에게 버스를 지원하여 교통편의를 제공하기도 하였다.[1] 그러므로 이 장에서 필자는 탄핵을 시민사회와 관련된 주요 쟁점 중 하나로 보고 분석한다.

---

1) 뉴스타파, 2017년 3월 2일, "3.1절 대규모 탄핵 반대 집회, 교회, 극우 기독교 단체가 채운 숫자는?"

이 장에서 필자는 탄핵에 반대하는 개신교 보수의 담론이 촛불로 대표되는 시민사회의 탄핵 담론과 대립하였다는 것에 기초하여 어떠한 반대 담론을 만들었는지 분석하고자 한다.

정치적 측면에서 보면 탄핵은 커다란 사건이었지만, 그 행정 과정은 큰 문제 없이 거의 일사천리로 진행되었다. 2016년 12월 3일 국회는 더불어민주당, 국민의당, 정의당 및 무소속 의원 171명이 대통령 탄핵을 발의하였다. 그리고 12월 9일 재적 의원 300명 가운데 299명이 투표하여 찬성 234표, 반대 56표, 기권 2표, 무효 7표로 의결되었다. 심지어 당시 여당이었던 새누리당 국회의원 128명 중 62명이 탄핵에 찬성하였던 것으로 밝혀졌다.[2] 이후 2017년 3월 10일 헌법재판소는 만장일치로 탄핵을 결정하였다.

한국의 시민사회는 이러한 과정이 진행되는 동안 탄핵에 대한 높은 찬성을 보여주었다. 〈표 1〉[3]에서 보는 바와 같이 탄핵이 결정되기 전 한국갤럽이 2016년 12월 6일에서 8일까지 실시한 조사와 2017년 2월 28일에서 3월 2일까지 실시한 두 번째의 여론조사 결과에 의하면 전체적으로 찬성의 비율이 81%에서 77%로 감소하였지만, 여전히 높은 수준의 찬성 비율이 나타나고 있다. 남성은 탄핵 찬성이 약간 줄었지만, 여성들의 찬성은 오히려 약간 증가하였다. 연령대를 보아도 60대 이상이 50%대의 찬성을 나타내는 것 외에 전 연령대에서 비교적 높은 탄핵 찬성을 나타내고 있다. 특히 20대, 30대, 40대에서는 90% 전후의 찬성을 나타내고 있다.

---

2) 중앙일보, 2016년 12월 10일, "새누리 128명 중 62명 찬성…그중 친박이 20여 명"

3) 중앙일보, 2017년 3월 3일, "10명 중 7~8명 '탄핵 찬성' … 20~40대는 90%"의 보도내용을 필자가 재편집하였다.

| | 2016년 12월 6~8일 | | 2017년 2월 28일~3월 2일 | |
|---|---|---|---|---|
| | 찬성(%) | 반대(%) | 찬성(%) | 반대(%) |
| 전체 | 81 | 14 | 77 | 18 |
| 남성 | 86 | 11 | 76 | 18 |
| 여성 | 77 | 16 | 78 | 18 |
| 19-29세 | 93 | 2 | 92 | 5 |
| 30대 | 94 | 5 | 95 | 4 |
| 40대 | 92 | 6 | 89 | 9 |
| 50대 | 79 | 17 | 67 | 28 |
| 60대 이상 | 54 | 33 | 50 | 39 |

이러한 시민사회의 강한 탄핵 찬성 경향과 다르게 개신교 보수는 탄핵을 반대하는 활동을 주로 하였다. 6장 1절에서는 이러한 활동들이 진행될 때 만들어진 개신교 보수의 담론을 분석한다. 구체적으로 탄핵 반대 담론의 형태와 그것이 구현하려는 것이 무엇인지 파악한다. 그리고 탄핵 반대 담론이 헌법재판소의 판결로 탄핵이 결정되고 난 후 어떻게 변화하였는지 파악한다.

## 1-1. 박근혜 대통령 탄핵 촛불 시위 반대 담론 분석

### 1-1-1. 텍스트의 장르들

개신교 보수가 사용한 텍스트의 장르들은 주장형, 선동형, 선언형, 염려형 등이다. 먼저 주장형은 탄핵이 국가위기를 가져올 것이라고 말할 때 주로 사용되었다.

6-1-1. 촛불 민심은 다름 아닌 종북 좌파세력의 생각이다. 이번 촛불집회는 민주노총, 전교조, 통합진보당 등 종북 좌파세력이 주도했다, 촛불이 왜 꺼진 줄 아는가. 맨 처음에는 촛불집회가 진실이라고 생각했는데, (시민들이) 종북 좌파란 것을 안 것이다. 그래서 안 나간다 (중략) <u>헌재에서 탄핵이 인용되고 좌파 정권이 들어서면 나라가 망할 수밖에 없다</u>(서경석[4] 목사, 안산 태극기 집회 발언[5], 2017.02.23).

6-1-2. 지난 30년간 양산된 '친북 세력'이 탄핵을 기회로 삼아 대한민국을 전복하고, 친북 세력을 세우려 한다. <u>이들의 시도가 성공하면 대한민국의 자유민주주의는 머지않아 종말한다</u>. 북한과 연방제 통일을 추진하여 한반도에 공산국가를 세울 것이다. 이것은 자유민주주의에 대한 전대미문의 반역이다(장로회신학대 김철홍 교수, 대한민국자유통일추진위원회 포럼 발제[6], 2017.02.10).

---

4) 서경석 목사는 개신교 보수 우익 논평가이며 여러 보수 시민단체들(기독교사회책임 공동대표와 선진화 시민회의 공동대표, 새로운 한국을 위한 국민운동 집행위원장)에서 활동하였다. 서울 조선족교회 담임목사이다. 그는 자신의 홈페이지 "서경석의 세상 읽기"에 지속적으로 정치, 경제, 문화 관련 글을 올리며 한국 개신교 보수를 주도하고 있다.
5) 뉴스앤조이, 2017년 2월 27일, "박근혜 대통령 지키는 목사 3인방 노동·학생운동 출신 인명진·서경석·김철홍… 탄핵 안 돼".
6) 뉴스앤조이, 2017년 2월 10일, "장신대 김철홍 교수 박근혜 대통령 임기 마치도록 싸울 것".

다음으로 탄핵 반대 집회에 참여를 유도하는 선동형이 사용되었다.

> 6-1-3. 지금은 희망적인 징조가 나타나고 있습니다. 애국하는 국민들이 태극기를 들고 나서서 외치고 있습니다. 모이고 있는 횟수가 거듭될수록 더 많이 참여하고 있습니다. 어제는 엄청난 숫자가 모여서 그 끝을 알 수 없을 정도였습니다. 애국하는 국민은 모두 힘을 모여야 합니다. 이 일에 그리스도인이 앞서야 합니다. 본을 보여야 합니다. 그리스도인이 각성하지 못하고 태만하면 우리나라의 존립과 우리 교회의 존립이 위태로운 지경에 처하게 될 것입니다(조용목[7] 목사, 은혜와진리의교회 주일 예배 설교 "부르짖어 기도해야 하는 이유"[8], 2017.01.22).

그리고 선언형은 탄핵을 반대하며 끝까지 싸운다는 것을 밝힐 때 사용되었다.

> 6-1-4. 지금이라도 황교안 총리가 정신 바짝 차리고 촛불집회 하지 말라고 하면 우리도 안 한다 이거야. 왜 나라를 동서남북으로 쪼개놓고 과거에는 경상도 전라도로 쪼개놓더니 왜 이제는 좌파우파로 갈라놓는 일을 왜 하냐 이 말이에요. 이렇게 해가지고 박근혜 대통령이 탄핵이 된다고 생각해보세요. 우리 보수진영들은

---

7) 조용목 목사는 경기도 안양시 소재 초대형 교회인 은혜와진리의교회 담임목사이다.

8) http://www.gntc.net/?page_id=126&board_page=18&vid=34(24분 18초 이후, 2020년 7월 6일 접속)

전국에서 일어나서 마지막까지 끝을 볼 겁니다. 그러니 지금이라
도 총리는 정신 바짝 차리고 양쪽 진영에 공문을 보내고 성명서
를 내서 국민은 생활에 종사하고 열심히 재판을 해서 결과를 받
을 수 있도록 해야 되지 않나 생각합니다(홍재철 목사[9] 8차 탄
핵 반대 태극기집회 발언[10], 2017.01.08).

특히 2017년 3월 1일 광화문에서 개최된 탄기국이 주도하는
태극기 집회 직전과 같은 장소인 광화문에서 열린 구국기도회에서
결성된 '성직자구국결사대'는 선언형을 사용하여 자신들의 의지를
극대화하여 표현하였다.

6-1-5. 우리는 온 애국 국민들이 우려하는 북한 공산세력들과
그에 동조하고 추종하는 세력들을 단호히 배척하며, 그에 따른
필사적 대응에 적극 나설 것이며, 구국 결사대를 중심으로 구체
적인 대형 조직화에 나설 것이다(성직자구국결사대, "결성 선언
문"[11], 2017.03.01).

또한 비박근혜계 여당 의원들의 탄핵 찬성에 대해 대가를 치르
게 하겠다는 결의를 다질 때도 선언형을 사용한다.

---

9) 홍재철 목사는 발언 당시 경서교회(현 솔로몬교회) 당회장이었으며, 2012년부터 2014년까지
   한국기독교총연합회 18대와 19대 대표회장이었다.
10) https://www.youtube.com/watch?v=rmIziG3uVWo(4분 33초 이후, 2020년 6월 29일 접속)
11) https://www.youtube.com/watch?v=VadC-Jv0-jc(3분 44초 이후, 2020년 1월 21일 접속)

6-1-6. '새로운 한국을 위한 국민운동'은 12월 5일, 김무성, 하태경, 주호영, 유승민, 김성태, 나경원, 박인숙, 이종구, 이은재, 정양석 의원 지구당 사무실 앞에서 <u>규탄 집회를 열고 탄핵을 찬성하면 당신을 반드시 퇴출시킬 것임을 굳게 약속할 것입니다.</u> 12월 6일 오후 2시에는 다른 애국단체와 함께 새누리당 당사 앞으로 가서 규탄 집회를 합니다. 12월 7일에는 나머지 탄핵 찬성 의원 규탄 집회를 지역구 사무실 앞에서 가질 것입니다. 촛불세력의 궁극 목표가 박 대통령 퇴진이 아니라 새누리당, 정경유착세력, 친일세력, 보수진영을 짓뭉개어 민중 민주주의 국가를 세우는 것임을 모를 리 없는 비박계 국회의원이 촛불세력과 목숨 걸고 싸울 생각은 하지 않고 대통령이 조기 퇴진을 약속하든 말든 탄핵하겠다며 촛불에 아부하고 있습니다. <u>이러한 겁쟁이들이 우리 보수 애국 진영을 분노로 치를 떨게 만들고 있습니다</u>(서경석 목사, 세상 읽기 제194화 "모이자 12월 6일 오후 2시 여의도 새누리당사 앞 규탄 집회"[12], 2016.12.05).

염려형은 촛불과 태극기 모두를 비판하는 양비론의 태도를 보일 때 사용되었다.

6-1-7. 촛불 시위가 내거는 구호들 '탄핵 안 되면 혁명, 사드 철회, 개성공단 재개, 현금 살포, 무조건 구속, 친일파·군부 무덤

---

12) http://suhkyungsuk.pe.kr/bbs/board.php?bo_table=02_3&wr_id=205&page=7(2020년 1월 21일 접속)

파헤치기' 등은 우리 사회를 분노의 도가니 속으로 몰아넣고 있다. 이를 지지하는 사람들이 많은 듯 보이지만 '헌재 승복, 사드 배치, 대북 제재 지속, 약자 우선 복지, 증거있어야 구속, 과거 아닌 미래 지향'을 원하는 사람들도 결코 적지 않고 점차 커지고 있다. 중도적 합리적 지성을 지닌 자들은 무책임하고 얼굴 없는 대중이 쥐고 휘두르는 사회, 이성 아닌 감정이 지배하는 사회, 부조리를 비합리가 대체하는 사회, 몰상식을 또 다른 몰상식이 끌어내리는 사회를 걱정하고 있다(개혁주의이론 실천학회 샬롬 나비 논평, "촛불과 태극기로 대립된 탄핵 정국을 보면서", 2017.02.16).

### 1-1-2. 텍스트에 나타난 담론들

탄핵 반대 담론은 크게 종북 좌파, 국가위기, 애국, 순교, 양비론, 피해자로서 박근혜 등으로 구성되어 있다. 이를 순서대로 살펴보자. 먼저 개신교 보수는 탄핵을 종북 좌파들에 의한 것이라고 해석한다.

6-1-8. 또 이번 사태는 종북 좌파세력의 난입니다. 소위 촛불 민심이라는 것은 다름 아닌 종북 좌파세력의 생각입니다. 이번 촛불집회는 민주노총, 전교조, 통합진보당 등 종북좌파 세력이 주도했습니다. 이들은 과거 맥아더 동상 철거 집회를 주도했던 세력이고, 한미FTA 반대 투쟁, 광우병 촛불집회, 제주도 해군기지 반대 투쟁 등을 주도해온 세력입니다. 지난 십여 년 동안 기

회가 있을 때마다 나라를 흔들어 온 반대한민국 세력입니다. 이 세력이 JTBC가 조작한 최순실 태블릿 PC에 의한 국정농단 사태를 그냥 지나칠 리가 없습니다. 당장 민중총궐기 투쟁본부를 만들어 촛불 시위를 시작했습니다. 여기에 언론의 왜곡 선동에 놀란 국민이 가세했습니다. <u>그런데 알고 보니 촛불 민심이란 다름 아닌 종북좌파들의 선전선동이었습니다</u>(서경석 목사, 세상 읽기 207화 "사람들이 왜 태극기 집회에 참석해야 하는가"[13], 2017.02.22).

6-1-9. <u>우리나라는 종북 좌파들이 침투하지 않는 곳이 없고, 그 조직과 세력이 막강해져서 국정을 마구 유린하고 있습니다.</u> 불가사의할 정도로 그 세력이 입법 사법 행정부와 언론계 교육계 기업까지 미쳤습니다. 신문과 방송은 왜곡 보도 조작 보도가 없어야 하고 오직 사실과 진실을 보도해야 합니다. 사법기관은 수사와 재판을 통해 실체적 진실을 밝히고 공의로 판결해야 합니다. 법을 만드는 입법 기관은 헌법과 법률을 지키고 수호하는 데 솔선수범해야 합니다. 그렇지 않으면 국민들은 위기감을 느끼게 됩니다. 지금 국민들은 위기감을 느끼고 염려하여 밤잠을 잘 자지 못하고 있습니다(조용목 목사, 은혜와진리의교회 주일 예배 설교, "부르짖어 기도해야 하는 이유"[14], 2017.01.22).

---

13) http://suhkyungsuk.pe.kr/bbs/board.php?bo_table=02_3&wr_id=218&sca=&sfl=wr_subject &stx=%C5%C2%B1%D8%B1%E2+%C1%FD%C8%B8%BF%A1+%C2%FC%BC%AE&s op=and (2020년 1월 21일 접속)

14) http://www.gntc.net/?page_id=126&board_page=18&vid=34(22분 8초 이후, 2020년 7월 6

또한 북한의 위협을 상기시킨다.

6-1-10. 대통령의 직무는 정지되었지만, 황교안 국무총리 권한 대행 체제하에 국정을 하루빨리 안정화시키고 경제회복을 위해 힘쓰며 국내외의 안보 및 보안에 어떠한 문제도 발생하지 않도록 만반의 대비를 해야 한다. 북한의 사이버 테러, 미사일이나 핵 도발의 경계를 소홀히 한다면 탄핵 정국보다 더 위험하고 엄중한 일이 벌어질 수 있음은 자명한 것이다(한국기독교총연합회, "대통령 탄핵소추안의 국회 통과에 대한 한국기독교총연합회의 입장", 2016.12.09).

이러한 종북 담론은 국가위기 담론으로 발전한다.

6-1-11. 공산당이 들어오면 자유민주주의 대한민국은 무너지고, 모든 교회는 문을 닫아야 한다. (중략) 북한 공산 독재 정권을 지지하는 어떠한 세력도 용납할 수 없는 것이 내 개인 신앙의 입장이고, 우리 교회 입장이다(이영훈 여의도순복음교회 담임목사, 광화문 구국기도회 설교[15], 2017.03.01).

6-1-12. 이제 기미년 3 · 1 독립선언 98주년을 맞아서 다시 한번 국가와 위정자들을 위한 기도를 불길같이 일으키는 기회로 삼기

---

일 접속)

15) 뉴스앤조이, 2017년 3월 6일, "이영훈 목사, 장소 겹쳐서 탄핵 반대 집회로 오해받아".

를 결정한다. 북한의 핵 위협은 물론 국제 정세의 변화에 따른 불안감 고조와 최순실 씨 사태에 따른 대통령 하야와 탄핵을 이루고자 하는 악한 시도를 통해서 국민을 불안케 하고, <u>사회적 불안의 요소가 하루가 멀게 확대되고 있는 난국 상황이다. 이 같은 상황을 국가위기 상황으로 판단하고,</u> 한국 교회와 성도들이 대통령과 국가 수호와 사회 환경을 위해 일천만 성도들이 합심으로 기도해야 함은 물론이고, 국가를 수호하고 지키기 위한 기독교 성직자들이 앞장서야 한다는 결의를 다지며, 다음과 같이 한국 기독교 성직자 구국결사대를 결성해 나아가고자 한다(성직자구국결사대, "결성 선언문"[16], 2017.03.01).

그리고 나서 공산주의와 종북주의를 쳐부수기 위한 애국 담론이 등장한다.

6-1-13. 우리는 이런 위기가 전화위복이 되도록 하나님께 부르짖어야 합니다. 적화통일하려고 군사력 점령에 광분하고 있는 김정은 정권과 이 사악한 세력과 손잡고 있는 대한민국 내에 있는 종북 좌파들, 그리고 부화뇌동하는 자들이 무력하게 되고 그들의 터부가 허무하게 되도록 하나님께 호소해야 합니다. 그들이 파놓은 함정에 자신들이 빠지게 되기를 하나님께 호소해야 합니다. <u>기도뿐 아니라 애국자들이 시위에 참여하여 외치는 행동으로도 하나님께 호소해야 합니다.</u> 하나님께서 우리의 부르짖음을 들으

---

16) https://www.youtube.com/watch?v=VadC-Jv0-jc(1분 19초 이후, 2020년 1월 21일 접속)

시고 응답하시면 기이하고 놀라운 방법으로 일을 성취하여주실 것입니다(조용목 목사, 은혜와진리의교회 주일 예배 설교 "부르 짖어 기도해야 하는 이유"[17], 2017.01.22).

이러한 애국 담론은 4장에서 다루었던 정치 담론에서도 등장하였다. 그러나 그때에는 주로 정치권을 향한 애국 담론이었다. 그러나 탄핵 반대 운동에서 나타난 애국 담론은 다르다. 이 탄핵 반대 담론은 정치권뿐만 아니라 탄핵 촛불로 표상되는 시민사회를 향한 것이다. 그리고 4장에서 논의하였듯이 한국 개신교인들은 목사의 정치 참여에 대해 부정적이다. 4장에서 보았듯이 목사의 정치 참여는 교회의 신도 수와 예배 참석자 수에 영향을 미칠 수 있기 때문에 교회 내에서 정치에 대해 언급을 하는 것을 피하려 한다고 추측할 수 있었다. 그런데 탄핵의 경우는 다르다. 앞에서 보았듯이 목회자들은 적극적으로 탄핵을 반대하고 설교 중에 탄핵에 반대하는 시위에 참여하는 것을 독려하였다. 4장에서 저항은 집권 세력과 정부에 대한 저항이었다. 그래서 개교회보다 한국기독교총연합회나 국가조찬기도회와 같은 조직과 기관을 통해 저항과 투쟁을 하였다. 그러나 탄핵의 경우 개신교 보수는 정부가 아니라 시민사회의 탄핵운동을 반대한다. 그런데 앞에서 말하였듯이 개신교는 탄핵운동은 교회의 존립을 위협하는 공산주의자들에 의한 것으로 인식된다. 그러므로 이러한 인식 안에서 개신교 보수는 교인들의 참여와 결집

---

17) http://www.gntc.net/?page_id=126&board_page=18&vid=34(24분 58초 이후, 2020년 7월 6일 접속)

을 유도할 수 있었다.

또한 애국 담론과 함께 순교[18] 담론도 등장한다.

6-1-14. 우리는 하나님께 순교적 각오를 맹세하고 국가가 위기에 처했을 때, 죽으면 죽으리라는 각오로 십자가 국면이 되어 구국 행동의 선봉에 설 것이며, 국내외 전역에서 구국 집회를 통한 애국 운동에 적극 나설 것이다(성직자구국결사대, "결성 선언문"[19], 2017.03.01).

그리고 탄핵 반대가 공산주의와 종북주의 반대가 되어 극단적으로 펼쳐지면서 태극기와 촛불의 갈등이 격화되자 양쪽 모두를 경계하는 양비론이 보수 목회자와 단체에서 등장한다. 목회자로는 소강석 목사가 촛불과 태극기 양측 모두에 대한 양비론을 전개한다.

6-1-15. 저는 촛불집회도 가보고 태극기 집회도 가봤어요. 어쩌면 같은 대한민국이라는 나라 안에서 이렇게 다를 수가 있단 말인가. 그리고 같은 국민이고 민족인데 어떻게 서로가 이렇게 증오하고 정죄하고 폭언을 할 수 있는가. 에덴의 동쪽이 따로 없구나. 가서 보니까. 완전히 다른 나라인 남한과 북한이 대치하는 것보다도, 불과 몇백 미터 놓고 말이죠. 가슴이 아프고 눈물이 났습

---

18) 개신교 보수의 순교하겠다는 담론은 사회 쟁점에 관련한 다른 담론에서도 종종 나타난다. 구체적으로 순교 담론은 동성애, 종교인 과세, 사학법 개정 반대 관련 담론에서도 등장한다. 이에 대하여는 7장에서 다루겠다.

19) https://www.youtube.com/watch?v=VadC-Jv0-jc(3분 10초 이하, 2020년 1월 21일 접속)

니다. 탄핵이 인용이 되었지만 지금도 여전히 앙금과 적대 감정이 고스란히 국민들 속에 남아있어요. <u>절대로 미움과 분노 증오로는 정의를 이룰 수 없다는 사실을 아셔야 합니다</u>(소강석 목사, 새에덴교회 주일 예배 설교 "정의와 사랑이 입 맞추게 하라"[20], 2017.03.19).

그러나 소강석 목사는 이전에는 중립적인 모습을 보이지 않았다. 오히려 그는 2016년 3월 3일 48회 국가조찬기도회 설교에서 박근혜 대통령은 "여성으로서의 미와 덕, 그리고 모성애적인 따뜻한 미소를 갖고 계신다"[21]고 언급하며 자신의 젠더 인식 안에서 박근혜 보수 정권을 적극 지지하기도 하였다.

양비론을 주장한 단체로는 촛불과 태극기의 "연정협치론"을 주장한 샬롬 나비가 있다.

6-1-16. 촛불과 태극기의 대립은 한국과 한국 정치가 거듭날 수 있는 연정(聯政)협치(協治)론을 제시한다. 오늘날 촛불과 태극기의 대립은 해방 후 신탁통치 찬성과 반대의 대립과 같은 양상을 띠고 있다. 이는 결단코 우리 사회가 선진국으로 발전하는 데 바람직하지 않고 우리를 남미처럼 만성 중진국 수렁에 빠뜨릴 수 있다. 촛불은 일부 정치세력의 무책임과 거짓에 대한 분노와 우리나라가 최소한 공의가 하수같이 흐르는 국가공동체가 되기

---

20) https://www.youtube.com/watch?v=5rqq9mymYq0(25분 17초 이하, 2020년 7월 6일 접속)
21) 크리스천 노컷뉴스, 2016년 3월 3일, "국가조찬기도회 설교 소강석 목사 대통령님 여성으로서 미와 덕을 갖추셨다".

를 바라는 염원이 모아져 타오르고 있다. 태극기는 일부 정치세력 때문에 국가의 근간이 흔들리는 것에 대한 불안과 최소한 국가 질서가 위태로워져서는 안 된다는 애국심이 펼쳐져 나부끼고 있다. 촛불과 태극기, 이 둘의 최대공약수는 '나라 꼴이 이게 뭐냐'는 질문과 '나라 꼴을 어떻게 해야 정상화할 수 있을 것이냐'는 질문에 있다. 이러한 대립은 서로의 강점과 약점을 인정하면서 대화와 양보로서 우리 사회를 국민적 대통합으로 나가게 하는 계기와 기회를 제공한다. <u>극단적 대립과 청산 구도보다는 상호 인정과 협력, 해법(解法) 절차가 우리 사회에 요청된다</u>(개혁주의이론 실천학회 샬롬 나비, 논평 "촛불과 태극기로 대립된 탄핵 정국을 보면서", 2017.02.16).

그러나 소강석 목사의 양비론과 샬롬 나비의 협치론은 개신교 보수이든 개신교 진보이든 또는 시민사회에서든 어느 쪽에도 커다란 반응을 얻지 못했다.

다른 한편으로 박근혜 대통령이 피해자라는 담론이 나타난다.

6-1-17. 오늘 이런 상황은 우리 시대의 아픔이다. 그리고 우리 민족의 전체적인 집합적인 상처라고 말하고 싶어요. 왜냐면 박 대통령께서도 한 인간으로만 보면 여러분 우리가 연민을 느끼지 않을 수가 없어요. 한 인간으로만 본다면 그러나 엄연히 법이 있고 정의가 있죠. 한순간 총탄으로 아버지를 잃으셔서 마음에 씻을 수 없는 상처를 입은 거죠. 그 상처가 쌓이고 쌓여서 어찌할

바를 모르고 방황하고 있을 때 사술과 사교를 행하는 사이비 거짓 교주가 접근하게 됩니다. 그리고 그 잘못된 만남은 끊을 수 없는 고리로 연결되어 오늘 여기까지 오게 된 것이지요. 그러므로 <u>그분은 아픈 시대에 태어나 자란 한 인간으로 볼 때는 너무나 큰 상처를 받고 피해자가 된 겁니다</u>(소강석 목사, 새에덴교회 주일예배 설교 "겨울이 오기 전에 2"[22]), 2016.12.11).

6-1-18. 박 대통령의 아빠와 엄마는 비참하게 돌아가셨다. 이 지상에서 그렇게 비참한 불행과 슬픔을 경험한 사람이 몇 명이나 있겠는가. <u>5,000만 민족 가운데 가장 큰 상처를 받았다.</u> 그러니 최태민이를 의지하지 않을 수 없었던 것이다. 미신을 안 믿을 수가 없다. 위로해주니까. 그 외로운 상처를 누가 아는가. 그 아픈 마음을 누가 아는가. 이번에 (대통령이) 담화에서 (최순실을) 의지할 수밖에 없다고 말했다. <u>여러분은 안 그랬겠는가. 울 때 눈물 닦아 주는 분 손을 잡는 거다.</u> 최태민이 손을 잡고, 말하는 대로 움직이지 않을 수가 없었다. 안타까운 일이다(김삼환 목사, 명성교회 주일 설교[23]), 2016.11.06).

### 1-1-3. 텍스트의 스타일들

개신교 보수의 탄핵 반대 담론의 스타일은 탄핵 결정 이전과 이후가 다르다. 탄핵 결정 이전에 개신교 보수는 박근혜 대통령이

---

22) https://www.youtube.com/watch?v=9VhmZBjzfQY (19분 39초 이하, 2020년 7월 6일 접속)
23) 뉴스앤조이, 2016년 11월 14일, "김삼환 목사, 박근혜 대통령, 5,000만 민족 중 가장 큰 상처 받아".

받는 혐의에 대해 인정하지 않았기 때문에 탄핵을 막기 위한 행동을 이끄는 의무 양태의 요구유형을 사용하였다.

> 6-1-19. 안녕하십니까? 서경석 목사입니다. 지금 너무 화급합니다. 12월 9일에 새누리당 의원들이 대통령이 조기하야를 약속하더라도 탄핵하겠다고 결의했습니다. 이런 황당한 일이 결정이 어디 있습니까? <u>탄핵을 반대하는 우파의 목소리가 이들 국회의원들에게 반드시 전달되어야 합니다.</u> 새누리당 탄핵 찬성 의원에게 규탄 전화 혹은 규탄 메시지를 보내야 합니다. 그래서 이들의 핸드폰을 전격 공개합니다(서경석 목사, 세상 읽기 제195화 "새누리당 탄핵 찬성 의원에게 규탄 전화와 규탄 메시지를 보냅시다"[24], 2016.12.06).

그리고 개신교 보수는 박근혜 대통령의 무죄 가능성을 유지하기 위해 그리고 이에 대한 동의를 이끌어내기 위해 인식 양태의 질문유형을 사용하였다. 이러한 태도는 탄핵이 결정되기 전인 3월 초까지 유지된다.

> 6-1-20. 불의를 저지른 게 사실이라면 100만 번 잘못한 것이다. <u>단, 사실인지 아닌지 규명해야 한다.</u> 국정 농단은 언론이 치고 나가면서 검찰에 넘어갔다. 아직 판결은 나오지 않았다. 국회의원

---

24) http://suhkyungsuk.pe.kr/bbs/board.php?bo_table=02_3&wr_id=206&page=7(2020년 1월 21일 접속)

은 죄를 지어도 대법 판결 전까지 일하면서 월급 받는다. (박 대통령이) 죄인인가? 탄핵 판결 때까지 죄인으로 보면 안 된다(최성규 목사, 인터뷰[25], 2017.01.04).

　실제로 개신교 보수는 탄핵 반대 운동 세력인 탄기국과 연합하였다. 탄기국의 탄핵을 반대하는 태극기 집회에 많은 개신교 보수 목사들(서경석, 신소걸, 홍재철, 문제선, 이승현 등)이 연사로 참가하였다.[26] 그리고 이러한 연합의 분수령은 2017년 3월 1일이었다. 이날 광화문 광장은 태극기와 촛불로 양분되었다. 양쪽의 거대한 군중들은 서로 완전히 다른 목소리와 함성으로 광화문을 뒤덮었다. 당시 한국기독교총연합회 대표회장 이영훈 목사(여의도순복음교회)는 2017년 3월 1일 탄기국에서 주도하는 태극기 집회 직전에 열린 구국기도회에서 공산주의를 비판한다. 물론 이영훈 목사는 이에 대한 해명을 언론을 통해 발표한다. 이영훈 목사는 "정치색을 일체 배제한 순수 기도회로 열렸고, 예배 중 단 한 번도 정치적인 선동이나 구호가 나온 적이 없었지만, 장소가 겹치다 보니 함께한 것으로 오해를 받았다"[27]고 주장한다. 그러나 2017년 3월 1일 구국기도회는 이영훈 목사의 해명과는 다른 것으로 보인다. 시사저널[28]은 종교집회임을 내세웠음에도 애국가 제창과 국기에 대한 경례로 행

25) 뉴스앤조이, 2017년 1월 4일, "국민대통합위원장 최성규 목사 박 대통령이 죄인인가".
26) 오마이뉴스, 2017년 1월 14일, "탄핵 기각 집회 나온 목사, 주여 보톡스 안 맞은 자 있습니까?".
27) 데일리굿뉴스, 2017년 3월 5일, "이영훈 목사 3.1절 구국기도회 정치와 전혀 무관".
28) 시사저널, 2017년 3월 22일, "박정희 대통령 은혜를 갚자, 박근혜 대통령을 지켜라!".

사가 시작됐다는 것, 기도회를 위해 만든 무대에 대형교회 목사들과 함께 박사모 회장이며 탄기국 대변인 정광용이 올랐다는 것, 무대 뒤편에 '3·1절 만세운동 구국기도회'라는 현수막 하단에는 '국민총궐기운동본부'라는 문구가 적혀 있었다는 것, 탄핵 반대 집회에 매번 등장했던 대형 성조기도 보였다는 것, 이승만 전 대통령과 박정희 전 대통령 초상화를 들거나, 박근혜 전 대통령 사진을 든 참가자들도 손쉽게 찾을 수 있었다는 것, 그리고 탄핵 반대 집회에 기독교인들이 참석한 것은 이날이 처음은 아니었다는 것을 지적하며 탄기국과 한국기독교총연합회가 연관성을 보인다고 보도하였다.

그러나 개신교 보수는 헌법재판소가 탄핵을 결정하기 직전부터 탄핵 반대에서 탄핵 수용으로 태도를 바꾼다. 이때에도 인식 양태의 진술유형이 사용되었다. 대표적인 개신교 보수 연합 단체로서 정치적인 쟁점들에 대해 매우 적극적인 발언을 하던 한국기독교총연합회의 태도는 이때부터 수용적으로 바뀐다. 이러한 변화는 헌법재판소의 판결 하루 전인 2017년 3월 9일 공식 입장문에서 나타난다.

> 6-1-21. 8인의 재판관이 대한민국의 운명을 결정짓는 것은 결코 아니다. 자신 혹은 자신이 속한 진영이 원하는 결과가 나오지 않는다고 원망하거나 탓하는 일이 있어서도 안 될 것이다. 재판관은 법관으로서의 소신과 책무에 따라 판결하는 것뿐이고, 내일의 대한민국은 국민 한 사람 한 사람이 모두 힘을 합쳐 만들어가야 할 우리의 삶이요 터전인 것이다(한국기독교총연합회, "대통

령 탄핵 심판에 대한 헌법재판소의 판결을 앞두고", 2017.03.09).

## 1-2. 박근혜 대통령 탄핵 촛불 시위 반대 담론의 특징

### 1-2-1. 텍스트 행위 차원

장르에 있어서 탄핵은 기각되어야 한다는 당위형이라든지 탄핵을 기각하라는 명령형 등과 같은 유형을 개신교 보수가 주로 사용할 것으로 추측할 수 있겠지만 실제로는 많이 사용하지 않았다. 탄핵 자체에 대한 반대보다 탄핵을 하면 안 되는 이유와 탄핵이 가져올 결과 즉, 국가위기가 오면 안 되기 때문에 이를 막기 위해 어떤 싸움을 할 것인지 밝힌다. 그리고 이 싸움에 참여를 유도하는 표현들에 적당한 주장형(6-1-1,6-1-2), 선언형(6-1-3), 선동형(6-1-4, 6-1-5, 6-1-6), 염려형(6-1-7) 등을 많이 사용하였다. 스타일은 처음에는 탄핵 반대 운동에 참여하도록 유도하는 의무 양태의 요구유형(6-1-19)과 탄핵 반대의 필연성을 이끌어내는 인식 양태의 질문유형(6-1-20)을 사용하였다. 그리고 탄핵 수용으로 태도를 바꾸었을 때에도 자신들의 수용을 설명하기 위해 진술유형(6-1-21, 6-1-22)을 사용하였다.

### 1-2-2. 담론적 행위 차원

개신교 보수의 탄핵 반대 담론은 탄핵 자체에 대한 반대보다 탄핵이 종북주의자 즉, 공산주의자에 의해서 주도되고 있다(6-1-8, 6-1-9)는 것에 초점이 있다. 그래서 탄핵은 곧 국가위기(6-1-11)

로 인식된다. 탄핵 반대 담론은 4장에서 분석한 정치 담론 즉, 국가 담론과 대통령 담론과 유사한 측면이 있다. 4장의 국가 담론과 대통령 담론에서 반공과 애국이 정치 담론의 중심이라면 탄핵 반대 담론에서도 반공과 애국이 담론의 중심이라고 할 수 있다. 반공주의는 한국 개신교 보수의 특성 중 하나인데 이에 대하여는 7장에서 언급하겠다. 물론 4장의 국가 담론과 대통령 담론과 탄핵 반대 담론은 다른 점도 있다. 4장의 국가 담론과 대통령 담론이 한국기독교총연합회와 국가조찬기도회와 같이 개교회와 교단 밖에서 조직된 연합단체의 담론이라면 탄핵 반대 담론은 앞에서 언급하였듯이 개교회와 연합단체가 탄기국과 같은 우익 세속 단체와 연합하여 생산한 담론이다.

그리고 탄핵을 요구하는 시민들의 촛불과 개신교 보수를 포함한 탄핵 반대하는 세력의 태극기 양측 모두와 거리를 두거나 과열된 상황을 비판하는 양비론도 있다. 그러나 앞에서 말하였듯이 양비론은 양쪽에서 주목을 받지 못하였다. 촛불과 태극기는 이미 극한의 대립을 하고 있어서 양비론은 어느 쪽의 관심도 얻을 수 없었다.

### 1-2-3. 사회적 행위 차원

박근혜 대통령 탄핵 과정에서 개신교 보수는 국정농단을 종북좌파(또는 공산주의)가 일으킨 일이라는 인식(6-1-8, 6-1-9)에서 출발하여, 북한의 위협(6-1-10)을 상기시키고, 마침내 국가위기 담론(6-1-11)으로 발전시킨다. 그리고 다른 한편으로 박근혜 대통령의 범죄에 대한 변론(6-1-20)과 동정론(6-1-17, 6-1-18)을 생산하였다. 나아가서 개신교 보수의 탄핵 반대 담론은 탄기국과 같은 개신교 밖 한국 사회의 보수와 연합하여 담론의 영역이 확장되고 담론의 진리효과가 증가하는 듯했다.

그러나 이러한 모습은 탄핵 결정 이전까지만 그렇다. 탄핵 이전과 이후의 차이가 있다. 처음에 개신교 보수는 박근혜 대통령에 대한 혐의를 인정하지 않았다. 대표적으로 한국기독교총연합회의 변화는 주목할 만하다. 한국기독교총연합회는 탄핵 이전에는 민생, 권력분산, 국가안보를 내세웠다.

> 6-1-22. 이 가운데서 민생은 철저히 도외시되고 대한민국은 한겨울의 한파와 같이 얼어붙고 있다. 이제 국회는 대통령 탄핵 정국에서 벗어나 여야의 협치를 통해 민생을 살리고 경제 살리기에 힘쓰기를 강력히 요청한다. 또한 권력 집중화와 이를 적절하게 견제하지 못하는 시스템의 부재로 인해 이번 사태가 걷잡을 수 없이 커진 것을 교훈 삼아 권력분산, 견제시스템을 구축할 수 있는 근거를 마련하기를 촉구한다(한국기독교총연합회, "대통령 탄핵소추안의 국회 통과에 대한 한국기독교총연합회의 입장", 2016.12.09).

그러나 한국기독교총연합회는 탄핵이 결정되기 전날부터 태도를 바꿔 헌법재판소의 판결을 수용하는 태도를 보인다.

6-1-23. 과정 중에 일어난 여러 양상들은 의견이나 주장을 표현한 수단일 뿐 결론이 아니다. 그러나 10일에는 8인 재판관 체제에서 탄핵 심판은 종결된다. 결론은 분명 하나로 내려질 수밖에 없다. 우리는 어떻게 결정이 되든지 간에 그 결론을 겸허히 수용하고 승복해야만 한다. 이것이 법치주의의 기본이요, 근간이다. 만일 결과를 받아들이지 못한다면 제2, 제3의 분열과 극심한 혼란은 필연적으로 다가오게 된다. 어떠한 결론이 내려지더라도 승복하고 양분된 국민이 아닌 하나로 화합된 국민으로서 내일의 대한민국을 열어나가야 한다(한국기독교총연합회, "대통령 탄핵 심판에 대한 헌법재판소의 판결을 앞두고", 2017.03.09).

또한 탄핵이 결정된 당일 공식 입장문에서 일찌감치 차기 대통령 선출을 언급하며 대통령은 섬기는 자라고 강조한다.

6-1-24. 이제 대통령 궐위에 따라 차기 대통령을 선출하는 과정을 시작해야 한다. 헌재가 대통령 파면을 결정하면서 인정한 '국민주권 위반과 법치주의 위반' 부분에서 알 수 있듯이 나라의 주인은 국민이며, 대통령 역시 국민을 섬김의 자세로 대해야 할 뿐 아니라 그 공무는 투명하게 공개돼 국민의 평가를 받아야 한다는 것이다. 한국기독교총연합회는 앞으로 선출될 지도자는 겸손히 국민을 섬기며, 국민을 위해 일하는 지도자가 되기를 기대한다. 대통령은 국민 위에 군림하는 자리가 아니라 국민이 양도한 권한으로 국민의 뜻을 대행하는 자리이다. 섬김의 마음과 자세를

잃어버린다면 다시금 소수에 의해 다수의 국민이 희생을 당하는 일이 생길 수밖에 없을 것이다(한국기독교총연합회, "헌재의 결정에 대한 한국기독교총연합회의 입장", 2017.03.10).

그리고 마침내 한국기독교총연합회는 박근혜 전 대통령이 탄핵이 결정되고, 이후 구속되자 국민을 칭찬하고 국가의 미래를 언급한다.

> 6-1-25. 대통령 파면과 구속이라는 시대적 혼란 속에서도 동요함 없이 현실을 직시하고, 미래를 준비하는 국민들의 자세를 높이 평가한다. 이것만으로도 대통령 한 사람을 위한 대한민국이 아닌 국민 모두의 대한민국임을 알 수 있는 것이다. 나아가 잘못된 역사를 반복하지 않기 위해서는 과거의 잘못을 알고 이를 고쳐나가려는 노력과 의지가 있어야 할 것이고, 이것이 더 나은 미래를 준비하는 밑거름이 된다는 것을 기억해야 한다(한국기독교총연합회, "박근혜 전 대통령의 구속에 대한 논평", 2017.04.01).

이러한 한국기독교총연합회의 변화는 그들의 담론이 재맥락화(recontextualization)되었기 때문이다. 재맥락화는 상호 텍스트성과 상호 담론성에 의해 담론들 간에 상호 참조하고 상호 침투하여 일어나는 담론의 변화이다. 재맥락화가 진행되면 한 담론이 다른 담론과 연결되어 변화 또는 재구성된다. 한국기독교총연합회는 사회 전체가 촛불과 함께 탄핵을 찬성하고 법적 과정이 마무리되는 맥락

속에서 계속 탄핵 반대에 머무를 수 없었을 것이다. 그래서 한국기독교총연합회의 담론은 촛불 민심과 탄핵 담론에 영향을 받아 탄핵 결정을 수용하는 담론으로 변화하였다고 볼 수 있다.

## 2. 담임목사직 세습 담론

교회 세습은 혈연 관계에 의해 담임목사 자리를 대물림하는 것을 의미한다. 주로 아버지 목사와 아들 목사 간에 이루어지고 있다. 그러나 교회세습반대운동연대에 의하면 세습의 형태는 여러 가지가 있다. 부자지간에 직접 세습(부자 세습)하는 경우, 장인과 사위 간 세습하는 경우(사위 세습), 담임목사직을 교환하는 간접적인 경우(교환 또는 교차 세습), 교인을 나누어 분립하거나 새로운 교회를 세워 교인들이 이동하는 경우(지교회 세습), 그리고 할아버지와 손자 간 세습하는 경우(징검다리 세습) 등이 있다.[29]

세습 관련 논란은 최근에 나타난 것이 아니다. 이미 1990년대부터 대형교회의 담임목사직 세습은 논란이 되어왔다. 그래서 기독교대한감리회는 2012년에, 한국기독교장로회와 대한예수교장로회 통합은 2013년에 세습금지법을 제정하였다. 그러나 대부분의 개신교 교단들은 세습금지법을 제정하지 않았다. 교회세습반대운동연대에 의하면 2013년 3월 12일부터 2017년 11월 10일까지 서울에서 55개 교회, 경기도와 인천 지역에서 58개 교회, 충청도와 대전 지역에서 18개 교회, 전라도와 광주 지역에서 6개 교회, 경상북도와

---

29) http://www.seban.kr/home(2020년 4월 30일 접속)

대구 지역에서 4개 교회, 그리고 경상남도와 부산에서 경남 2개 교회를 포함하여 전국적으로 143개 교회에서 세습이 이루어졌다.[30]

그리고 최근에 들어와 대한예수교장로회 통합 소속 초대형 교회인 명성교회 담임목사직 세습 논란이 가장 주목을 받았다. 이 과정을 간략히 살펴보자. 먼저 김삼환 목사가 2015년 12월 퇴임하고 나서 2017년 3월 19일 명성교회가 아들 김하나 목사를 담임목사 청빙하기로 결의하였다. 이후 10월 24일 서울 동남노회에서 김하나 목사 청빙안이 가결되고, 11월 12일 김하나 목사가 명성교회 위임목사로 부임하였다. 그러나 '서울동남노회정상화를위한비상대책위원회(이하 비상대책위)'는 노회 재판국에 김하나 위임목사 청빙 결의 무효소송을 제기하였다.

이후 2018년 8월 7일 노회 재판국은 명성교회 김하나 위임목사 청빙 결의가 적법하다고 판결하였다. 그리고 동남노회 재판국은 비상대책위 목사 4명을 출교 조치하고, 목사 9명을 견책 처분하였다. 그러나 9월 13일 제103회 교단총회는 김하나 위임목사 청빙 결의에 대한 무효소송 판결을 인정하지 않고 재심으로 환송하였다. 그리고 나서 같은 해 12월 4일 교단 재판국은 명성교회 김하나 위임목사 청빙 결의 무효소송 재심을 결정한다. 이렇게 세습 논란이 정점에 있던 2018년 12월 20일에 '예장통합정체성과교회수호연대'라는 단체가 만들어졌다. 이 단체는 제103회 교단총회는 교단 헌법 위반 즉, 위헌이라고 주장하였다. 그러나 2019년 8월 5일 교단 재판국은 명성교회 김하나 위임목사 청빙 결의 무효소송 재심에서 청빙

---

30) http://www.seban.kr/home(2020년 4월 30일 접속)

결의는 무효라고 판결한다. 이렇게 명성교회 세습은 교단 내에서 법적 공방과 내분 양상으로 이어지다가 결국 2019년 9월 26일 제104회 교단총회는 명성교회의 부자 세습을 인정하는 내용이 담긴 '명성교회 수습안'을 의결함으로써 논란이 일단락된다.

이러한 명성교회 세습의 과정에서 대한예수교장로회 통합뿐만 아니라 다른 교단과 단체들도 많은 담론들을 생산 유포하였다. 6장 2절에서는 주로 명성교회 세습과정에서 생산 유포된 담론들을 분석하여 개신교 보수가 어떻게 세습을 이해하고 정당화하려 하는지 분석한다.

### 2-1. 담임목사직 세습 담론 분석

#### 2-1-1. 텍스트의 장르들

담임목사직 세습 관련 담론에는 주로 '세습이 왜 안 되는가'라는 식의 반문형과 세습은 잘못되지 않았다고 설명하는 설명형이 가장 많이 사용되었다. 그리고 그다음으로 비판형이 사용되었다.

반문형은 세 가지 목적에서 사용되었다. 먼저 세습이 도대체 왜 나쁘고 무엇이 잘못되었다는 것인지 정면으로 반박할 때 반문형이 사용된다.

6-2-1. 그런 면에서 우리 교회는 세습인 것이다. 오는 세대에 이 교회를 물려주어야 한다. 자녀들이 다 여기서 자라고, 또 우리 자녀들의 자녀가 여기서 자란다. 창세기에 나와 있는 생육하고 번

성하라는 말씀처럼 영원히 이 교회에서 자녀들을 낳고 기르고 낳고 기르고. 그래, 우리 세습이다. 왜? 뭐 어쩌라고? 뭐 어쩌라고? 성경을 보니까 하나님과 예수님이 승계했다. 하나님이 하는 일을 예수님이 받아서 했다. 만약 하나님 하고 예수님과 관계가 끊어지면 어떻게 하나. 기독교가 꽝이 된다. 기독교가 아무것도 아니게 된다. 왜 원로목사하고 담임목사를 갈라놓으려고 하는 것인가. 무엇 때문에. 그분들이 무엇을 잘못했다고. 아니, 무엇을 잘못했다고(고세진 전 아세아연합신학대학교 총장, 명성교회 주일설교 "선과 악을 섞지 말라"[31], 2018.07.29).

① 교회의 절대다수의 성도들이 환영하고, ② 그 공동체의 전통을 계승하여 전체의 화목을 이루고, 혹시 있을지 모르는 불협화음을 차단할 수 있다면, ③ 그리고 영성이나 실력이나 신앙 인격이 잘 준비된 최상의 적임자임에도 오로지 직계 후손이라는 구실 때문에 배제한다면, ④ 그리고 공동체와 관계도 없는 이런 반대 단체들의 막무가내식 반대와 방해로 포기해야 한다면 이보다 더 어리석고 비상식적인 일이 어디 있는가(박승학 목사, 한국기독교총연합회 언론위원장 뉴스앤조이 기고문 "아들이 후임자되어 성장하는 교회 얼마나 많은가", 2017.04.12).

다음으로 개신교 보수는 반문형을 세속적 가치로 세습을 보지

---

31) 뉴스앤조이, 2018년 7월 30일, "그래 우리 세습이다 어쩌라고? 고세진 전 ACTS 총장 하나님도 예수님에게 승계 세습 옹호".

말라는 주장을 하기 위해 사용한다.

> 6-2-2. 부자 교회라도 가난할 수 있으며, 가난한 교회라도 부할 수 있습니다. 즉, 부자 교회도 여러 가지 영적 부패, 영적 가난, 윤리 도덕적 타락, 성도들의 분열 등 이루 말할 수 없는 상처와 아픔이 있을 수 있습니다. 그런데 예를 들어 아들이 후임으로 그 교회의 모든 상처와 아픔을 안고 교회로 갔다면 그때도 물질적인 잣대로만 재단하며 그 아들을 비판할 것입니까? 반면에 비록 물질은 없을지언정 정과 사랑이 넘치는 소위 '가난한 교회'가 있다면 그곳으로 가는 후임자는 단순히 물질적으로 큰 대우를 받지 못할 것이라는 예측 하나로 찬사를 보낼 것입니까? 이 얼마나 기독교의 숭고한 가치가 자본주의로 물들면서 세속화되고 있는 것입니까? 소위 '세습'이 세속화된 것이 아니라 '세습'을 세상의 가치로 판단하며 비판하는 사고와 행위가 세속화된 것임을 말하지 아니할 수 없습니다(한국기독교총연합회 성명서, "담임목사 청빙 관련 기윤실 입장 표명에 대한 한국기독교총연합회의 입장", 2012.07.26).

마지막으로 반문형은 한국 개신교의 대표적인 보수 단체인 한국기독교총연합회가 개신교 진보 단체인 기독교윤리실천운동과 논쟁할 때에도 사용된다. 한국기독교총연합회는 기독교윤리실천운동이 발표한 성명서에 하나하나 번호를 달아 반대하며 반문한다.

6-2-3. 4. 기윤실에 속해 있는 목회자 가운데 우리나라에서 손꼽히는 대형교회에서 목회를 하시는 분들이 있습니다. <u>그분들은 과연 막대한 부와 명예를 가지고 있습니까?</u> 5. 만약 없다고 한다면 예컨대, 그분들의 후임으로 아들이 청빙된다고 하더라도 <u>부와 명예를 가지지 못하는 것 아니겠습니까?</u> 6. 만약 중대형 교회에 막강한 부와 명예가 있다고 생각한다면, 기윤실은 <u>그 부와 명예를 혈연관계가 아닌 제3자가 가져야 한다고 생각합니까?</u> 기윤실은 대답해야 할 것입니다. 7. 만약 중대형 교회가 기윤실이 표현한 대로 "막대한 부와 권력을 가진" 교회라고 한다면 기윤실 내의 목회자들 역시 막대한 부와 권력을 가졌다는 것이 됩니다. 혹 우리는 깨끗하고 너희는 더럽다는 식의 일방적 비방은 아닐 줄 압니다(한국기독교총연합회, 성명서 "담임목사 청빙 관련 기윤실 입장 표명에 대한 한국기독교총연합회의 입장", 2012.07.26).

설명형은 적법하게 세습하면 문제가 되지 않는다고 주장할 때 사용된다.

6-2-4. 저는 담임목사가 개척을 하였기 때문에 의례적으로 그의 아들이 승계를 받는 것이 아니라, 교인들이 정말 학수고대하고 적법한 절차를 따르며 과정에 문제가 없다면, 그것까지 비판을 해야 하는지 의문입니다. 교회의 주인이 하나님이라는 사실을 분명히 인정하고, 교회의 주인 되신 하나님의 뜻이 당회와 공동의회라는 정상적 과정을 거쳐서 무리 없이 통과된 것이라면 고

의적으로 비난할 필요가 없다는 것이죠. 자칫하면 성경보다는 시대사상과 시류에 편승하는 우를 범할 수도 있을지 모르겠습니다 (소강석 목사, "명성교회 세습에 대한 생각 밝혀"[32], 2018.09.09).

또한 설명형은 세습을 세속적 가치가 아니라 성직이라는 관점에서 보아야 한다고 말할 때 사용된다. 이러한 설명형의 사용은 설득하는 기능을 하든지 또는 세습에 대한 부정적이고 비판적인 평가를 중화시키는 기능을 하는 것으로 보인다.

6-2-5. 그러나 성경적으로만 보면 세습은 좀 애매한 부분이 있기도 합니다. 왜냐면 성경에서 세습을 하면 나쁘고, 세습을 안 하면 선하다는 기준 자체는 없기 때문이죠. 구약싱경을 보면, 선지자는 대물림을 하지 않았지만 제사장은 대물림을 하였습니다. 오늘날 목사는 선지자적 역할도 하지만 제사장적 기능을 하고 있는 영적 지도자입니다. 그러기 때문에 성경 자체는 세습을 정죄하거나 허용하는 식의 잣대로 흘러가지 않습니다. 중요한 것은 그 정신과 과정이라고 할 수 있습니다(소강석 목사, "명성교회 세습에 대한 생각 밝혀"[33], 2018.09.09).

그러나 이미 내려진 결정이나 세습방지법과 같은 강제력이 있는 사안에 대해 적극적으로 반대할 때 개신교 보수는 비판형을 사

---

32) 크리스천투데이, 2018년 9월 9일, "소강석 목사, 명성교회 세습에 대한 생각 밝혀".
33) 위의 보도.

용한다. 예를 들어 "예장통합정체성과교회수호연대"는 성명서에서 103회 총회에서 명성교회 김하나 목사 위임을 재심 환송 처리한 것은 교단 헌법을 위반한 것이라며 강력하게 비판한다.

> 6-2-6. 하나, 우리는 교단의 정체성 회복과 법질서가 바로 서도록 요청한다. 근자에 예장 통합 총회는 불법과 탈법으로 얼룩져 왔으며, 제103회 총회는 여론에 편승하여 그리스도의 몸 된 지체(肢體)인 특정 교회의 자유를 훼방하고 교단의 헌법과 규칙 및 절차를 유린한 총회였음을 지적하지 않을 수 없다. 우리는 헌법을 위반한 제103회 총회를 규탄한다(예장통합정체성과교회수호연대, "성명서", 2018.12.20).

### 2-1-2. 텍스트에 나타난 담론들

세습 관련 담론은 대형교회 파괴, 마귀론, 교회의 특수성 주장, 세습금지법 비판, 승계론, 청빙론, 역차별 등으로 구성되어 있다. 먼저 주목할 만한 담론은 바로 대형교회 파괴 담론이다. 대형교회 파괴 담론은 교단을 포함한 교회의 내부와 외부 모두에서 오는 공격이라고 규정한다.

> 6-2-7. 교회는 영원합니다. 그러나 그 교회가 소속된 교회 공동체는 끊임없이 교회 내부와 외부로부터 공격을 받습니다. 보십시오. 우리 교단뿐 아닙니다. 다른 교단도 대형교회를 무너뜨리려고 합니다. 우리 교단도 대형교회를 무너뜨리려고 합니다. 음부

의 권세가 교회 공동체를 파괴 분열시키려고 있습니다. 교회 안에 불의한 세력이 교회 밖에 믿음과는 아무런 상관없는 언론과 힘 있는 단체들을 끌어들여서 정의라는 이름으로 교회 공동체를 분열 파괴시키려고 엄청난 공격을 해 옵니다(최경구 목사, "예장통합정체성과교회수호연대 창립총회 설교"[34], 2018.09.17).

나아가서 대한예수교장로회 통합 총회장을 역임한 이광선 목사는 대형교회 파괴 담론을 마귀론으로 연결한다.

6-2-8. 특정 교회를 무차별 비난 비판하는 것은 한국 교회 복음 전파를 위하여 백해무익한 것입니다. 성경에 땅에 있는 교회: 양과 염소, 곡식과 가라지가 공존하는 교회: 땅에 있는 교회는 보편적인 교회이지 완전히 거룩한 교회는 결코 아닙니다. 그럼에도 불구하고 지상에 있는 건강한 교회를 파렴치한 악의 집단, 불의한 공동체, 성직 독식, 재산 사유화, 탐욕, 맘몬숭배 교회로 매도하는 것은 사탄의 유혹, 속임수에 놀아나는 꼴입니다. 귀신들린 사람들이 제 몸을 돌로 치는 자조, 자학, 자해 행위와 같습니다(막5:5). 현대판 디지털 바리새인들이 교회를 마구잡이로 싸잡아 지나치게 무차별 비난 비판하는 것은 교인, 교회, 총회, 한국 교회, 복음전파를 위하여 백해무익한 것입니다(이광선 목사, 뉴스 에이, "명성교회 사태에 대한 특별기고문", 2018.09.17).

---

34) 기독공보, 2018년 12월 20일, "예장통합정체성과교회수호연대, 12월 20일 창립총회".

세습 논란의 당사자인 명성교회 김삼환 목사도 마귀를 언급한다.

6-2-9. 마귀가 우리를 넘어뜨리려 한다. 마귀가 여러 경로로 시험을 주고 있다. 우리 교회를 완전히 죽이고 멸하려 한다. 마귀가 역사하면 사위도 형제도 보이지 않는 법이다. 그들은 우리를 완전히 죽이고 짓밟고 없애려고 한다. 명성교회가 가만히 있어서는 안 된다. 잊으면 안 돼요(김삼환 목사, 명성교회 새벽 예배 설교[35], 2018.09.13).

다음으로 개신교 보수의 세습에 대한 담론은 교회의 특수성[36]을 강조한다.

6-2-10. 우리는 교회의 특수성을 간과한 채 교회를 비난하고 비판하는 언론들을 배격한다. 공영방송을 비롯한 일부의 종편방송들 그리고 인터넷 언론들의 기독교에 대한 비방들과 사실을 충분하게 확인하지도 않은 채 제보들에 의존하여 교회를 폄하해왔던 언론들의 행태들을 규탄한다(예장통합정체성과교회수호연대, "성명서", 2018.12.20).

---

35) 한겨레신문, 2018년 9월 14일, "세습 제동 걸린 명성교회 김삼환 목사, 반대파 향해 마귀".
36) 개신교 보수는 종종 교회(또는 종교)의 특수성에 대해 강조를 한다. 종교인 과세와 사학법 개정 반대와 관련된 담론에서도 교회의 특수성을 강조하였다. 이것이 어떤 의미인지 7장에서 살펴보겠다.

또한 개신교 보수가 생산한 담론은 세습금지법 자체에 대한 비판을 포함한다. 예장통합정체성과교회수호연대는 세습금지법은 세속법이라고 비판하였다. 그리고 제103회 총회 헌법위원회는 헌법 위반이라고 주장한다.

> 6-2-11. 헌법 제28조 6항은 진리가 아니다. 변할 수 있는 것이고, 세속법이다. 소위 세습방지법이라고 떠들어 대며, 정확한 법 적용이 아닌 '은퇴하는 목사와 은퇴한 목사'의 차이도 구별하지 못한다. 특히 명성교회 위임목사 청빙의 경우에는 적용 대상이 아니다.[37]

명성교회 세습 논란의 진행 과정의 핵심적인 논쟁점은 교단법과 그 해석이다. 구체적으로 대한예수교장로회 통합 교단 헌법 제28조 6항 "은퇴하는 목회자 자녀는 해당 교회의 목회자가 될 수 없다"와 관련하여 명성교회 김삼환 목사는 "은퇴하는" 목사가 아닌 "은퇴하고 2년이 지난" 목사이므로 문제가 되지 않는다고 변호하는 지점에서 첨예한 대립이 나타난다. 나아가서 헌법 조항을 부당하게 지켰다는 특이한 주장이 나온다.

> 6-2-12. 헌법 정치, 권징 모두 합해서 170여 개나 되는 조항을 다 지켜야 하는데, 왜 세습에 관한 규정인 28조 6항을 지키기 위해 다른 걸 깡그리 무시하는지 이해 가지 않는다. 세습 강행하면

---

37) 뉴스앤조이, 2018년 6월 1일, "서울 동남노회 재판국 "세습방지법은 세속법, 진리 아냐".

교회가 과연 하나님의 사역을 할 수 없는 것인가(이정환 목사, 예장통합정체성과교회수호연대 창립총회 발제[38], 2018.12.20).

이상의 총회의 헌법 위반과 적용의 부당함에 대한 논란은 결국 교단 헌법으로 교단 헌법을 비판하는 모양새가 된다. 또는 교단 헌법으로 교단 헌법을 부정하는 것처럼 보인다. 그렇다면 교단 헌법 조항들이 서로 상충한다고 주장할 만한데 이러한 주장은 없다.

교단 헌법이 흔들리니 성경의 권위를 가져오려고 한다. 하지만 성경에는 세습을 금지하는 내용이 없다. 그런데 성경에 나오지 않는다는 이 사실에서 개신교 보수만의 특별한 논리가 만들어진다. 그것은 바로 성경에 세습 금지가 없으므로 세습을 하지 않아야 하는 근거가 없고 나아가서 세습을 막아야 하는 정당성이 없다는 것이다. 그러므로 개신교 보수는 세습은 문제 삼을 수 없다고 본다. 이러한 예로서 앞에서 인용한 소강석 목사와 함께 한국기독교총연합회의 주장이 있다.

6-2-13. 교회 후임자를 정하는 데 있어서 육체적 혈연이 하나님의 뜻과 성령의 역사에 어긋난다는 어떤 성경적 근거도 찾아볼 수 없습니다. 오히려 성경과 반한 것이 아니라면 성령의 자유로운 역사 속에서 후임자를 선정할 수 있어야 합니다. 이러한 관점에서 본다면 후임자는 혈연관계일 수도, 가난한 자일 수도, 부

---

38) 기독일보, 2018년 12월 21일, "교인들 결의에 따라, 세습 결정한 특정 개교회의 자유 존중해야".

한 자일 수도 있는 것입니다. 성령의 역사를 인본주의인 관점에서 제한하지 말아야 합니다(한국기독교총연합회, 성명서 "담임목사 청빙 관련 기윤실 입장 표명에 대한 한국기독교총연합회의 입장", 2012.07.26).

대한예수교장로회 대신의 경우는 매우 적극적으로 성경에 나오지 않는다고 주장한다.

6-2-14. 성경은 담임목사직의 승계방식에 대해 명시하지 않고 있다. 성경은 목사직에 관하여 단 한 차례(엡 4:11)만 언급하고 있을 뿐이고, 장로나 감독의 자격을 말하는 성경 본문들은 승계방식에 대하여 상세한 지침을 주고 있지 않다. 그것은 자녀 승계에 대해서도 마찬가지이다(딤전 3:1-7, 딤후 2:24-26, 딛 1:5-9). 이처럼 성경이 담임목사직 승계방식에 대하여 명시하지 않으므로 교회는 교단 헌법에 따라 교회의 덕과 질서를 세우는 범위에서 공동회의 의결로 자유롭게 담임목사를 청빙 할 수 있다(대한예수교장로회 대신, "담임목사직 승계에 대한 총회의 입장", 2018.01.11).

나아가서 대한예수교장로회 대신은 세습 대신 승계로 용어를 바꿔 부정적 이미지를 지우려 한다.

6-2-15. 세습이라는 용어 사용을 금하며 신앙적 관점에서 승계

라고 부른다. 세습이라는 단어에는 재산 직분 직업 등을 한 집안에서 자손 대대로 물려받음이라는 의미가 있다. 그러나 장로교 헌법은 목사에 대해 그리스도의 양인 교인을 감독하는 목자며, 교회 안에서 그리스도께 봉사하는 자이므로 그리스도의 종이자 그리스도의 사역자라 하며 (중략) 장로교 헌법에 따르면 목사의 직무에 관련하여 재산과 신분 직업의 세습적 가치를 물려주는 '세습'이라는 단어를 사용하는 것은 적절치 않다(대한예수교장로회 대신, "담임목사직 승계에 대한 총회의 입장", 2018.01.11).

한국기독교총연합회도 세습은 적절한 용어가 아니라고 주장한다.

6-2-16. '세습'의 사전적 의미는 한 집안의 재산이나 신분, 직업 따위를 자손 대대로 물려주고 물려받음을 의미한다. 이 같은 사전적 정의로 비추어 볼 때 '세습'이라는 용어를 교회의 후임 담임 목사를 청빙하는 데 사용하는 것은 적절치 못하다. 교회의 후임 자는 그가 비록 직계 자손이라고 할지라도 부모의 재산이나 신분 등을 물려받는 것이 아니기 때문이다. 교회는 하나님의 것이요, 한 개인의 것이 아닌 교회 공동체 모두의 것이기에 재산과 신분을 물려받는 '세습'이라는 단어는 적절치 못하다(한국기독교총연합회, 성명서 "후임 담임목사 청빙", 2012.07.19).

여의도순복음교회 이영훈 목사도 세습 대신 승계라는 용어를 주장한다.

> 6-2-17. 먼저 세습이라는 용어는 부적절하다. 권력 세습을 떠올리게 한다. 성경을 보면 제사장이 아들에게 승계한다. 세습보다는 승계라는 표현이 맞는 듯싶다. 주변을 보면 후임 담임목사를 잘못 세워 교회가 분열되고 혼란과 고통을 겪는 경우가 많다. 적합한 인물이 아닌데도 담임목사가 자식을 무리하게 후임에 앉히면 교회가 큰 어려움에 처한다. 반대로 능력을 갖춘 적합한 인물임에도 가족이라는 이유로 무조건 배제하는 것도 옳지 않다. 나라 주권이 국민에게 있듯, 교회 후임자도 구성원들이 추천해 선정한다면 전임 목사 가족이든 아니든 상관없다고 본다(이영훈 여의도순복음교회 담임목사, "신동아 인터뷰", 2018년 11월호).

한국기독교총연합회는 여기서 한 걸음 더 나아가 청빙이라는 용어 사용을 주장한다.

> 6-2-18. 청빙은 '부탁하여 부름'이라는 의미로 청빙의 대상은 자격이 된다면 누구에게나 해당된다. 또한 대부분의 교회는 지금도 후임 담임목사를 청빙할 때 교회의 형편과 법을 따라 위원들을 구성하고, 청빙 목회자 후보를 추천받거나 지원받는다. 법과 절차에 따라 후임 담임목사를 세우는 것이 원칙이라고 할 수 있다. 그러므로 기윤실의 사고처럼 의도적인 비판으로 특정인은 안 된다는 식의 제한은 바람직하지 않다. 이는 오히려 교회의 법과 질

서를 어기고 혼란케 하는 행위라고 할 수 있다. 후임 담임목사의 청빙은 교회마다 적법한 절차에 따라 진행할 것이요, 후임자는 자격이 갖추어져 있다면 누구든지 청빙되어 질 수 있다(한국기독교총연합회, 성명서 "후임 담임목사 청빙", 2012.07.19).

이렇게 되면 세습과 청빙이라는 두 용어가 동의어 즉, 동일한 의미를 갖게 된다. 그리고 세습이라는 언어는 청빙이라는 언어에 흡수되어 부정적 의미도 사라지게 된다.

또한 한국 개신교 보수는 세습 관련 담론에서 역차별[39]을 주장한다.

6-2-19. 직계 후손이라는 이유만으로 무조건 배제해야 한다면, 이것 역시 불공평한 것이며 기회를 박탈하는 것이 아닌가. 그렇다면 이것도 옳지 않은 것이 틀림없다. ① 교회의 절대다수의 성도들이 환영하고, ② 그 공동체의 전통을 계승하여 전체의 화목을 이루고, 혹시 있을지 모르는 불협화음을 차단할 수 있다면, ③ 그리고 영성이나 실력이나 신앙 인격이 잘 준비된 최상의 적임자임에도 오로지 직계 후손이라는 구실 때문에 배제한다면, ④ 그리고 공동체와 관계도 없는 이런 반대 단체들의 막무가내식 반대와 방해로 포기해야 한다면 이보다 더 어리석고 비상식적인 일이 어디 있는가(박승학 목사, 뉴스앤조이 기고문 "아들이 후임자

---

[39] 개신교 보수의 차별 또는 역차별 주장은 동성애, 타종교, 종교인 과세, 역사 교과서 국정화와 관련 담론에서도 사용되었다. 이에 대해서는 7장에서 다시 논의하겠다.

되어 성장하는 교회 얼마나 많은가", 2017.04.12).

6-2-20. 성도의 기본권을 침해하고 목회자 자녀에 대한 역차별을 초래하는 세습금지법은 용어 면에서나 내용 면에서 장로교 헌법에 적합하지 않음을 천명한다. 교회는 그리스도의 몸으로서 어떤 한 개인에게 귀속될 수 없다. 자녀가 담임 목사직을 승계하는 것이 마치 교회의 재산권을 넘기는 것으로 여기는 것 자체가 세속적이고 비성경적이다. 담임목사는 하나님께서 잠시 성도들을 맡긴 청지기에 불과하다. 역사적 개혁주의 교회론과 정통 장로교의 헌법도 이를 지지하고 있다(대한예수교장로회 대신, "담임목사직 승계에 대한 총회의 입장", 2018.01.11).

### 2-1-3. 텍스트들의 스타일

개신교 보수는 세습 담론에서 주로 인식 양태의 진술유형을 사용하여 교회가 공격을 받고 있지만 무너지지 않을 것이며 교회가 흔들려도 구원의 확신을 가져야 한다고 말한다.

6-2-21. 진정한 교회는 아무리 분열 파괴시키려고 해도 절대로 음부의 권세가 이기지 못합니다. 그러면 그럴수록 진정한 교회는 더욱더 단단해지는 것입니다. 반석 위에 세운 집같이 무너지지 않습니다. 여기 모인 분들이여! 교회 안에서 밖에서 아무리 흔들어도 자신이 주님의 사람으로 진정한 구원을 받았다는 확신이 있으면 흔들려서는 안 될 것입니다. 잠시 흔들려도 다시 일어서야

합니다. 의인은 일곱 번 넘어져도 다시금 일어납니다. 그러나 악
인은 넘어지면 일어나지 못합니다. 알곡은 흔들수록 안으로, 쭉
정이는 흔들면 날아갑니다(최경구 목사, 예장통합정체성과교회
수호연대 창립 예배 설교[40], 2018.12.20).

그리고 개신교 보수는 과정과 절차를 지켜 세습을 진행하면 문
제가 되지 않는다는 것에 전념하여 말할 때 진술유형을 사용한다.

6-2-22. 미국 같은 곳은 민주주의가 성숙한 나라이기 때문에 적
법하게 세습하는 것에 대해서는 자연스럽게 받아들이는 사회 분
위기와 문화가 형성되어 있습니다. 가까운 대만 같은 경우도 마
찬가지이고요(소강석 목사, 명성교회 세습에 대한 생각 밝혀[41],
2018.09.09).

또한 진술유형은 세습이라는 용어의 부적절함과 세습금지법의
문제를 밝힐 때 사용된다.

6-2-23. 세습이라는 단어는 '재산 직업 등을 한 집안에서 자손
대대로 물려받음'이라는 사전적 의미가 있다. (중략) 장로교 헌법
에 따르면 목사의 직무와 관련하여 재산과 신분의 세습적 가치를
'세습'이라는 단어를 사용하는 것은 적절치 않다. '세습'이라는 용

---

40) 기독공보, 2018년 12월 20일, "예장통합정체성과교회수호연대, 12월 20일 창립총회".
41) 크리스천투데이, 2018년 9월 9일, "소강석 목사, 명성교회 세습에 대한 생각 밝혀"

어는 교회를 사유재산으로 보는 잘못된 표현이다. 성도의 기본권을 침해하고 목회자 자녀에 대한 역차별을 초래하는 세습금지법은 용어 면에서나 내용 면에서 장로교 헌법에 적합하지 않음을 천명한다(대한예수교장로회 대신, "담임목사직 승계에 대한 총회의 입장", 2018. 01.11).

그래서 세습이라는 용어 대신 '승계'가 적절한 단어라고 설명할 때 진술유형을 사용한다.

6-2-24. 첫째, 담임목사 청빙은 각 교회의 권한이다. 따라서 교회는 하나님이 맡기신 성도들에 의하여 성경적 가르침과 하나님의 뜻에 따라 운영이 된다. 둘째, 담임목사직 승계는 영적 리더십의 승계이다. 담임목사직의 승계는 성도들을 양육하는 영적 리더십을 이양하는 것이다. 세상적인 재산, 신분, 직업을 이양하는 것이 아니다. 성경에 담임목사는 말씀과 기도에 전념하여 성도들을 양육하는 사역적 권한을 가지며(행 6:4), 교회운영 및 재산, 교회 내 직분 임명은 교회 회원들이 참여하는 공동의회 2/3 이상의 결의를 통해 엄격하게 결정한다(대한예수교장로회 대신, "담임목사직 승계에 대한 총회의 입장", 2018.01.11).

마지막으로 진술유형은 오히려 담임목사의 자녀가 담임목사가 되지 못한 경우 문제가 된 사실들을 열거할 때도 사용된다.

6-2-25. 담임목사 직계가 아닌 후임자를 선택하여 문제를 야기했던 사례들을 살펴보기 바란다. ① 강남중앙침례교회 설립자 김충기 목사는 한국 교회의 선지자요 입지전적인 부흥사로 평가되는 인물이다. 은퇴하면서 제3자의 인물로 후임자를 세우면서 과연 바람직한 결과가 있었는가. ② 영락교회 한경직 목사는 후임을 가장 건전하고 바람직하게 세웠지만 과연 교회가 역동적으로 성장하고 좋아졌는가. ③ 강북제일교회는 윤덕수 목사 소천 후 제3자로 후임자를 세운 후 얼마나 문제가 발생하고 만신창이가 되었는지도 살펴보기 바란다(박승학 목사, 뉴스앤조이 기고문 "아들이 후임자되어 성장하는 교회 얼마나 많은가", 2017.04.12).

## 2-2. 담임목사직 세습 담론의 특징들

### 2-2-1. 텍스트 행위 차원

세습이 왜 안 되느냐는 반문형(6-2-1, 6-2-2, 6-2-3)과 세습은 잘못되지 않았다는 설명형(6-2-4, 6-2-5), 그리고 세습방지법이 교단 헌법 위반이라는 비판형(6-2-6)의 사용은 세습을 옹호하고 세습반대를 비판하기 위한 것이다. 나아가서 세습방지법이나 총회 재판국의 판결을 불법화 또는 위헌화할 때 개신교 보수가 사용하는 비판형은 세습을 교단총회의 지도와 통제를 따르지 않으며 교단의 법과 치리를 넘어서 실행할 수 있다는 것을 보여준다. 스타일은 주로 인식 양태 진술유형을 다섯 가지 목적에 전념할 때 사용되었다. 구체적으로 "흔들려서는 안 된다"(6-2-21), "과정과 절차 지키면 된다"(6-2-22), "세습 용어의 부적절함과 세습금지법의 문제"(6-2-23), "세습이 아니라 승계"(6-2-24), "담임목사 자녀가 담임목사가 되지 못했던 경우 발생한 문제 열거"(6-2-25) 등이다.

### 2-2-2. 담론적 행위 차원

개신교 보수가 생산 유포한 세습 담론은 주로 세습의 정당화이다. 그러나 개신교 보수는 세습 자체를 직접 변론하여 정당화하기보다 정당화를 유도할 수 있는 쟁점을 제기한다. 그 쟁점이란 "대형교회 파괴"(6-2-7), "마귀의 시험"(6-2-8, 6-2-9), "교단 헌법을 제대로 적용하지 않는다"(6-2-11, 6-2-12), "성경에 세습 금지는 안 나온다"(6-2-13, 6-2-14), "목회자 자녀에 대한 역차별"(6-2-19, 6-2-20), "실제로 세습을 하지 않고 청빙한 교회들에 문제가 많다"(6-2-25) 등이다. 그런데 이러한 담론들은 진리효과[42]가 약하여 시민사회 안에서 받아들여지기 어려워 보인다. 다시 말해 개신교 보수의 세습 담론은 그들의 사회적 권력이 작동하여 진리(또는 당연한 것)로 승인되거나 또는 그들의 권위로 인해 설득의 논리가 강력해 보여야 하는데 그러지 못하고 있다. 예를 들어 성경에서 세습에 대한 명시적 근거를 제시하지 못하고 단지 세습 금지가 나오지 않으니 세습은 허용될 수 있다는 변론은 자의적인 확대 해석처럼 보이기 때문에 시민사회 전체에 확산되기 어려운 문제점이 있다.

나아가서 어려운 시골 교회를 세습하는 것도 비난할 것이냐는

---

42) 1장에서 푸코의 논의를 중심으로 논의한 진리효과 관련 내용을 참조하라.

반론도 있었다.

6-2-26. 이를 무시한 채 중대형 교회에 가게 되면 부와 명예를 얻을 수 있고 그 부와 명예를 자손이 얻는다는 이유로 소위 '세습'을 반대하는 기윤실은 얼마나 세속적인 잣대로 목회자의 숭고한 부르심을 판단하고 있는 것인가! 세습이라는 말 자체에 '자손이 대를 잇는다'라는 것이 전제되어 있다면, 기윤실은 예컨대 <u>'시골 교회의 쓰러져 가는 교회에서 아버지가 설교했던 눈물의 낡은 강단을 닦고 그 길을 이어서 가려 하는 아들'</u>에게도 비난을 <u>퍼부을 것인가!</u>(한국기독교총연합회, 성명서 "후임 담임목사 청빙", 2012.07.19).

그러나 이러한 반론은 논점을 벗어난 것처럼 보인다. 개신교 진보진영과 시민사회에서 비판받는 것은 중대형 교회 이상 특히 대형교회의 세습이기 때문이다.

결국 개신교 보수의 세습을 정당화하는 세부 담론들은 각각 자체적으로 문제가 있고 그러다 보니 세부 담론 간 상호 연결도 잘되지 않는 것처럼 보인다. 즉, 세습 관련 세부 담론들은 개별적으로 설득력이 높지 않고 또한 서로 잘 연결도 되지 않아서 상호 텍스트성과 상호 담론성이 잘 나타나지 않는다. 다시 말해 대형교회 파괴, 마귀의 시험, 교단 헌법 적용 문제, 성경에 없는 세습 금지, 목회자 자녀 역차별 등의 세부 담론들은 서로 연결되지 않아 합체되지 않고 세습의 타당성을 형성하지도 못하고 있다. 이렇게 된 이유는 세습

정당화 담론 자체가 카리스마적 리더십 승계가 어렵다는 것, 개신교 내부에서 일어나는 세습반대 운동, 그리고 개신교 외부 즉, 시민사회의 부정적인 관심 때문이다. 이에 대해서는 아래의 사회적 행위 차원에서 자세히 논의하겠다.

### 2-2-3. 사회적 행위 차원

한국 사회 내에서 세습은 한국 교회 관련 주요 쟁점 중의 하나이다. 빅 데이터를 분석한 한국 교회탐구센터의 보고서에 의하면 2019년 한국 교회 주요 5대 이슈는 "신천지, 전광훈, 목회자 성범죄, 명성교회 세습, 동성애"였다.[43] 이 보고서에 의하면 일반인들의 관심도를 볼 수 있는 본문 수(특정 기간 내 해당 키워드가 포함된 글의 수) 대비 조회 수(특정 게시글을 조회한 수) 분석에서 "목회자 성범죄"가 49.1%로 1위, "명성교회 세습"이 46.8%로 큰 차이가 없는 2위로 나타났다. 이것은 많은 대중에게는 "목회자 성범죄"와 "명성교회 세습"이 중요한 이슈였다고 볼 수 있다.[44] 그리고 이상 다섯 가지는 한국 교회의 긍정적인 측면보다 부정적인 측면에 대한 한국 사회의 관심으로 볼 수 있다. 그리고 그중에서 명성교회 세습은 한국 사회의 큰 관심을 끌었다고 말할 수 있다.

그렇다면 이러한 한국 개신교 보수의 세습 담론은 한국 사회에서 효과적으로 작동하여 세습을 정당화하고 있을까? 이를 확인하기 위해 먼저 한국 개신교 목사에 대한 신자들의 이해를 살펴보

---

43) 한국교회탐구센터, 2020, "빅 데이터로 본 2019 한국 교회 주요 5대 이슈," 1.

44) 위의 보고서 1-2.

자. 서정하의 연구에 의하면 한국 개신교 신자들은 목사의 리더십 중에서 신에게 부여받은 것으로 여기는 초자연적이고 초이성적인 카리스마에 가장 많은 영향을 받는다. 카리스마는 개별 배려, 지적 자극, 상황 보상(리더가 추종자에게 주는 보상)과 같은 다른 리더십보다 더 큰 영향을 미친다.[45] 심지어 한국 개신교 목회자들의 경우 카리스마적 특성은 전통적 권위나 합법적 권위까지도 분쇄하거나 변경할 수 있다.[46]

앞에서 보았듯이 개신교 보수는 세습 담론에서 인본주의적 관점과 세속적 가치를 벗어나 영적 리더십 승계를 주장한다. 이는 카리스마적 지위의 승계를 의미하는 듯하다. 여기서 먼저 카리스마가 무엇인지 살펴보자. 베버에 의하면 카리스마는 다른 사람들 위에서 권위를 나타내고 영향력을 행사할 수 있는 특별한 능력이다.[47] 그리고 카리스마는 선천적인 능력(gift of grace)으로서 비범하고 초자연적인 힘이나 능력을 의미한다.[48] 이러한 카리스마는 기존의 체제를 유지하는 특성보다는 그것을 무너뜨리는 특성이 있다. 즉, 카리스마는 혁명적(revolutionary)이어서 기존의 전통을 돌파(breakthrough)하고 사회변동(social changes)을 불러온다.[49] 이

45) 서정하, "종교 조직에서의 리더십과 조직 몰입: 한국 개신교회 조직을 중심으로," 「한국기독교신학논총」 49권 1호(2007), 298-299.

46) 이철, "천주교 성직자와의 비교를 통해서 본 개신교 목회자 리더십 연구: 막스 베버의 권위(authority) 이론을 중심으로", 「기독교교육정보」 32권, 195.

47) 이원규, 『종교사회학의 이해』 (서울: 나남, 2019), 504.

48) Max Weber, *Economy and Society Vol 1: an Outline of Interpretive Sociology* (Berkeley:University of California Press, 1978), 241.

49) Max Weber, *The Sociology of Religion*, trs. Ephraim Fischoff (Boston: Beacon Press, 1963), 46. 베버는 대표적인 카리스마 소지자로서 예언자(prophet)를 제시한다. 예언자는 "종교를 새

런 관점에서 보면 세습하는 목사는 전통을 무너뜨리고 새로운 계시를 선포하는 카리스마[50]와는 거리가 있어 보인다. 오히려 기존의 권위를 유지하려는 것에 더 가깝다. 물론 다른 뜻으로 카리스마라는 개념을 사용할 수 있다. 그러나 문제는 여전히 남아있다. 카리스마는 인간의 힘과 의지로 성취하는 것이 아니라 신으로부터 주어지는 은사(gift)이기 때문에 다음 세대로 승계가 불가능하다. 그래서 베버에 의하면 카리스마적 권위는 전통화되거나 합리화된다. 또는 전통화와 합리화가 합쳐진 모습으로 변화한다. 그리하여 카리스마로 인한 혁명적 변화를 안정되고 지속적인 형태로 유지하기 위한 체계와 교리 그리고 제도가 만들어지는 것을 카리스마의 일상화(routinization of charisma)[51]라고 한다.

카리스마의 일상화가 일어나는 가장 큰 이유는 카리스마적 지도자가 죽음 등으로 사라지는 것이다. 베버는 이렇게 되면 여섯 가지 해결방법이 있다고 본다. 그것들을 순서대로 나열하면 권위의 위치에 어울릴 특질의 기준에 기초하여 새로운 카리스마 지도자를 찾는 방법, 신탁, 제비뽑기 등 계시나 신적 판단에 의존하는 방법, 카리스마적 지도자에 의한 계승자의 선택과 공동체가 이를 인정하는 방법, 카리스마적 지도자의 참모들이 계승자를 선택하고 공동체

---

롭게 하는 예언자(renewer of religion)"와 "종교를 만드는 예언자(founder of religion)" 두 유형이 있다. 종교를 새롭게 하는 예언자는 오래된 계시나 미신에 대하여 새로운 의미를 선포한다. 종교를 만드는 예언자는 완전히 새로운 계시로 새로운 종교를 만든다. 이 두 유형은 서로 연관되어 있다.

50) Max Weber, *The Sociology of Religion*, 47.

51) Max Weber, *The Theory of Social and Economic Organizations*, trs. A. M. Handerson and T. Parsons (New York: Oxford University Press, 1947), 363-364

가 인정하는 방법, 카리스마가 혈통에 의해 유전된다는 믿음으로 가족이나 친족에게 계승하는 방법, 카리스마가 한 사람에게서 다른 사람에게 전달되는 주술을 이용하여 계승자를 선택하는 방법이다.[52] 이상 여섯 가지 방법은 모두 추종자들이 합법적 계승자로 새 지도자를 인정해야 한다는 전제가 있다. 그렇지 못하면 카리스마적 지도자가 만든 집단은 와해하거나 분열할 수밖에 없다. 그리고 새로운 지도자는 처음 지도자와 같은 종류의 그리고 같은 정도의 카리스마를 가지지 못한다. 비록 처음 지도자를 향한 존경과 경외가 일부 전수되기는 하지만 헌신은 지도자에 대한 것이 아니라 조직 자체에 대한 그리고 그 운동의 이데올로기에 대한 것이 되며 새로운 지도자의 권위는 조직이나 이데올로기의 힘에 의해 제한을 받는다.[53] 결국 카리스마는 축소되거나 권위로 대체된다.

이상의 카리스마의 특성들을 염두에 두고 세습이라는 행위와 그와 관련된 담론을 살펴보자. 카리스마는 승계되는 것이 아니므로 아버지 목사의 영적 카리스마는 아들 목사에게 승계하는 것은 불가능하다. 오히려 세습은 카리스마의 일상화로 보인다. 즉, 아버지 목사의 영적 카리스마로 성장한 교회를 유지하기 위한 하나의 제도 또는 방법으로서 세습이 이루어진다고 볼 수 있다.

그런데 여기서 두 가지 문제가 있다. 첫째로 카리스마적 리더 즉, 아버지 목사가 여전히 원로목사나 동사목사라는 이름으로 존재한다는 것이다. 대형교회 세습의 경우 대부분 아들 목사가 아버지

---

52) Max Weber, *Economy and Society Vol 1: an Outline of Interpretive Sociology*, 247-249.

53) Roberts, Keith A. *Religion in Sociological Perspective* (Homewood. Illinois:Dorsey Press, 1984), 191.

목사의 뒤를 이어 담임목사가 되지만 아버지 목사는 여전히 정기적으로 주일 예배 설교를 한다.[54] 아버지 목사는 형식적으로는 은퇴하였지만, 여전히 교회 내에서 영향력을 행사한다. 아버지 목사는 영적 지도자의 자리와 권력을 유지하고 있다. 아들 목사는 결국 그러한 아버지 목사의 그늘에 있게 된다.

둘째로 결국 한국 개신교에서 나타나는 세습의 핵심적 특성을 현실에서 말한다면 세습은 아버지 예언자(prophet)가 아들을 사제(priest)로 세우는 것이다. 그런데 베버에 의하면 카리스마를 가진 예언자와 사제는 다르다. 사제는 성스러운 전통에 봉사하며 그 안에서 자신이 행하는 종교 행위의 권위를 주장한다. 반면에 예언자는 카리스마를 사용하여 자신이 받은 계시를 선포한다.[55] 과거 한국 개신교가 폭발적으로 성장의 시기에 카리스마적 지도력을 가졌던 아버지 목사와 달리 아들 목사에게 카리스마적 지도력은 부재하다. 아들 목사도 카리스마적 지도력을 가지고 있다면 아버지 목사와 같이 신유, 예언, 방언 등과 같은 기적이나 초자연적인 능력을 보여주어야 하는데 대부분 그러지 못하기 때문이다. 그래서 아들 목사는 카리스마적 지도력보다 전통적 권위 또는 합법적 권위에 의존할 수밖에 없다. 이렇게 되면 목사 교권주의라는 또 하나의 위험의 소지가 발생한다. 이상 두 가지 문제로 인해 아버지 목사의 지도력이 아들 목사에게로 완전히 이양되어 아들 목사가 아버지 목사와 똑같이 되는 세습은 어려워 보인다.

---

54) 이러한 예는 세습을 마친 교회들에서 쉽게 찾아볼 수 있다.

55) Max Weber, *The Sociology of Religion*, 47, 46.

그리고 개신교 내부에서 일어나는 세습반대 운동도 세습을 정당화하는 데 걸림돌이다. 예를 들어 교회세습반대운동연대는 2012년 조직되어 활발하게 활동하고 있다. 이 단체는 원로라고 할 수 있는 개신교계의 주요 인사들(손봉호, 이만열, 홍정길, 김동호, 강영안, 방인성 등) 그리고 교회세습반대운동연대는 개신교 진보 단체들(감리교장정수호위원회, 건강한작은교회연합, 교회2.0목회자운동, 교회개혁실천연대, 기독교윤리실천운동, 기독연구원느헤미야, 바른교회아카데미, 성서한국, 예수살기)이 참여하는 연합단체이다. 명성교회 세습 문제가 크게 부각되었을 때 교회세습반대운동연대는 각종 반대시위와 기자회견을 주도하였다. 또한 개신교 외부 즉, 한국의 시민사회에서도 세습은 수용되기 어려워 보인다. 예를 들어 명성교회 세습의 경우 앞에서 한국교회탐구센터의 2020년 보고서에서 보았듯이 높은 관심을 받았지만, 긍정적이기보다 부정적인 것으로 보인다. 한국 사회는 점점 합리성과 개인을 강조하며 세속화되어갈 뿐만 아니라 이제는 탈 종교화 현상[56]까지 나타나고 있다. 이러한 한국 사회의 변화 가운데 개신교 보수가 생산 유포한 세습 담론은 진리효과가 약하고 세부 담론들이 서로 연결되지 못하기 때문에 담임목사직 세습은 시민사회 안에서 쉽게 수용되기 어려워 보인다.

---

56) 2005년과 2015년 통계청의 인구주택총조사 결과를 보면 전체 인구 대비 무종교인의 인구는 1995년 49.3% 2005년 46.5%, 2015년 56.1%로 증가 추세에 있다. 특히 무종교 인구는 청소년, 청년 그리고 중장년의 연령층에서 증가하였다. 이러한 무종교인의 증가는 사람들이 종교에서 벗어나는 현상 즉, 탈 종교화의 실례이다. 좀 더 자세한 내용은 필자의 졸고 장형철, "무종교 인구와 개신교 인구의 변화 그리고 탈 종교화," 「기독교세계」 2월호 (2020), 14-17을 참고하라.

## 3. 종교인 과세 비판 담론

종교인 과세는 1968년 초대 국세청장이 종교인 근로소득을 과세해야 한다고 표명한 이래로 뚜렷한 시도나 논의는 이루어지지 못하였다. 그러다가 2018년부터 종교인 과세를 실시하게 되었다.[57] 그 과정을 살펴보자. 먼저 2015년 정부는 소득세로서 종교인 과세를 법제화하였다. 그리고 시행은 2년 유예한다고 발표하였다. 그러나 개신교 측은 반발하였다. 이후 기획재정부는 2017년 9월 과세기준을 발표하고 그해 11월 8일 모든 종교의 종파와 교단의 의견을 수렴하는 토론회를 열었으나 개신교 측은 반대하고 불참하였다. 이후 개신교계와 기획재정부는 2017년 11월 14일 국회에서 개신교 측과 회의를 열었다.[58] 이 간담회에 기획재정부에서 고형권 1차관이 나오고 개신교 측에서는 엄기호 목사(당시 한국기독교총연합회 대표회장), 정서영 목사(당시 한국교회연합 대표회장), 소강석 목사(종교인 과세 Task Force 공동위원장) 등 종교인 과세에 대해 반대하는 주요 개신교 인사들이 참석했다. 간담회를 통해 양측은 세무 마찰을 최소화해야 한다는 전제 아래 합의가 이루어진 듯했다. 그러나 간담회 이후 전혀 다른 국면이 전개된다. 당시 이낙연 국무총리는 12월 12일 국무회의에서 기획재정부에게 "종교계 의견을 존중하되, 국민 일반의 눈높이를 감안하면서 조세 행정의 형평성과 투명성을 좀 더 고려해 최소한의 보완"[59]을 하라고 지시한다. 이낙

---

57) 가톨릭은 1994년부터 성직자 소득세 원천징수를 시행하고 있다.

58) 뉴스앤조이, 2017년 11월 14일, "개신교계, 종교인 과세 내년 시행 입장 선회".

59) 뉴스앤조이, 2017년 12월 14일, "종교인 과세 형평성 · 투명성 보완 국무총리 발언에 교계

연 총리가 조세 형평성과 투명성을 지적하자 종교활동비(개신교의 경우 목회활동비)에 대한 비과세 원칙과 교회 세무조사를 하기 전에 자기 시정 기회를 부여한 시행령 개정안이 만들어진다.

이에 대하여 개신교계는 반발하였다. 2017년 12월 14일에 발표된 "종교인 과세 관련 소득세법 시행령 일부 개정안에 대한 기독교의 입장"[60]이라는 제목의 성명서는 헌법상의 정교분리, 종교 단체가 아닌 종교인 개인의 소득에 한정, 음모론 등의 내용을 포함하고 있다. 그러나 납세의 의무를 다할 것이라는 말로 끝맺는다. 그리고 다시 2017년 12월 18일 다시 같은 제목이지만 좀 더 강력한 내용의 "종교인 과세 관련 '소득세법 시행령 일부 개정안'에 대한 기독교의 입장"[61]이라는 성명서가 발표된다. 하지만 기획재정부는 2017년 12월 21일 쟁점이었던 종교활동비를 비과세 소득으로 유지하되, 종교 단체가 해마다 그 내역을 관할 세무서에 신고하도록 하고 세무조사는 종교인 소득에 한정한다는 소득세법 시행령 개정안을 결국 입법예고 했다. 그러자 개신교계는 2017년 12월 22일

---

반발".

60) 한국기독교총연합회(75개 교단), 한국기독교연합(39개 교단), 한국장로교총연합회(20개 교단), 전국 17개 광역시도 기독교연합회(서울시기독교총연합회, 부산시기독교총연합회, 대구시기독교총연합회, 인천시기독교총연합회, 광주시기독교교단협의회, 대전시기독교연합회, 울산시기독교연합회, 세종시기독교연합회, 경기도기독교연합회, 강원도기독교총연합회, 충북기독교총연합회, 충남기독교총연합회, 전북기독교총연합회, 전남기독교총연합회, 경북기독교총연합회, 경남기독교총연합회, 제주도기독교교단협의회) 등이 이 성명서에 참여하였다. 편의상 이 단체들을 "개신교 보수단체연합 1"이라고 부르겠다.

61) 이 성명서에 한국기독교총연합회, 한국기독교연합, 한국장로교총연합회, 전국 17개 광역시도 기독교연합회뿐만 아니라 한국교회교단장회의(22개 교단)가 참여하였다. 편의상 이 단체들을 "개신교 보수 단체연합 2"라고 부르겠다.

"종교인 과세 재입법안에 대한 기독교의 입장"[62]이라는 제목의 성명서를 발표한다. 이 성명서는 11월 21일 기획재정부의 재입법안을 반대하는 많은 내용을 담고 있다. 특히 종교활동비는 신고만 하고 종교인 소득은 세무조사한다는 내용을 추가한 것에 대하여 반대한다. 이 성명서는 종교활동 감시와 탄압, 정교분리 원칙 위반, 소득세법 170조 위반, 위헌, 조세 저항 등 매우 다양하고 포괄적인 담론을 포함하고 있다. 그리고 12월 23일 한국교회교단장회의는 다시 단독으로 성명서 "종교인 과세 관련 소득세법 시행령 일부 개정안 (재입법안)에 대한 한국 교회의 입장"을 발표한다. 그러나 결국 시행령 개정안은 12월 26일 국무회의에서 의결되고 2018년부터 시행되며 종교인 과세 논란은 일단락된다. 6장 3절에서는 이러한 과정에서 개신교 보수의 종교인 과세 시행령 반대 담론이 어떠한 신앙과 신학에 기초하여 생산 유포되었고 사회적으로 무엇을 구현하려 하는지 분석한다.

### 3-1. 종교인 과세 비판 담론 분석

#### 3-1-1. 텍스트의 장르들

개신교 보수는 종교인 과세 시행령에 반대할 때 거부형, 주장형, 확신형, 경고형, 선포형, 강조형 등을 사용했다. 거부형은 2015년 종교인 과세 반대를 시작할 때 사용되었다.

---

62) 이 성명서 또한 "개신교 보수단체연합 2"가 발표하였다.

6-3-1. 원칙적으로 종교인 과세를 법으로 제정하여 시행하는 것에 대해서 반대한다. 한국의 큰 교회들은 현재도 자발적으로 세금을 납부하고 있다. 마찬가지로 법으로 강제성을 띠기보다는 교회가 자발적으로 할 수 있도록 하는 것이 바람직하다(한국기독교총연합회, "종교인 과세에 대한 한국기독교총연합회의 입장", 2015.12.02).

주장형은 종교활동비(개신교의 경우 목회활동비)가 과세 대상에서 빠지는 것이 옳다고 주장 할 때 사용되었다.

6-3-2. 첫째, 2018년 1월 시행을 앞두고 있는 종교인 소득 과세는 '종교인의 개인소득'에 대해서만 과세하는 것이 2015년 국회를 통과한 소득세법의 원칙이다. 따라서 종교인 개인소득이 아닌 종교 본연의 사역비에 해당하는 종교활동비를 비과세로 한 시행령 개정안은 종교인 소득만을 과세 대상으로 하는 모법에 충실한 것이다. 특히 종교활동비에 대해 정부가 관여하는 것은 소득세법의 상위법인 헌법상 정교분리의 원칙에 어긋난다(개신교 보수단체연합 1, "종교인 과세 관련 소득세법 시행령 일부 개정안에 대한 기독교의 입장", 2017.12.14).

확신형은 2017년 11월 14일 협의 이후 종교활동비가 과세 대상은 아니지만 신고의 대상이 되자 이를 개악이라고 말할 때 사용한다.

6-3-3. 만일 기재부의 시행령 재입법안이 그대로 확정되고 시행된다면 이는 종교활동을 위축시키고 종교탄압을 불러일으킬 개악법이 될 것이 명확하므로 재론의 여지 없이 폐기되어야 한다. 기재부의 시행령 재입법안은 총리가 말한 최소한의 보완이 아니라 위헌적인 독소조항이며, 법정신과 신의를 지켜야 할 정부가 먼저 위법하고 협의를 파괴한 행위를 자행한 것이기에 이제 국민 누구나 법과 신의를 손바닥 뒤집듯 하여도 탓할 명분이 없을 것이다. 이로 인해 벌어질 모든 조세 저항과 최악의 사태는 모두 현 정부가 자초한 위법과 협의 정신 파괴로 인한 책임임을 역사 앞에 밝혀둔다(개신교 보수단체연합 2, "종교인 과세 일부개정안(재입법안)에 대한 기독교의 입장", 2017.12.22).

또한 확신형은 정부가 종교인 과세를 통해 교회를 통제하려 한다면 교회는 정치 참여 즉, 저항이 필연적으로 일어날 것이라고 말할 때도 사용되었다.

6-3-4. 종교인 과세로 인하여 가장 우려되는 것 중의 하나는 교회의 필연적인 정치 참여가 가속화될 것이라는 사실이다. 특히 과세문제가 연착륙되지 못하고 파찰음이 커질 때, 종교의 정치 참여는 불 보듯 명확하다. 과세당국이 종교의 자유를 무시하고 훼손한다던가, 교회를 목적화된 의도에 의해서 조정하려 한다면, 또 교회에 대한 이해 부족으로 결국 세무조사 등을 통해 교회의 고유 가치를 훼손하는 경우가 생길 때, 교회의 정치 참여는 정해

진 수순일 수밖에 없다(최종천 목사, 종교인 과세 5차 컨퍼런스 발제문[63], 2017.06.19).

경고형도 역시 시행령 개정안이 통과되면 정부는 저항에 직면 할 것이라고 경고할 때 사용된다.

6-3-5. 셋째, 만일 시행령 개정안에 담은 위 두 가지 원칙을 훼 손하거나, 헌법에 명시된 종교의 자유와 정교분리의 원칙을 위반 하여 종교의 존엄성에 상처 주거나 모법을 위반한 시행령 개정 이 자행된다면 위헌 심사의 대상이 됨은 물론이고 심각한 정교 갈등과 함께 강력한 조세 저항에 직면하게 될 것이다(개신교 보 수단체연합 1, "종교인 과세관련 소득세법 시행령 일부 개정안에 대한 기독교의 입장", 2017.12.14).

선언형은 경고형과 함께 시행령 개정을 통한 종교인 과세가 종 교탄압으로 드러날 경우 결사 투쟁한다고 말할 때 사용된다.

6-3-6. 다섯째, 만일 종교탄압의 음모가 사실로 드러나면 한국 교회는 순교적 각오로 종교의 자유와 교회 수호를 위해 일사각 오의 결단을 불사할 것이며, 이를 위해 12월 말까지 2주간 '종교 자유 수호와 종교 탄압 저지를 위한 비상 기도 주간'으로 선포한 다(개신교 보수단체연합 2, "종교인 과세 관련 소득세법 시행령

---

63) 크리스천투데이, 2017년 7월 9일, "종교인 과세가 가져올 심각한 우려 2가지".

일부 개정안에 대한 기독교의 입장", 2017.12.18).

강조형은 2017년 12월 21일 시행령 개정안이 분명히 위법이고 개악이라는 것을 말할 때 사용되었다.

6-3-7. 그러나 2018년 시행을 불과 10여 일 앞둔 시점에서 시행령의 재개정을 통해 기독교를 포함한 종교인들이 <u>종교 본래의 목적을 위해 사용하는 경비성 지출인 종교활동비에 대한 공개요청은 소득세법 제170조에 명백히 위배되는 조치로서 그동안의 합의를 파기한 개악이라는 점을 분명히 밝힌다</u>(한국교회교단장회의, "종교인 과세 관련 소득세법 시행령 일부 개정안(재입법안)에 대한 한국 교회의 입장", 2017.12.23).

### 3-1-2. 텍스트에 나타난 담론들

개신교 보수는 종교인 과세 법안이 발표되자 먼저 교회의 특수성[64]을 강조하는 담론을 내세운다.

6-3-8. 12월 21일 기재부가 발표한 '소득세법 시행령 일부 개정안(재입법안)'은 2015년 국회를 통과한 종교인 소득 과세 모법의 취지와 <u>종교계 특수성은 무시된 채</u>, 종교인 소득 과세가 아닌 종교활동 감시와 탄압을 가져오는 악법으로써, 정교 갈등을 초래

---

64) 이러한 교회(또는 종교)의 특수성을 주장하는 담론은 담임목사직 세습과 사학법 개정 반대에서도 사용되었다. 이러한 시민사회 쟁점들을 개신교 보수가 언급할 때 교회의 특수성을 주장하는 것은 어떤 의미인지는 7장에서 다루겠다.

함은 물론 일부 시민단체들의 눈치만 살피는 문재인 정부에 대한 실망감을 주기에 충분하다(개신교 보수단체연합 2, "종교인 과세 일부 개정안(재입법안)에 대한 기독교의 입장", 2017.12.22).

교회의 특수성은 크게 두 가지로 나타난다. 첫째로 교회는 영리단체가 아니라는 담론이다.

6-3-9. OECD 국가 대부분이 종교인 과세를 시행하고 있습니다. 그러나 국가는 종교와 종교인을 보호하려는 취지로 시행하고 있을 뿐, 거의 종교 단체에 맡겨서 시행합니다. 우리 정부는 처음 '종교 과세'를 시도했다가 '종교인 과세'로 바꾼 바 있습니다. <u>이는 교회를 영리단체로 본 것으로 교회의 목적과 목회자의 영적 리더십을 인정하지 않는 처사입니다.</u> 이는 교회를 정부의 관리하에 두려는 의도라고 볼 때 그 왜곡된 시각을 심히 우려합니다(대한예수교장로회 합동, "대한민국 정부에 대하여 기독교 말살 정책에 기초한 종교인 과세 의혹 공개 질의", 2017.11.21).

둘째로 개신교 보수는 성직자는 근로자가 아니라는 담론을 제시한다.

6-3-10. 가치와 돈 중에서 돈을 선택한 정부와 정치권의 과오는 없는가? 나라의 운명은 종교에 있다고 했다. 종교가 국민들의 윤리와 도덕을 선도하고 있기 때문이 아닌가? 그래서 종교 지도자

들에게 '성직자'라는 신분을 부여한 것이다. 성직자가 근로자가 되는 경우, 무엇을 얻고 무엇을 잃는가? 그 비교역량이 필요하지 않는가 묻고 싶다. 일반 근로자와 종교 근로자에 대한 차별 논란에 어떻게 대처할 것인가? 일반 근로자의 경우 납세에 의심이 있다면 세무조사는 기본이고, 재산에 대해 공매절차를 통해 환수하는 것이 현실인 데 반해, 종교 근로자에게는 세무조사나 강제집행을 유보하겠다고 한다. 강아지가 웃을 일이며, 논란만 가중되고 국민 간 갈등만 유발하는 것이니, 득보다 실이 많을 것이다 (바른문화운동국민연합, 입장문 "종교인 과세가 위험한 7가지 이유"[65], 2017.12.15).

그리고 종교인 과세는 정교분리에 어긋나므로 위헌[66]이라는 담론이 나타난다.

6-3-11. 2018년 1월 시행을 앞두고 있는 종교인 소득 과세는 '종교인의 개인소득'에 대해서만 과세하는 것이 2015년 국회를 통과한 소득세법의 원칙이다. 따라서 종교인 개인소득이 아닌 종교 본연의 사역비에 해당하는 종교활동비를 비과세로 한 시행령 개

---

65) 크리스천투데이, 2017년 12월 15일 보도, "종교인 과세가 위험한 7가지 이유".
   바른문화국민운동연합은 2008년 조계종 지관 총무원장 고발, 2010년 단월드 비판 성명 발표, 2014년 불교계의 연등 설치 비판, 2018년 사랑의 교회 오정현 목사에 대한 고등법원 판결 비판 성명 발표 등으로 보아 개신교 보수성향의 단체이다.
66) 이러한 위헌 담론은 동성애 반대, 타종교, 그리고 사립학교법 개정 거부 관련 담론을 생산할 때에도 사용되었다. 이러한 쟁점들에 대해 개신교 보수가 위헌을 주장하는 것은 어떤 의미가 있는지는 7장에서 다루겠다.

정안은 종교인 소득만을 과세 대상으로 하는 모법에 충실한 것이다. 특히 종교활동비에 대해 정부가 관여하는 것은 소득세법의 상위법인 헌법상 정교분리의 원칙에 어긋난다(개신교 보수단체 연합 1, "종교인 과세 관련 소득세법 시행령 일부 개정안에 대한 기독교의 입장", 2017.12.14).

6-3-12. 2018년 1월 1일부터 시행된, 종교활동비에 대한 세무보고를 포함한 종교인 과세는 낮은 세율 적용으로 혜택을 주는 것처럼 보이지만 실제로는 종교가 정부의 통제에 들어가는 것이므로, 이는 정교분리를 파괴하는 종교의 자유의 종말을 뜻하기 때문에 종교인 과세 법령 헌법소원 심판을 청구하기를 희망한다(대한예수교장로회 합신, "종교인 과세와 국가 인권 기본정책(NAP)에 대한 103회 총회 선언문", 2018.09.19).

개신교 보수는 또한 위헌 담론을 종교의 자유와 연관하여 생산한다. 개신교 보수는 세무감사를 통한 종교 통제와 목회자 활동을 감시하기 때문에 종교의 자유를 침해한 위헌이라는 담론을 펼친다.

6-3-13. 둘째, 우리는 어떤 경우라도 종교인 과세를 빌미로 교회와 목회자들에 대한 세무조사나 세무사찰을 단호히 배격하며, 사회적으로 발달되지 않은 영적 구도집단인 교회가 과세시행의 연착륙을 할 수 있도록 정부 당국이 교계 대표들과 대화와 소통의 협의 창구를 개설할 것을 촉구합니다(종교인 과세 5차 컨퍼런

스, "종교인 과세에 대한 기독교계의 입장 선언[67]", 2017.06.19).

6-3-14. 종교인 과세 시행을 불과 10일 앞두고도 명확한 시행령 개정안과 과세안내 매뉴얼도 제시하지 못하여 종교계와 종교인들에게 혼란을 주고 있는 정부가 갑자기 등장한 편가르기식 지시로 국회를 통과하고 종교계와 협의한 모든 과정을 깨뜨리고 '종교활동비 신고와 세무조사'를 추가함으로써 '종교활동 감시'와 '종교 자유 침해 과세'의 의도를 드러내었다(개신교 보수단체 연합 2, "종교인 과세 일부 개정안(재입법안)에 대한 기독교의 입장", 2017.12.22).

나아가서 개신교 보수는 종교인 과세와 관련하여 음모를 주장하고 이에 대응하기 위해 정도가 지나쳐 보이는 결단을 한다. 구체적으로 말해 개신교 보수는 종교인 과세는 기독교 말살 음모이며 이것이 사실일 경우 순교[68]하겠다는 결단을 한다.

6-3-15. 정부가 시행을 예고한 '종교인 과세'에 대하여 대한예수교장로회 총회 1만2,000 교회 300만 성도는 심히 우려를 표합니다. 정부가 '종교인 과세'를 빙자한 기독교회 길들이기와 말살 정

---

67) 리폼드 뉴스. 2017년 6월 20일, "분당중앙교회 컨퍼런스, 종교인 과세에 대한 기독교계의 입장 선언". 이 선언문은 2017년 6월 19일 종교인 과세 5차 컨퍼런스 직후 참가자 일동의 명의로 발표되었다.

68) 개신교 보수의 순교 담론은 동성애, 종교인 과세, 사학법 개정 반대 관련 담론에서도 등장한다. 이에 대하여는 7장에서 논의하겠다.

책에 따른 과세라는 의혹에 대하여 본 총회는 다음과 같이 질의하며 책임 있는 답변을 촉구합니다. (중략) 넷째, 한국 교회 모든 연합 기관과 교단과 교회와 목회자와 평신도들은 현재의 상황이 정치 권력의 힘을 빌린 특정 종교탄압의 거대한 음모로 벌어진 위험한 사태임을 직시하고, 국무총리의 진정성 있는 사과와 재발 방지를 강력히 촉구한다.

다섯째, 만일 종교탄압의 음모가 사실로 드러나면 한국 교회는 순교적 각오로 종교의 자유와 교회 수호를 위해 일사각오의 결단을 불사할 것이며, 이를 위해 12월 말까지 2주간 '종교자유 수호와 종교탄압 저지를 위한 비상 기도 주간'으로 선포한다(개신교 보수단체연합 1, "종교인 과세 관련 소득세법 시행령 일부 개정안에 대한 기독교의 입장", 2017.12.14).

그리고 종교인 과세에 있어서 종교 간 차별[69]이 있다고 주장한다.

6-3-16. 기독교 '종교인 과세'와 타종교 '종교인 과세'에 대한 극심한 차별 관리의 의도가 무엇인지 답변하십시오. 기재부가 지난 9월, 6개 종단에 발송한 세부 과세 기준을 보면, '공통 과세 항목'에서 불교 2개, 천주교 3개, 기독교는 35개인 이유는 누가 보아도 편파적인 표적 관리입니다. 기재부가 잘못을 인정하고 시정하겠

---

69) 개신교 보수의 차별 또는 역차별 주장은 다른 한국 사회의 주요 쟁점에 대한 담론에서도 등장한다. 구체적으로 개신교 보수는 동성애 반대, 타종교, 역사 교과서 국정화 찬성 담론에서도 차별을 주장 한다. 이에 대하여는 7장에서 다루겠다.

다고 하고 있지만 이런 시도가 무엇인지 그 사상적 저의를 심히
우려하는 바, 이에 대한 정부의 공식 입장이 무엇입니까?(대한예
수교장로회 합동, "대한민국 정부에 대하여 기독교 말살 정책에
기초한 종교인 과세 의혹 공개 질의", 2017.11.21).

이상의 문제로 인해 개신교 보수는 한국 사회에 혼란이 있을
것이며 정부는 조세 저항에 직면할 것이라고 주장한다.

6-3-17. 종교 간, 종단 및 종파 간의 상이한 특성을 정책에 반영
하지 않은 종교인 과세를 무리하게 강행할 경우, 국가와 사회공
동체의 갈등과 분열, 조세 저항 및 종교의 정치 참여 가속화 유발
이라는 혼란을 초래할 뿐입니다(종교인 과세 5차 컨퍼런스, "종
교인 과세에 대한 기독교계의 입장 선언", 2017.06.19).

6-3-18. 만일 시행령 개정안에 담은 위 두 가지 원칙을 훼손하
거나, 헌법에 명시된 종교의 자유와 정교분리의 원칙을 위반하여
종교의 존엄성에 상처 주거나 모법을 위반한 시행령 개정이 자
행된다면 위헌 심사의 대상이 됨은 물론이고 심각한 정교 갈등
과 함께 강력한 조세 저항에 직면하게 될 것이다(개신교 보수단
체연합 1, "종교인 과세 관련 소득세법 시행령 일부 개정안에 대
한 기독교의 입장", 2017.12.14).

6-3-19. 기재부의 시행령 재입법안은 총리가 말한 최소한의 보

완이 아니라 위헌적인 독소조항이며, 법정신과 신의를 지켜야 할 정부가 먼저 위법하고 협의를 파괴한 행위를 자행한 것이기에 이제 국민 누구나 법과 신의를 손바닥 뒤집듯 하여도 탓할 명분이 없을 것이다. 이로 인해 벌어질 <u>모든 조세 저항과 최악의 사태는 모두 현 정부가 자초한 위법과 협의 정신 파괴로 인한 책임임을 역사 앞에 밝혀둔다</u>(개신교 보수단체연합 2, "종교인 과세 일부 개정안(재입법안)에 대한 기독교의 입장", 2017.12.22).

### 3-1-3. 텍스트의 스타일들

개신교 보수는 종교인 과세 관련 담론을 생산할 때 인식 양태의 진술유형과 질문유형, 그리고 의무 양태의 제안유형과 요구유형을 모두 사용하였다. 인식 양태의 진술유형은 개신교 보수가 시행령에 반대하는 책임을 정부에 돌리고 정부에 대한 불신을 나타내는 데 전념할 때 사용되었다.

6-3-20. 천신만고 끝에 시행을 앞둔 종교인 소득 과세가 그동안 종교계와 소통 협의를 진행해온 기재부가 아닌 총리의 편향적인 말 한마디로 인해 6개월간 진행된 <u>정부와 종교 간의 협의 정신과 신뢰는 산산조각이 났다.</u> 12월 21일 기재부가 발표한 '소득세법 시행령 일부 개정안(재입법안)'은 2015년 국회를 통과한 종교인 소득 과세 모법의 취지와 종교계 특수성은 무시된 채, <u>종교인 소득 과세가 아닌 종교활동 감시와 탄압을 가져오는 악법으로써, 정교 갈등을 초래함은 물론 일부 시민단체들의 눈치만 살</u>

피는 문재인 정부에 대한 실망감을 주기에 충분하다. 종교인 과세 시행을 불과 10일 앞두고도 명확한 시행령 개정안과 과세안 내 매뉴얼도 제시하지 못하여 종교계와 종교인들에게 혼란을 주고 있는 정부가 갑자기 등장한 편가르기식 지시로 국회를 통과하고 종교계와 협의한 모든 과정을 깨뜨리고 '종교활동비 신고와 세무조사'를 추가함으로써 '종교활동 감시'와 '종교 자유 침해 과세'의 의도를 드러내었다(개신교 보수단체연합 2, "종교인 과세 일부 개정안(재입법안)에 대한 기독교의 입장", 2017. 12.22).

진술유형은 또한 정부의 2017년 12월 21일 최종 입법 예고와 12월 26일 국무회의에서 의결한 시행령은 법률위반이라는 주장에 전념하여 말할 때 사용되었다.

6-3-21. 그럼에도 불구하고 종교 단체의 지급명세서 제출 시 종교인 소득과 함께 종교활동비를 신고하도록 하고, 세무조사까지 한다는 재입법안은 종교의 자유와 정교분리의 원칙을 심각히 침해하며, 종교인의 세무조사 대상을 종교인 소득 관련 부분에 한정한다는 소득세법 제170조에 명백히 위배되는 조치이다("종교인 과세 일부개정안(재입법안)에 대한 기독교의 입장", 2017.12.22).

질문유형은 종교인 과세의 문제점을 드러내기 위한 질문을 던질 때 사용되었다.

6-3-22. 소통을 주장하는 정부는 왜 '종교인 과세'에 있어서는 조급하며 졸속 시행을 하려는지 답변하십시오. 금번 과세 정책은 반사회적 이단도 종교인 과세에 동참하면 국가가 인정하는 정상적 종교로 인정될 수 있는 문제가 있습니다. 이로 인해 발생할 사회적 혼란을 어찌 자초하십니까? 종교인 과세가 국가 조세 이익에는 큰 비중을 차지하지 않는다고 하면서도 준비되지 않는 행정 절차를 무리하게 밀고 나가려는 의도가 무엇입니까?(대한예수교 장로회 합동, "대한민국 정부에 대하여 기독교 말살 정책에 기초한 종교인 과세 의혹 공개 질의", 2017.11.21).

의무 양태의 제안유형은 종교인 과세 시행이 순조롭게 되기 위한 개신교 보수 나름의 방법과 전제를 제시하는 데 사용되었다.

6-3-23. 과세당국은 반드시 종교 그리고 교회의 정상적 대표기관과 충분한 시간을 가지고 충분한 협의를 통해, 종교인의 특성을 고려한 과세와 비과세 부분의 명확한 항목을 구분 제시해야 한다. 일방적이지 않은 존중 속에 합의된 내용이 계도 교육되고, 또 인도됨으로 종교인 과세는 강제적일 수밖에 없어도 비교적 순항의 길을 갈 것이다(최종천 목사, 종교인 과세 5차 컨퍼런스 발제[70] 2017.06.19).

6-3-24. 넷째, 우리는 종교 간, 종단 및 종파 간 상이한 예산 수

---

70) 크리스천투데이, 2017년 7월 9일, "종교인 과세가 가져올 심각한 우려 2가지".

입 및 지출항목 등의 처리방법이 미비하고, 교회의 각종 기준이 마련되지 못한 현실을 반영하여 교회의 예산결산항목 중 사례비 항목에 한정하여 과세를 시행하는 "종교인 과세 범위로 한정하여 과세할 것"을 정부 당국에 건의합니다(종교인 과세 5차 컨퍼런스, "종교인 과세에 대한 기독교계의 입장 선언[71]", 2017.06.19).

그러나 다른 한편으로 개신교 보수는 종교인 과세의 성급한 시행을 유예하라고 주장 할 때 의무 양태의 요구유형을 사용하였다.

6-3-25. 우리는 2018년 1월 시행을 앞둔 종교인 과세가 종교의 특성을 도외시한 가운데 일반적인 사회의 기준과 잣대로 시행되는 정책이라는 데 깊은 우려를 표하면서, 정부 당국에 시행시기의 유예를 포함한 세부 과세기준 수립 및 다양한 소득원천과 지급방법 등 중점 고려사항에 대한 정책 수정을 강력히 요구하는 바입니다. (중략) 첫째, 우리는 종교인 과세 시행의 주체인 정부 당국과 납세 당사자인 종교인, 양자 간에 전체적으로 과세 시행에 필요한 준비가 여전히 부족하고 관련 기준이 전혀 마련되지 않은 상황임을 감안하여 2018년 1월로 예정되어 있는 종교인 과세 시행시기를 유예해줄 것을 정부 당국에 강력히 촉구합니다. (중략) 셋째, 우리는 이제라도 종교인 과세의 불합리한 부분과 미비점을 보완하여 세금납부 대신 가난하고 고통받는 사람들을 돕

---

71) 리폼드 뉴스. 2017년 6월 20일 "분당중앙교회 컨퍼런스, 종교인 과세에 대한 기독교계의 입장 선언". 이 선언문은 2017년 6월 19일 종교인 과세 5차 컨퍼런스 직후 참가자 일동의 명의로 발표되었다.

는 대체방법 등도 포함하여 검토·개선되어야 한다는 점을 역설하면서, 정부 당국은 각 교단의 헌법과 교회자치법규를 존중하는 가운데 누구나 공감하고 지지하는 과세정책을 수립하여 추진할 것을 강력히 요구합니다(종교인 과세 5차 컨퍼런스, "종교인 과세에 대한 기독교계의 입장 선언"[72], 2017.06.19).

## 3-2. 종교인 과세 비판 담론의 특징들

### 3-2-1. 텍스트 행위 차원

개신교 보수는 종교인 과세에 대해 기본적으로 부정적이거나 반대하고 있기 때문에 이를 분명히 나타내고 그 문제를 제시하는 거부형(6-3-1), 주장형(6-3-2), 확신형(6-3-3, 6-3-4), 경고형(6-3-5), 선언형(6-3-6), 강조형(6-3-7) 등과 같은 강한 어법과 표현들을 사용하였다. 스타일에 있어서 개신교 보수는 종교인 과세의 문제점을 드러내는 데 전념하기 위해 인식 양태의 진술유형(6-3-20, 6-3-21)과 질문유형(6-3-22)을 사용한다. 그리고 개신교 보수의 입장에서 해결방법을 제시할 때는 의무 양태의 제안유형(6-3-23, 6-3-24)이 사용되었고, 정부의 개정안 시행을 저지하려 할 때는 요구유형(6-3-25)을 사용하였다.

---

72) 리폼드 뉴스. 2017년 6월 20일, "분당중앙교회 컨퍼런스, 종교인 과세에 대한 기독교계의 입장 선언". 이 선언문은 2017년 6월 19일 종교인 과세 5차 컨퍼런스 직후 컨퍼런스 참가자 일동의 명의로 발표되었다.

### 3-2-2. 담론적 행위 차원

종교인 과세에 저항한다는 전제 위에 세부 담론들은 서로 연결되어 있다. 교회(또는 종교)의 특수성(6-3-8, 6-3-9, 6-3-10), 정교분리에 어긋나고(6-3-11, 6-3-12), 종교의 자유를 침해(6-3-13, 6-3-14)하므로 위헌, 기독교 말살(6-3-15), 차별(6-3-16), 조세 저항(6-3-17, 6-3-18, 6-3-19) 등의 세부 담론들은 기본적으로 개신교 보수의 종교인 과세에 대한 부정적 태도 즉, 반대를 위해 만들어진 논점들이다.

### 3-2-3. 사회적 행위 차원

종교인 과세는 한국 개신교 보수가 시민사회와 엇갈리는 또 하나의 지점이다. 개신교 보수의 과세에 대한 반대는 시민사회에서 나오는 주장과 대조되고 있다. 물론 정부와 협상을 통하여 과세를 수용할 수도 있었으나 성공하지 못하였다. 그 이유는 목회자가 대부분 전용하여 사용하는 종교활동비(개신교의 경우 목회활동비)는 비과세 대상이지만 여전히 신고 대상이라는 것에 개신교 보수는 강력하게 반대하기 때문이다. 그리고 교회(또는 종교의) 특수성과 위헌 주장을 거쳐 조세 저항까지 거론하며 과세 자체에 대한 거부감을 드러낸다.

현대 세속국가에서 세금은 모든 국민에게 요구된다. 그러나 개신교 보수는 이에 저항한다. 왜냐하면 개신교 보수는 바로 자신들의 정체성이 세속적인 것과 구별되는 성스러움에서 비롯된 것이라고 인식하기 때문이다. 개신교 보수의 입장에서 보면 세속적인 힘(정부)에 의해 비롯된 종교인 과세는 이러한 자신들의 정체성을 위협하고 나아가서 기독교의 존재를 위협하고 있다. 그래서 개신교 보수는 종교인 과세를 반대했던 것이다.

그런데 한국 사회는 이러한 개신교 보수의 인식과 전혀 다른 인식을 보인다. 기독교윤리실천운동은 2013년 한국 교회 신뢰도 조사에서 종교인 과세에 대해 질문하였다. 그 결과는 아래의 〈표 2〉[73] 와 같다. 무종교인이 90.1%로 가장 높은 찬성 비율을 보였고, 종교인들도 가톨릭 신자, 불교 신자, 개신교 신자의 순으로 높은 정도의 종교인 과세 찬성 비율을 보였다. 가장 낮은 찬성을 나타낸 개신교 신자의 경우도 71.8% 찬성 비율을 나타내었다. 이러한 조사 결과는 개신교 보수 지도자들이 일반 신자들과 나아가서 무종교인과 인식의 차이가 얼마나 큰지 잘 보여준다.

〈표 2〉 종교인 과세

|  | 찬성(%) | 반대(%) | 모름/무응답(%) |
|---|---|---|---|
| 전체 | 85.5 | 12.2 | 1.9 |
| 가톨릭 신자 | 93.3 | 6.0 | 0.7 |
| 개신교 신자 | 71.8 | 25.2 | 3.0 |
| 불교 신자 | 88.2 | 10.6 | 1.1 |
| 종교없음 | 90.1 | 8.1 | 1.9 |

실제로 시민사회는 개신교 보수와 매우 다른 입장을 보인다.

---

73) 2013년 기독교윤리실천운동이 조사한 "한국 교회 신뢰도"의 표본추출은 성/연령/지역별 비례 할당 표집으로 하였고, 유효 표본은 1,000명이었다. 〈표 2〉는 조사 결과를 필자가 재편집한 것이다.

개신교 보수와 달리 시민사회 단체들은 오히려 시행령 개정안을 개악으로 본다. 2017년 12월 15일 한국납세자연맹, 참여연대, 경제정의실천시민연합 등 시민단체는 위 세 조항의 수정이나 폐지를 요구하는 소득세법 시행령 관련 입법예고 의견서를 기획재정부에 제출했다.[74] 그리고 같은 날 종교투명성감시센터, 한국납세자연맹, 불교환경연대 등 18개 시민사회단체로 구성된 소득세법 시행령 개악 저지를 위한 시민사회단체는 정부 서울청사와 정부 세종청사 기획재정부 앞에서 기자회견을 열고 정부의 소득세법 시행령 개정안 철회와 대안 마련을 촉구대회를 개최 하였다.[75] 왜냐하면 종교인 소득은 과세하고, 종교활동비(개신교의 경우 목회활동비)는 신고만 하고 과세하지 않는다는 시행령은 종교인에게 세금을 물리지 않는 비과세 범위를 스스로 결정할 수 있게 한다는 것을 의미하기 때문이다.

## 4. 사립학교법 개정 반대 담론

사립학교법 개정은 노무현 정권 시기였던 2004년부터 논의가 시작되었고 2005년 12월 9일 국회 본회의에서 통과되었다. 2005년 개정내용의 핵심은 개방형 이사제이다. 개방형 이사제에서는 학내 구성원이 참여한 학교운영위원회나 대학평의원회가 개방형 이사를 이사 정수의 4분의 1 이상을 2배수로 추천하면 이사장이 선임한

---

74) Korea IT Times, 2017년 12월 26일, "종교인 과세, 논란 끝 헌법재판소행".

75) 연합뉴스, 2017년 12월 26일, "시민·사회단체 종교인에 특혜 주는 소득세법 시행령 철회해야".

다. 그러나 개신교 보수에게 이러한 사학법 개정은 논쟁의 끝이 아니라 재개정을 위한 투쟁의 시작을 의미했다. 개신교 보수와 사학법 개정을 반대하는 단체들의 강력하고 지속적인 투쟁으로 마침내 2007년 7월 4일 사립학교법 재개정안은 국회에서 통과되었다. 재개정된 사립학교법에서는 학교운영위원회나 대학평의원회가 구성한 개방이사 추천위원회에서 전체 이사 수 4분의 1의 2배수를 개방형 이사로 추천하고 재단이사회에서 임명하는 것으로 바뀌었다.

이러한 과정에서 개신교에 의해 설립된 사립학교들은 대부분 사립학교법 개정에 반대하였고 재개정을 요구하였다. 이러한 반대와 재개정 운동에 가톨릭과 종교적인 배경이 없는 사학들도 함께 하였지만, 개신교 보수가 가장 앞에 있었다. 6장 4절에서는 개신교 보수가 생산 유포한 다양한 사립학교법 개정 반대 담론의 내용을 분석하고 또한 어떤 결과를 가져왔는지 논의한다.

### 4-1. 사립학교법 개정 반대 담론 분석

#### 4-1-1. 텍스트의 장르들

개신교 보수는 확신형, 선언형, 당위형 등 전반적으로 강한 표현과 어법을 사용하였다. 확신형은 사학법 개정 이전부터 갈등을 초래할 것이 분명하다고 판단할 때 사용되었다.

6-4-1. 사학운영의 민주성과 투명성 및 공공성을 강화한다는 명분을 앞세워 교수회(교사회), 학부모회를 법정기구화한다면 학

원 내에 이해관계를 달리하는 이사회, 교수회(교사회), 학부모회, 학운위 등 다양한 법정기구 간에 갈등을 초래하게 되어 대립 반목하기 쉬우므로 학교는 분규의 장으로 변할 것이 뻔하다. 더욱이 정치적인 논리에 의해 교원노조가 합법화된 시점에서 학교 교육활동의 파국을 초래할 우려가 있으므로 학교에서는 교육 외적인 어떠한 형태의 조직과 활동도 단호히 반대한다(사립학교법 개정 반대 및 종교교육의 강화 세미나, "사학법 개정 반대 개신교 연합 결의문"[76], 2004.09.09).

또한 확신형은 개정 이후에는 개정의 배경에 건학이념 말살과 사립학교 찬탈의 목적 등이 있다고 확신할 때 사용되었다.

6-4-2. 이는 우리가 염려한 대로 종교계 사립학교의 건학이념을 말살하려는 노무현 정부와 열린우리당의 오랜 밀계의 일부가 돌출된 것에 불과하며, 앞으로 개정 사립학교법을 통해 이를 가속하고 궁극적으로는 개방이사와 임시이사를 통해 사립학교를 찬탈하려는 책동이 쏟아져 나올 것이 분명하다(한국기독교총연합회 외, 개신교 연합 사학법 개정 반대 성명서[77] "종교탄압 중지

---

76) 한국기독교학교연맹 이사장 이원설 외 회원 일동, 가톨릭교육재단협의회 회장 이문희 외 회원 일동, 한국기독교학교연합회 이사장 이창배 외 회원 일동, 한국감리교학교협의회 회장 박준구 외 회원 일동이 이 결의문에 참가하였다. 이 책에서는 편의상 이 결의문을 '사학법 개정 반대 개신교 연합 결의문'으로 부르겠다.

77) 이 성명서는 한국기독교총연합회와 함께 한국교회연합을 위한 교단장협의회 상임회장(안영로 목사, 황승기 목사, 신경하 감독회장, 이재완 목사, 서상식 목사), 가톨릭학교법인연합회 회장 이용훈 주교, 사학수호국민운동본부 본부장 안영로 목사 등이 공동으로 발표하였

하고 사학법 재개정하라", 2006.06.12).

선언형은 순교[78]를 각오한 투쟁과 같은 강력한 저항을 표현할 때 사용되었다.

6-4-3. 우리는 개정 사립학교법에 대한 불복종 운동을 펼칠 것이며, 재개정이 이루어질 때까지 <u>순교를 각오한 거룩한 투쟁을 계속해나갈 것을 천명한다</u>(한국기독교총연합회, 가톨릭학교법인연합회, 사학수호국민운동본부, 한국교회교단장협의회, "성명서", 2006.06.12).

6-4-4. 우리는 이 땅의 기독교 교육기관의 창학 목적과 최고의 가치관이 곧 하나님의 말씀에 근거한 기독교 신앙교육에 있음을 재삼 밝히면서 교육계의 자정과 청렴 윤리 제고에 앞장설 것을 다짐한다. 아울러 자유민주주의 체제를 뒤흔들고 신앙의 자유를 침해하는 사학 악법을 여당과 국회의장이 물리적인 힘으로 처리한다면 <u>기독교 교육기관 설립 주체인 이 땅의 주요 교단은 총 연합하여 순교를 각오한 거룩한 투쟁을 전개할 것임을 거듭 천명하는 바이다</u>(한국기독교학교연맹산하 367개 초·중·고·대학교, 한국기독교학교연합회산하 133개 초·중·고등학교, "사학

<hr>

다. 이 책에서는 편의상 이 성명서를 '사학법 개정 반대 개신교 연합 성명서'로 부르겠다.

78) 순교 담론은 사립학교법 개정 반대뿐만 아니라 동성애와 탄핵, 종교인 과세 등의 시민사회 관련 쟁점에서도 나타난다. 순교 담론은 개신교 보수가 한국 사회의 주요 쟁점과 관련하여 저항과 투쟁을 할 때 자주 등장한다. 이에 대한 논의는 7장에서 하겠다.

법 강행처리에 대한 기독교의 결의", 2005.12.07).

또한 선언형은 앞으로의 구체적인 저항과 투쟁을 알릴 때 사용되었다.

6-4-5. 이에 우리는 다음과 같이 우리의 입장을 천명한다. 첫째, 우리는 대통령이 이 법에 대하여 거부권을 행사하기를 촉구한다. 둘째, 우리는 개정사립학교법에 대하여 불복종운동을 전개할 것이다. 셋째, 우리는 헌법재판소에 위헌 소송을 제기할 것이다. 넷째, 우리는 본 교단과 한국기독교총연합회 등 전국 교회와 모든 다른 사학 단체와 기독교 연합기관과 연대하여 적극적으로 대처하여나갈 것이다(대한예수교장로회 통합, 성명서 "사립학교법 개정에 대한 입장", 2005.12.19).

당위형은 사학법 개정안은 반드시 철회되어야 한다는 필연성을 주장 할 때 사용되었다.

6-4-6. 현재 사립학교법 개정안은 교육의 공공성을 강조한 내용이지만 실은 사학의 자율성과 특수성은 거의 무시하려는 듯한 내용들이다. 국가가 담당해야 될 국민교육을 담당하고 있는 사학은 국가의 지원대상이 될지언정 결코 규제의 대상이 될 수 없음을 인정하고 현재 진행 중인 사립학교법 개정안은 마땅히 철회하여야 한다(기독교대한성결교회 총회장 강선영 목사와 예수

교대한성결교회 위광필 목사, 공동 성명서 "현 시국에 대한 우리
의 입장", 2004.10.07).

### 4-1-2. 텍스트에 나타난 담론들

사학법 개정에 대한 저항과 반대 담론에서 가장 먼저 등장하는
것은 건학이념의 훼손이다.

> 6-4-7. 현재 정치권이 추진하는 사립학교 개정안은 학교법인
> 의 학교 운영권을 평교원들에게 넘겨줌으로써 학교의 운영 주
> 체를 바꾸는 것을 골자로 하고 있다. 사립학교 제도의 본질상 운
> 영 주체를 바꾼다는 것은 사립학교 설립자를 인정하지 않는 것
> 이며, 이는 곧 사립학교 제도 자체를 부정하는 것이다. 뿐만 아니
> 라 사립학교 설립자를 배제하면 자연히 건학이념의 변경을 초래
> 할 것이며 이는 종교계 학교의 종교교육의 자유를 침해하게 되
> 고, 나아가 종교 전파의 자유를 침해하는, 즉, 종교탄압의 결과
> 를 초래할 것이다(한국사학법인연합회 원영상 박사, 기독교연합
> 신문 기고문 "연합토론: '사립학교법 개정', 어떻게 생각하십니
> 까?", 2004.09.19).

> 6-4-8. 이는 우리가 염려한 대로 종교계 사립학교의 건학이념을
> 말살하려는 노무현 정부와 열린우리당의 오랜 밀계의 일부가 돌
> 출된 것에 불과하며, 앞으로 개정 사립학교법을 통해 이를 가속
> 하고 궁극적으로는 개방이사와 임시이사를 통해 사립학교를 찬

탈하려는 책동이 쏟아져 나올 것이 분명하다(한국기독교총연합
회 외, 사학법 개정 반대 개신교 연합 성명서, "종교탄압 중지하
고 사학법 재개정하라", 2006.06.12).

다음으로 사학 경영의 자주성과 자율성을 주장하는 담론이 전
개된다.

6-4-9. 인사권을 사립학교 교장에게 준다는 것은 법인 이사회
와 갈등을 초래하도록 유도하는 조치이다. 그것도 교장이 교사
인사위원회의 결정을 따르도록 하였기 때문에 실제로는 전적으
로 교사(대학의 경우 교수)에게 넘겨 준 것이나 다름이 없다. 공
립학교 인사권은 시·도 교육감에게 그대로 나둔 채, 사립학교
의 인사권만을 학교법인에게서 빼앗겠다는 것은 사학 경영의 자
주·자율을 짓밟는 일이라 하지 않을 수 없다(사립학교법 개정
반대 및 종교교육의 강화 세미나, "사학법 반대 개신교 연합 결
의문", 2004.09.09).

사학의 자주성과 자율성은 기독교 학교의 특수성[79]에 대한 강
조와 함께 나타나기도 한다.

6-4-10. 열린우리당이 사학운영의 민주성과 투명성을 강화함

---

79) 이러한 교회(또는 종교)의 특수성 담론은 담임목사직 세습과 종교인 과세 담론에서도 사용
된다. 이에 대한 것은 7장에서 다루겠다.

으로써 일부 사학비리의 원인을 제거한다는 명분 아래 추진하고 있는 사립학교법개정안에 의하면 학교법인 구성에 공익이사제도, 학교헌장, 교칙제정 및 교원인사와 예산편성 심의권 등을 학교운영위원회와 교사회에 이양하려는 시도로 일부 급진세력이 주장해온 내용을 그대로 수용하고 있으며, 학교법인 이사회의 권한을 완전히 무력화하려는 시도로서 이는 사립학교의 존립을 부정하는 것이다. 특히, 기독교 학교는 해당 교단의 신앙 노선과 설립목적에 따라 학교법인이 구성되어 있으므로, 기독교 학교는 자율성과 특수성이 최대한으로 발휘되어야 생명력을 가지게 되는 것이다. 뿐만 아니라 자유민주주의 국가에서 사학의 건학이념이 훼손되는 일은 있을 수 없는 일이다(사립학교법 개정 반대 및 종교교육의 강화 세미나, "사학법 개정 반대 개신교 연합 결의문", 2004.09.09).

또한 사학법 개정은 헌법에 보장된 종교교육과 종교의 자유 즉, 기본권을 침해하는 위헌[80]이라는 담론이 등장한다.

6-4-11. 정부가 사학법 개정에 대해 설명하는 내용을 보면 어느 한 부분도 납득하기 어렵다. 또 이번처럼 정부가 심각하게 불신의 대상이 되는 경우도 드문 형편이다. 우선 이번 사학법 개정은 헌법상 보장된 종교교육 및 종교의 자유에 대한 명백한 침해이

---

80) 위헌 담론은 다종교, 종교인 과세, 역사 교과서 국정화 찬성 담론에서도 사용된다. 이에 대한 것은 7장에서 다루겠다.

다(한국 교회 원로 및 중진 지도자, 성명서 "개정 사학법을 절대 반대한다", 2005.12.23).

6-4-12. 이에 개정 사립학교법의 위헌성과 재개정의 당위성에 공감하여 현재까지 서명에 참여한 150만 명의 서명지를 헌법재판소와 국회에 전달하면서 개정 사립학교법에 대한 조속한 위헌 심판과 재개정을 촉구하고 다음과 같이 우리의 입장을 천명한다 (한국기독교총연합회 외, 사학법 개정 반대 개신교 연합 성명서, "종교 탄압 중지하고 사학법 재개정하라", 2006.06.12).

실제로 개신교 보수 인사가 다수 참여하는 한국사학법인 협의회는 2005년 12월 8일 헌법소원을 청구한다. 그리고 사학법이 재개정된 이후인 2007년 8월 14일 취하한다. 또한 2007년 학교법인과 학교장 그리고 학부모 등에 의해 다시 청구된 헌법소원도 있었다. 이 헌법소원은 2013년 11월 28일 합헌으로 판결되었다.

### 4-1-3. 텍스트의 스타일들

인식 양태의 진술유형과 의무 양태의 요구유형이 주로 사용되었다. 먼저 사학법을 개정한 정부와 여당에 대한 분노와 실망의 감정을 표현할 때 인식 양태의 진술유형을 사용하였다.

6-4-13. 그동안 우리 대한 예수교 장로회 총회(통합) 및 한국 교회는 정부 여당에서 추진하여 온 사립학교법 개정에 대하여 일

관되게 반대 입장을 전하여 왔다(예: 범 교단 반대 운동, 12월 7일, 국민일보). 그러나 정부 여당은 이 법안을 강행 통과시켜 국회 내에서도 정상적인 합의 과정 도출에 이르지 못하는 동시에 우리에게 실망과 배신감을 주었다(대한예수교장로회 통합, 성명서 "사립학교법 개정에 대한 입장", 2005.12.19).

6-4-14. 우리는 국가의 명운이 걸려있는 백년대계의 사립학교법을 정치적 목적으로 졸속 처리하지 말고 충분한 시간을 가지고 정치계와 교육계, 그리고 종교계가 협의하여 보다 합리적인 개정안을 마련할 것을 수차례 청원한 바 있다. 그러나 이러한 기독교계의 정당한 건의를 묵살하고 끝내 강행처리하겠다는 자체가 종교에 대한 도전으로서 그 저의를 의심할 수밖에 없다(한국기독교학교연맹 산하 367개 초 · 중 · 고 · 대학교, 한국기독교학교연합회 산하 133개 초 · 중 · 고등학교, "사학법 강행처리에 대한 기독교의 결의", 2005.12.07).

6-4-15. 사학비리가 문제라면 그것은 현행법으로도 충분히 해결할 수 있다. 더욱이 사학법인들은 자율정화를 위해 사학 윤리위원회를 강화하고 스스로 사학 제도 개혁을 위해 나서고 있는 상황이다. 그렇다면 마땅히 사학이 자율적으로 개혁할 수 있도록 기회를 주어야 한다. 그럼에도 불구하고 이번 법 개정이 사학인의 자존심을 여지없이 짓밟고 있어 기독교 사학을 위시한 모든 사학이 극한적으로 반발하고 있는 실정이다(한국 교회

원로 및 중진 지도자, 성명서 "개정 사학법을 절대 반대한다", 2005.12.23).

또한 진술유형은 개정 사학법의 문제를 밝히려고 전념할 때에도 사용되었다.

6-4-16. 정부는 기독교 사학의 경우 기독교인이 개방형 이사가 되도록 시행령에 보장하겠다고 회유하고 있으나 이는 非종교계 사학과의 형평성에도 맞지 않을 뿐만 아니라 좌경화된 기독교인이나 명목상 기독교인도 많아 이러한 장치가 기독교 건학이념을 지키는 근본적인 해결책이 될 수 없다(한국 교회 원로 및 중진 지도자, 성명서 "개정 사학법을 절대 반대한다", 2005.12.23).

6-4-17. 뿐만 아니라 이번 법 개정으로 학교현장은 정치 투쟁장으로 바뀌고 학교법인과 학교장의 리더십은 무력화될 것이다. 또 도처에서 개방이사에 의한 임원 간의 분쟁이 야기될 것이다. 더욱이 개방형 이사가 전교조일 경우에는 분규가 더욱 커지는 것은 불문가지이다. 그리고 이러한 분규는 관할청으로 하여금 계고기간 없이 이사승인을 취소시키는 빌미가 될 것이다(한국 교회 원로 및 중진 지도자, 성명서 "개정 사학법을 절대 반대한다", 2005.12.23).

다음으로 의무 양태의 요구유형은 개정 직전 중재안에 대한 거부와 개정안 자체의 철폐를 주장할 때 사용되었다.

> 6-4-18. 우리는 지난 11월 30일, 국회의장이 제안한 열린우리당의 사립학교법 개정 중재안을 단호히 거부한다. 사유재산의 침해 및 신앙교육 말살의 소지가 다분한 개방형 이사제 자체를 철폐하지 않는 한 2배수 추천 운운은 사안의 본질을 희석시키려는 미봉책에 지나지 않는다. 그러므로 <u>학교법인의 자주적 이사선임권 및 재산권을 침해할 뿐 아니라 무엇보다도 건학이념 및 신앙교육을 말살하려는 개방형 이사제 자체를 완전 철폐해야 한다</u>(한국기독교학교연맹 산하 367개 초·중·고·대학교, 한국기독교학교연합회 산하 133개 초·중·고등학교, "사학법 강행처리에 대한 기독교의 결의", 2005.12.07).

## 4-2. 사립학교법 개정 반대 담론의 특징들

### 4-2-1. 텍스트 행위 차원

개신교 보수의 목적은 이미 개정된 사학법을 거부하고 다시 재개정하는 싸움을 하려는 것이다. 그러므로 정부와 타협보다 대결할 목적을 드러내기 위해 확신형(6-4-1, 6-4-2), 선언형(6-4-3, 6-4-4, 6-4-5), 당위형(6-4-6)을 사용한다. 스타일에서도 개신교 보수는 인식 양태 진술유형(6-4-13, 6-4-14, 6-4-15, 6-4-15, 6-4-16, 6-4-17)을 주로 사용하여 정부와 여당에 대한 분노와 실망과 함께 개정된 사학법의 문제를 밝히려 한다. 그리고 의무 양태 요구유형(6-4-18)을 사용하여 개정의 철폐를 주장하는 행위에 집중한다.

### 4-2-2. 담론적 행위 차원

사학법 개정에 대한 저항과 반대 담론에서 등장하는 세부 담론은 건학이념 훼손(6-4-7, 6-4-8), 사학의 자주성과 자율성(6-4-9, 6-4-10), 종교교육과 종교의 자유를 침해하여 위헌(6-4-11, 6-4-12) 등이다. 이러한 세부 담론들은 서로 연결되어 효과적으로 사용된다. 각종 결의문과 성명서들이 서로 연결되어 상호 텍스트성을 가지고 있다. 입장이 조금씩 다른 전국 사립 초등학교, 중학교, 고등학교, 대학교들은 상호 텍스트성을 기반으로 연합하여 사학법 개정 반대라는 상호 담론성을 형성하고 매우 강력하게 투쟁할 수 있었다. 그리고 이러한 투쟁은 효과적이었다. 개신교 보수를 중심으로 진행된 투쟁으로 인해 개방형 이사제 자체는 유지되지만, 최초 개정 의도와 다소 멀어진 내용으로 사학법은 2007년 재개정 된다.

### 4-2-3. 사회적 행위 차원

사학법 재개정 투쟁의 과정에서 개신교 보수는 정치권을 적극적으로 압박하였다. 개신교 보수 단체인 한국기독교총연합회는 2007년 6월 23일 "사학법 재개정 반대의원 낙선운동본부"를 출범[81]시키기까지 하였다. 그러나 이러한 개신교 보수의 사학법 재개

---

81) http://www.cck.or.kr/chnet2/board/view.php?id=51&code=notice01_2007&cate=&start=0

정 투쟁은 시민사회의 요구와 엇갈린다. 사학의 투명성과 건전성을 요구하는 여러 시민사회 단체들은 사학법 재개정에 반대하였다. 구체적으로 2006년 1월 31일 교수노조는 사학법 재개정 논의를 반대하는 성명을 발표[82]하였고, 나아가서 2007년 4월 20일 같은 개신교이지만 진보 단체인 전국목회자평화실천협의회는 사학법 재개정을 반대하는 성명을 발표[83]하였다. 2007년 4월 25일 전교조와 공무원노조 등은 사학법 재개정을 반대하며 열린우리당 인천시당을 점거 농성[84]하기도 하였다. 또한 2007년 6월 22일 시민사회 단체들로 구성된 "사립학교 개혁을 위한 국민운동 본부"는 성명서 "1,000인 선언"을 발표하고 사학법 재개정을 반대하고 오히려 개방이사 비율을 높이라고 요구하였다.[85] 이러한 단체들의 사학법 개정 반대 운동에도 개신교 보수는 사학법 재개정을 결국 쟁취하였다. 이는 개신교 보수와 한국 시민사회 사이의 간격이 얼마나 큰지 잘 보여주고 있다.

## 5. 역사 교과서 국정화 찬성 담론

역사 교과서 국정화는 2015년 5월 1일 박근혜 대통령 지침

---

&category=&word=&viewType=&category_id= (2020년 5월 1일 접속)

82) 한국대학신문, 2006년 1월 31일, "교수노조, 사학법 재개정 논의 반대".
83) 당당뉴스, 2007년 4월 22일, "우리는 사학법 재개정 반대한다!" 진보적 목회자, 단체들 목소리 높여".
84) 오마이뉴스, 2007년 4월 26일, "전교조 등 사학법 재개정 반대한다".
85) 노컷뉴스, 2007년 6월 22일, "사학법 재개정 반대한다".

"균형 잡힌 올바른 교과서 만들기"로부터 시작하여 빠르게 진행되는 듯했다. 2015년 10월 22일 교육부는 국정 한국사 교과서 발행 계획을 공식 발표하였고, 그해 11월 23일 국사편찬위원회는 47명의 비공개 집필자를 확정하였다. 그러나 박근혜 대통령 탄핵 정국에 들어서자 그 추이가 달라지기 시작하였다. 2016년 12월 27일 국정 교과서 현장 적용은 1년간 유예되었다. 2017년 초에는 역사 국정 교과서를 시범적으로 사용하는 연구학교로 문명고등학교가 지정되었지만, 학생과 학부모의 반대가 있었다. 이러한 상황 속에서 2017년 3월 8일 전국 93개 학교에 5848권의 국정 교과서 배포되기도 하였다. 그러나 결국 2017년 5월 12일 문재인 대통령은 국정 교과서 폐기를 지시함으로써 역사 교과서 국정화는 취소되고 논란은 끝나게 된다.

역사 교과서 국정화에 대해 개신교 보수는 찬성하였다. 한국 개신교 보수진영에서는 국정 교과서 논의가 시작되던 2015년에 "한국기독교역사교과서공공대책위원회"가 만들어지고 이 단체에 한국기독교총연합회, 한국교회연합, 한국장로교총연합회, 국가조찬기도회, 한국기독교공공정책협의회, 한국교회언론회 등이 연합하여 4개의 성명서를 각각 9월 16일, 10월 8일, 10월 13일, 10월 22일 연속으로 발표한다. 그리고 한국교회언론회도 2009년부터 2016년까지 꾸준히 역사 교과서 국정화에 대한 논평을 발표하였다. 6장 5절에서는 이 성명서들과 역사 교과서 국정화에 대한 각종 논평들을 중심으로 개신교 보수가 생산한 역사 교과서 국정화 찬성을 위해 생산한 담론의 형식과 내용 그리고 내포된 의도를 분석한다.

## 5-1. 역사 교과서 국정화 찬성 담론 분석

### 5-1-1. 텍스트에 나타난 장르들

장르는 당위형, 증거 제시형, 설득형 등이 주로 사용되었다. 당위형은 개신교 보수가 근현대사에 기독교의 역사적 기여를 삽입하는 것을 당연하다고 주장할 때 사용된다.

> 6-5-1. 기독교는 누가 뭐라고 해도 우리나라의 근현대사에 부정할 수 없는 사회적, 역사적 공헌을 하였다. 지금도 전체 인구의 20% 이상이 기독교의 신앙을 가지고 있기에 기독교에 대한 역사적, 사회적 평가와 함께 이를 교과서에 기록해야 맞다. 이 땅에서의 기독교는 더 이상 외래종교가 아닌 토착화된 종교이다(한국교회언론회, "새로운 역사교과서 개편에서는 기독교에 대한 바른 평가가 있어야 한다", 2009.10.21).

> 6-5-2. 한국 기독교는 역사 교과서의 이런 종교 편향을 시장하고 기독교가 공정하게 서술될 수 있기 위하여 교육과정과 집필기준이 제대로 개정되어야 한다. 따라서 교육부는 이번에 개정하는 역사교육과정과 집필기준을 제대로 수정하여 다른 종교와 마찬가지로 기독교도 정당하게 서술될 수 있도록 해야 한다(한국기독교역사교과서공동대책위원회 외[86], 성명서 "교육부는 역사

---

86) 이 성명서는 한국기독교역사교과서공동대책위원회와 함께 한국기독교총연합회와 한국교회연합의 회원 교단 및 단체, 한국교회언론회, 한국미래목회포럼, 선민네트워크, 에스더기도운동, 한국기독교사학 연맹 등이 참여하였다.

교육과정과 집필기준에 나타난 종교 편향을 시정하고, 기독교를 공정하게 서술해야 한다", 2015.09.16).

증거제시형은 기존의 8종 역사 교과서의 오류와 출판사의 수정 거부를 지적할 때 사용된다.

6-5-3. 교육부는 지난해 8종의 고교 한국사 교과서에 대해 829건의 오류와 편향을 지적하고 수정 및 보완을 지시했었다. 고교 한국사 교과서 8종 중 1곳 출판사를 제외한 7곳 출판사 교과서 필자들이 지난해 10월 31일 '자체 수정안'을 내놓았다. 이들은 교육부가 수정 권고한 578건 가운데 514건과 자발적으로 걸러낸 잘못 등 623건을 바로잡겠다고 밝혔었다. 그러나 교육부가 지적한 잘못 중 64개 항목에 대해서는 수정하지 않겠다고 했었다. 이들 7종 교과서 집필자들은 교육부 권고에 대해서는 오히려 '권고가 오류'라며 수정을 거부했던 것이다. 이들 집필자들은 나머지 한 개 출판사의 교과서를 '불량'으로 몰고, 자신들의 교과서는 '정품'이라고 자찬했었다(한국교회언론회, "한국사 교과서를 국정으로 환원하라", 2014.08.28).

설득형은 올바른 역사 교육의 중요성을 주장할 때 사용되었다.

6-5-4. 문제는 이런 교과서를 가지고 공부해야 하는, 즉, 자기 정체성이 아직 확립되지 못한 학생들이 겪어야 할, 혼란과 고초가

크다는 것이다. 역사를 잘못 배우면, '역사의 미아'가 되는 것이며, 평생토록 오도된 역사의식 속에서 살아야 하는 불행을 겪는 것이다(한국교회언론회, "역사 교과서, 국가 정체성을 바로 잡는 국정 교과서로 가야", 2015.09.01).

### 5-1-2. 텍스트에 나타난 담론들

개신교 보수의 역사 교과서 국정화뿐만 아니라 그 국정 교과서에 한국 근현대사에서 개신교가 기여한 부분을 충분히 삽입하려는 의도를 가지고 있다.

6-5-5. 이를테면 초등학교 사회과 과목에서 타종교는 여러 번에 걸쳐 나오지만 기독교는 배제시킨 모습을 볼 수 있고, 중학교 국사 교과 과정에서도 불교, 유교, 천주교, 천도교, 심지어 정감록, 무속 신앙까지를 언급하고 있으나 기독교에 관련된 사항은 없다는 것이다. 고등학교의 국사 교과서 과정에서도 마찬가지로 일반 종교는 물론 풍수지리, 미륵 사상까지도 다루면서 정작 기독교는 배제시키고 있다 하니, 심각한 역사 편향 현상이 아닐 수 없다(한국교회언론회, "새로운 역사 교과서 개편에서는 기독교에 대한 바른 평가가 있어야 한다", 2009.10.21).

개신교 보수는 지금까지의 검정 역사 교과서의 한국 근현대사 부분에 개신교가 기여한 부분은 빠져 있다고 주장한다. 그리고 이것을 차별[87]이라고 인식한다.

6-5-6. 셋째, 고등학교 역사교육과정과 집필기준에 기독교가 서구문물의 도입과 근대사회의 형성에 끼친 역할을 분명하게 언급해야 한다. 현재 고등학교 한국사 교육과정과 집필기준에는 불교와 유교에 대해서 매우 자세하게 설명할 것을 요구하고 있고, 천주교와 천도교, 심지어 정감록에 대해서도 항목을 두어 설명하고 있다. 그런데 한국의 주요 종교 가운데 하나인 기독교에 대해서는 아무런 언급이 없다. 이것은 명백한 기독교에 대한 종교차별이다. 기독교는 한국의 근대화와 민족운동에 어느 종교 못지않게 중요한 역할을 했다(한국기독교역사교과서공동대책위원회 외 기독교 단체들, 성명서 "교육부는 역사교육과정과 집필기준에 나타난 종교 편향을 시정하고, 기독교를 공정하게 서술해야 한다", 2015.09.16).

6-5-7. 한국 기독교는 한국의 근대화, 독립운동, 대한민국의 건국, 산업화, 민주화에 한국의 어떤 종교 못지않게 기여하였다. 하지만 대한민국의 역사 교과서는 이 같은 기독교의 역할을 인정하지 않고 있다. 이것은 분명히 특정 종교를 무시하는 종교 편향이며, 기독교에 대한 차별정책이다. 한국 기독교는 이 같은 현실을 직시하며, 다음과 같이 행동할 것을 밝히는 바이다. 첫째, 우리

---

87) 차별 담론은 이미 앞에서 보았듯이 문화 관련 담론인 동성애 반대 담론과 타종교 담론 그리고 시민사회 관련 담론들인 담임목사직 세습, 종교인 과세 반대 담론에서도 등장한다. 이에 대하여 7장에서 다루겠다.

는 천만 기독교 신자들에게 현재 역사 교과서에 나타난 종교편향 실태를 고발할 것이다. 둘째, 우리는 전국 5만 교회를 통하여 박근혜 정부의 종교 편향의 실상과 기독교 차별을 알릴 것이다. 셋째, 우리는 한국사 교과서에 기독교가 차별받지 않도록 사회적, 법적, 행정적인 모든 수단을 강구할 것이다(한국기독교역사교과서공동대책위원회 외 기독교 단체들, 성명서 "한국사 교육과정에 나타난 종교 편향과 기독교 차별에 대해서 교육부는 사과하고, 여기에 대한 근본적인 대책을 마련하라", 2015.10.08).

그리고 현행 검정 교과서들이 좌파 역사관에서 서술된 것이라는 좌파 담론이 나타난다.

6-5-8. 이러한 교과서는 필자들이 소위 '민중사관'에 의해 집필된 것으로, 현행 교과서 채택 제도하에서는 이런 종류의 교과서가 선택될 가능성이 매우 높다. 전문가들이 바라보는 한국사 교과서의 문제점도 다르지 않다. 좌편향, 친북 · 반대한민국적인 내용이 많고, 대한민국의 정통성은 부정하는 반면 북한 체제에 대해서는 우호적이며, 교사가 주도하는 교과서 채택으로 편향된 교과서 채택 가능성이 높으며, 역사 교육을 담당하는 교육자의 90% 정도가 특정 영향권에 들어가 있다는 것 등을 우려하고 있다(한국교회언론회, "한국사 교과서를 국정으로 환원하라", 2014.08.28).

6-5-9. 하지만 <u>일부 역사가를 포함한 좌파 세력은 우리가 선택한 대한민국에 대해서 끊임없이 문제를 제기하고 있습니다</u>. 그들은 대한민국을 건국한 세력을 한국사의 중심에 놓기를 거부하고, 오히려 대한민국의 건국을 반대한 세력을 중심으로 역사를 서술하였습니다. 이런 역사이해는 해방 이후의 역사를 대한민국의 건국과 발전의 과정으로 이해하기보다는 남북 분단의 고착화라는 입장에서 이해하고 있습니다. 이들은 대한민국을 모든 국민이 주인이 될 수 있는 국민국가로 보기보다는 오히려 노동자와 농민이 주인이 되는 특정 계급의 입장에서 역사를 이해하고 있습니다(한국기독교역사교과서공동대책위원회 외 기독교 단체들, 성명서 "오늘의 역사 교과서 논쟁을 미래를 위한 역사 정립의 기회로 삼아야 합니다", 2015.10.22).

그리고 좌파 담론은 대한민국의 정통성 담론으로 발전된다.

6-5-10. 대한민국은 남북이 대치되어 치열한 사상전이 전개되고 있는데 <u>대한민국의 정통성을 부인한 국사 교과서로 교육할 경우, 사상전에서 대패하게 되는 것은 명약관화(明若觀火)</u>하다. 부강한 군대보다 더 중요한 것이 바른 역사관을 바탕으로, 애국애족 정신을 가진 젊은이들의 건전한 가치관과 사상이다(한국교회언론회, "한국사 교과서를 국정으로 환원하라", 2014.08.28).

### 5-1-3. 텍스트의 스타일들

개신교 보수의 역사 교과서 국정화 찬성 담론에는 인식 양태의 진술유형과 질문유형 그리고 의무 양태의 요구유형과 제안유형 모두 사용되었다. 먼저 인식 양태의 진술유형은 기존의 8종 역사 교과서의 문제를 근현대사에서 개신교 기여 부분이 빠진 것으로 전념하여 설명할 때 사용된다.

> 6-5-11. 그러나 국사 교과서는 애써 기독교의 활동을 외면하고 있다. 예를 들면, 3·1운동은 기독교와 천도교가 주도하였는데, 국사 교과서에서는 천도교가 주도한 것으로 기술하고 있다. 민족 대표 33인 가운데 절반인 16명이 기독교인이며, 만세운동의 파급에 전국에 산재한 교회들이 네트-웍을 통해 이루었고 이를 세계에 알려 한국 독립의 필요성을 알리는 역할을 했지만, 이에 대한 정당한 평가가 없는 것은 역사의 상실과 다름없다(한국교회 언론회, "새로운 역사 교과서 개편에서는 기독교에 대한 바른 평가가 있어야 한다", 2009.10.21).

그리고 진술유형은 개신교의 기여를 구체적으로 제시할 때에도 사용된다.

> 6-5-12. 우리 기독교인들은 대한민국의 건국에 중요한 기여를 했습니다. 기독교는 서구 문명을 받아들여 유교적 봉건주의를 극복하고, 세계 기독교와 연대하여 일제의 통치에 저항하며, 개인

의 자유와 책임을 강조하는 민주주의를 이 땅에 소개했습니다. 특히 북한의 공산 치하에서 신앙의 자유를 유린당한 기독교인들은 월남하여 오늘의 자유대한민국을 건국하기 위해서 투쟁했습니다(한국기독교역사교과서공동대책위원회 외 기독교 단체들, 성명서 "오늘의 역사 교과서 논쟁을 미래를 위한 역사 정립의 기회로 삼아야 합니다", 2015.10.22).

또한 진술유형은 박근혜 대통령의 역사 교과서 국정화 찬성을 분명하게 표명할 때 사용되었다.

6-5-13. 우리 기독교인들은 오랫동안 대한민국의 정통성과 올바른 역사를 담고 있는 한국사 교과서와 역사 교육을 기대해왔습니다. 하지만 우리의 기대는 번번이 어그러지고 말았습니다. 오랫동안 한국 사회는 역사 교과서 문제 때문에 큰 논란을 벌여 왔습니다. 이제는 이런 논란을 종식시켜야 합니다. 따라서 한국 기독교는 올바른 역사 교과서를 만들고, 대한민국의 자긍심을 심어주는 역사 교육을 하려고 추진하는 정부의 정책을 지지합니다(한국기독교역사교과서공동대책위원회 외 기독교 단체들, 성명서 "오늘의 역사 교과서 논쟁을 미래를 위한 역사 정립의 기회로 삼아야 합니다", 2015.10.22).

인식 양태의 질문유형은 현 역사 교과서에 문제가 있다는 인식을 끌어내려고 할 때 사용된다.

6-5-14. 현재 한국사 교과서는 한국의 근대사를 좌파적인 시각에서 바라보고 있습니다. 이 교과서들은 해방 후 한국사의 출발을 헌법에 명시한 대한민국 임시정부보다 여운형의 건국준비위원회에 두고 있으며, 소련은 해방군이지만 미군은 점령군이고, 대한민국의 건국이 조국분단의 원흉이며, 북한은 자주 국가이지만 남한은 미국의 식민지이고, 6·25 전쟁이 북한의 남침에 의한 것이라는 것을 밝히기를 꺼려합니다. <u>이렇게 쓰여진 한국사 교과서가 어떻게 우리의 자녀들로 하여금 대한민국 국민으로서 자부심을 갖게 할 수 있습니까?</u>(한국기독교역사교과서공동대책위원회 외 기독교 단체들, 성명서 "더 이상 좌편향된 교과서로 우리의 자녀들을 교육할 수 없습니다", 2015.10.13).

의무 양태의 요구유형은 교육부를 향하여 사과와 국정 교과서 관련 요구사항 즉, 근현대사에 개신교의 기여를 삽입하려는 요구를 말할 때 사용되었다.

6-5-15. 지난 9월 23일에 발표된 중고등학교 한국사 교육과정에 보면 모든 종교는 다 언급되고 있는데, 오직 기독교만이 단 한 단어도 나오고 있지 않다. 기독교의 요구는 전연 받아들여지지 않았다. 한국 기독교는 이 같은 심각한 종교 편향과 기독교 배제의 현실에 깊은 실망을 표하지 않을 수 없으며, 다음과 같이 요구한다. 첫째, 교육부는 역사 교과서에 나타난 종교 편향과 기독교 차별을 인정하고, <u>공개적으로 사과하라.</u> 둘째, 교육부는 역사

교과서의 종교 편향을 묵인하고 수정을 거부한 책임자를 문책하고, 새로 만들어지는 중고등학교 집필기준에 교육과정의 문제점을 보완하여 기독교가 공정하게 서술되는 역사 교과서를 만들어라. 셋째, 교육부는 대한민국의 건국과정을 분명히 설명할 수 있도록 구체적인 집필기준을 만들고, 새로운 역사 교과서에는 대한민국은 자유민주주의, 시장경제, 그리고 종교의 자유가 보장된 나라라는 것을 밝혀라(한국기독교역사교과서공동대책위원회 외 기독교 단체들, 성명서 "한국사 교육과정에 나타난 종교 편향과 기독교 차별에 대해서 교육부는 사과하고, 여기에 대한 근본적인 대책을 마련하라", 2015.10.08).

의무 양태의 제안유형은 실제적인 제안보다 역사에 대한 자신들의 생각과 판단을 주장하는 행위에 전념하기 위해 사용되었다.

6-5-16. 한국 기독교는 한국사 교육을 정상화하기 위해서 정부에 다음 두 가지를 제안하고자 합니다. 첫째, 대한민국의 정체성을 바로 확립할 수 있는 실력 있는 역사학자들을 많이 양성해야 합니다. 올바른 역사의식을 가진 역사학자들이 없다면 국정화도, 검인정 제도도 아무런 의미가 없기 때문입니다. 둘째, 역사 교과서가 대한민국의 정통성이 아니라 특정 정권의 정당성을 확보하기 위한 수단으로 전락해서는 안 됩니다. 따라서 역사 교과서에 집필 당시 당대의 정부에 대한 서술은 배제해야 합니다(한국기독교총연합회, 성명서 "더 이상 좌편향된 교과서로 우리의 자녀

들을 교육할 수 없습니다", 2015.10.13).

## 5-2. 역사 교과서 국정화 찬성 담론의 특징

### 5-2-1. 텍스트 행위 차원

역사 교과서 국정화를 정당화하고 근대사 부분에 개신교의 기여를 충분히 삽입하기 위해 강력한 표현을 만들 수 있는 당위형(6-5-1, 6-5-2), 근거를 확인시키는 증거제시형(6-5-3), 올바른 역사교육의 중요성을 이해시키는 설득형(6-5-4) 등이 사용되었다. 스타일은 인식 양태의 진술유형(6-5-11, 6-5-12, 6-5-13)을 사용하여 개신교의 역사적 기여가 사실임을 설명하고, 질문유형(6-5-14)을 사용하여 자신들의 주장이 사실임을 이끌어낸다. 그리고 의무양태 요구유형(6-5-15)을 사용하여 근대역사 부분에 개신교의 기여를 삽입하는 것을 관철하려 하고 제안유형(6-5-16)을 사용하여 역사에 대한 자신들의 생각과 판단을 주장한다.

### 5-2-2. 담론적 행위의 차원

개신교 보수의 역사 교과서 국정화 찬성 담론의 세부 담론들은 근현대사에서 개신교의 기여에 대한 기술을 차별적(또는 편향적)으로 하였다는 주장(6-5-5, 6-5-6), 성낭한 서술의 필요성(6-5-4)과 요구(6-5-2, 6-5-7), 좌파 역사 교과서 비판과 올바른 역사관(6-5-8, 6-5-9, 6-5-10)으로 나누어 볼 수 있다. 이러한 세부 담론은 2015년 한국기독교역사교과서공동대책위원회에서 발표한 네

개의 성명서들의 내용 변화에서 확인할 수 있다. 9월 16일과 10월 8일 발표한 성명서는 역사 기술에서 개신교가 받는 차별에 중점을 두고 있다. 그리고 10월 13일과 10월 22일의 성명서는 좌파 역사관 비판과 국가 정통성을 주장하는 것에 집중하고 있다. 이러한 세부 담론들은 서로 합체하여 역사 교과서 국정화의 당위성을 끌어내는 상호 담론성을 형성하였다.

### 5-2-3. 사회적 행위의 차원

위에서 보았듯이 개신교 보수의 역사 교과서 국정화 찬성의 담론은 두 가지였다. 하나는 근대사 부분의 개신교의 기여를 역사 국정 교과서에 제대로 삽입(6-5-2, 6-5-7)하는 것이다. 다른 하나는 박근혜 대통령이 주장하는 올바른 역사 교육과 궤를 같이하는 좌파 역사관 비판(6-5-8, 6-5-9, 6-5-10)이다. 이 두 가지 담론은 따로따로 있는 것이 아니라 서로 연결되고 상호 담론성이 형성되어 역사 교과서 국정화의 당위성을 이끌어낸다.

반면에 개신교 보수의 목적과 다르게 역사학계와 교육계는 역사 교과서 국정화를 반대하였다. 예를 들어 2015년 9월 16일 고려대 교수 160명이 반대 성명을, 2015년 10월 18일에 전국 70개 대학 역사학과 교수들이 국정 교과서 반대 및 집필 거부 선언을, 그리고 2015년 10월 28일에 서울대 교수 382명이 반대 성명을, 2015년 10월 29일 전국교직원노동조합이 반대하는 시국선언을 하였다. 2016년 11월 24일 충남 교육감, 경기 교육감, 광주 교육감 등 전국 17개 시도교육감들이 국정화 반대 성명을 발표하였다. 그러므로 학계와 교육계를 포함하여 시민사회에서는 역사 교과서 국정화는 받아들여지지 않았다고 볼 수 있다. 그러므로 역사 교과서 국정화는 개신교 보수와 시민사회가 서로 완전히 엇갈리는 또 하나의 예이다.

그런데 2016년 들어와 10월 최순실 국정농단 사건이 터지면서 역사 교과서 국정화 사업은 마무리되지 못하였고 주요 논란에서도 벗어난다. 그래서 한국교회언론회는 불씨를 다시 살려 한다는 논평을 발표하기도 한다.

> 6-5-16. 국정 교과서에 대한 의견이나 여론이 나쁘다고 하여, 백년대계(百年大計)가 되고, 바른 교육의 기본이 되는 국사 교과서 제작이나 배포를 포기하겠다는 분위기는 찬성할 수 없다. 교육부는 잠시 형성되고 있는 반대 여론이나 정치적 상황에 휘둘리지 말고, 바르고 정확한 역사적 내용들을 집필한 국사 교과서를 널리 배포함으로, 적어도 바른 교육의 디딤돌을 놓았다는 평가를 받아야 한다. 역사 왜곡과 폄훼는 범죄 행위에 다르지 않다. 이를 보고만 있을 것인가?(한국교회언론회, "국정교과서 끝까지 살려야 한다", 2016.11.26).

그러나 결국 2017년 문재인 대통령이 제작된 국정 교과서 폐기하여 역사 교과서 국정화는 이뤄지지 못했다.

## 6. 정리

한국 개신교 보수는 여러 가지 시민사회 관련 이슈에 대해 적극적으로 개입한다. 그러나 개신교 보수의 박근혜 대통령 탄핵 반대, 담임목사직 세습, 종교인 과세 비판, 사립학교법 재개정 요구, 역사 교과서 국정화 찬성은 시민사회와 뚜렷하게 엇갈린다.

탄핵은 개신교 보수에게 공산주의자들에 의한 국가위기이지만, 시민사회에서는 정치권 비리와 국정농단의 문제이다. 그래서 2017년 3월 1일 광화문 광장에서 시민사회의 탄핵 촛불과 보수 우파의 탄핵 반대 태극기가 대립의 절정을 연출할 때 개신교 보수는 태극기 진영과 함께하였다.

개신교 내 담임목사직 세습은 개신교 보수의 입장에서는 성직의 승계이다. 그러나 세속화와 탈종교화 현상이 나타나는 한국 사회 안에서 세습은 시민들에게 부정적인 관심을 받고 있다.

종교인 과세는 개신교 보수의 입장에서는 교회의 특수성을 인정받지 못하고 차별과 위헌 나아가서 세무감사를 의심한다. 그러나 시민사회는 전반적으로 종교인 과세에 찬성하고 오히려 과세 대상에서 종교활동비가 빠진 것을 문제 삼고 있다.

사립학교법 개정은 개신교 보수의 입장에서는 종교탄압이며 기독교 사학의 위기이므로 재개정을 위한 투쟁을 전개하였다. 그러나 시민사회는 오히려 사학의 투명성과 건전성을 거론하며 사립학교법 재개정을 반대하였다.

개신교 보수는 역사 교과서 국정화를 통해 올바른 역사 교육과 근현대사 안에서 개신교의 기여를 충분히 삽입하려 하였다. 그러나 시민사회 안에서 다양한 계층과 집단(학계, 시민단체, 시도교육감)들은 역사 교과서 국정화를 반대하였다.

이렇게 한국 개신교 보수와 시민사회는 사회의 주요 쟁점들과 관련하여 대부분의 경우 서로 뚜렷하게 대립하는 구조를 형성하고 있다.

물론 드물게 대립하지는 않은 경우도 있었다. 예를 들어 대표적 개신교 보수 단체인 한국기독교총연합회는 헌법재판소에서 탄핵이 결정되기 전날 탄핵이 결정되면 수용해야 한다는 입장을 발표한다. 이는 앞에서도 말했지만, 한국 사회 전체가 촛불과 함께 탄핵을 찬성하고 헌법재판소의 마지막 결정만 남아있는 상황 안에서 한국기독교총연합회의 담론이 한국 사회 전체의 담론 안에서 재맥락화(recontextualization)된 것이라고 볼 수 있다. 촛불 탄핵이라는 거대한 지배 담론 안에서 한국기독교총연합회의 담론은 변경된 것이다.

개신교 보수의 담론이 한국 사회 전체의 지배적 담론에 의해 변화하게 되는 이러한 종류의 재맥락화가 일어났던 경우가 2000년대 들어와 한 번 더 있었다. 그것은 세월호 참사 사건의 경우이다. 일부 개신교 보수진영의 목사들이 이른바 세월호 막말을 하였지만, 대부분의 개신교 보수 교단들과 단체들은 당시 사회 전체의 추모와 애도의 분위기와 공감하는 성명서들과 선언문들 그리고 공식입장을 발표하였다. 세월호 참사의 경우 개신교 보수는 이례적으로 우파정권인 박근혜 정권을 비판하고 시민사회와 유사한 입장을 취하는 맥락의 담론을 생산하였다. 이는 사회 전체의 지배적 담론이었던 추모와 진상 규명 담론 안에서 개신교 보수의 담론이 변경되어 이른바 담론의 재맥락화가 이루어진 것으로 보인다.[88] 이러한 재맥락화는 당시 한국 사회 전체가 추모의 분위기였고, 사고에 대한 진상 규명이 가장 크게 대두되었기 때문이다. 한국 개신교 보수는 세월호 참사의 경우에 있어서 이러한 사회 전체의 수준에서 나타나는 추모와 진상 규명의 텍스트와 담론에서 벗어난 다른 담론을 생산 유포할 수 없었다.

---

88) 이에 대하여는 필자의 졸고, "세월호 참사 사건에 대한 기독교 담론 분석: 성명서들과 선언문들 그리고 공식입장 표명들을 중심으로", 「현상과인식」 40권 3호(2016), 183-209를 참조하라.

# 7장

## 한국 개신교 보수가 생산한
## 담론들의 특징

# 7장 _ 한국 개신교 보수가 생산한 담론들의 특징

## 1. 제1 원리로 사용되는 반공주의

한국 개신교 보수가 가장 민감하고 강력하게 반응하는 것이 네 가지가 있다. 그것들은 공산주의, 동성애, 타종교, 이단[1]들이다. 대표적인 개신교 보수 단체인 한국기독교총연합회는 이 네 가지에 대하여 언제나 분명한 입장을 보여준다. 한국기독교총연합회는 세계교회협의회(World Council of Churches, 이하 WCC)를 특별히 반대하고 비판하는 이유도 WCC가 공산주의, 동성애, 타종교에 대해 취하는 입장을 받아들일 수 없기 때문이다. 2013년 WCC 총회 부산 개최와 관련해서도 공산주의, 동성애, 타종교에 대한 WCC의 입장을 비판하는 한국기독교총연합회의 반응은 강하게 나타났다. 한

---

1) 개신교 보수의 이단 담론은 이 책의 주제와 다른 맥락에 있다. 이 책의 결론 부분에서 이단 담론에 대한 새로 시작하는 것은 다소 무리가 있다. 그러므로 이단 관련 담론은 다음 기회에 다루겠다.

국기독교총연합회는 WCC가 이 세 가지에 대한 심각한 문제를 가지고 있다고 판단하고 WCC 부산 개최를 반대한다.

한국기독교총연합회는 WCC를 결사적으로 반대합니다. 한국 교회를 혼란스럽게 하는 WCC 총회는 대한민국에서 개최되지 말아야 할 것입니다. 한국 땅에서는 더 이상 WCC가 통하지 않는다는 사실, 다시 말하면 공산주의나 종교다원주의, 동성연애 등이 통하지 않는다는 것을 분명히 깨닫게 해주어야 할 것입니다(한국기독교총연합회, 성명서 "2013 WCC 부산총회 개최를 취소하라!", 2013.05.03).

한국기독교총연합회는 이미 2012년 23-11차 임원회의에서 WCC를 적그리스도 사단으로 규정하고, WCC를 지지하는 모든 세력은 친 WCC 옹호 단체로 규정하였다.

그런데 네 가지 중 개신교 보수가 가장 적대감을 가지는 것이 공산주의이다. 그러므로 반공주의는 개신교 보수의 제1의 가치이며 판단 기준이다. 개신교 보수는 자신들의 입장에서 옳지 않은 것은 모두 공산주의이거나 종북주의라고 비판하고 정죄한다. 앞에서 보았듯이 개신교 보수가 생산한 사회의 주요 쟁점들에 대한 대부분의 담론들이 반공주의와 연결되어 있다. 4장에서 분석한 국가 담론과 대통령 담론은 종북주의와 공산주의로 인해 국가위기가 온다는 내용과 진보 성향의 대통령이 주사파라는 주장이 포함되어 있었다. 심지어 5장에서 분석한 동성애 반대 담론 안에서도 종북 게이라는 신조어가 만들어지며 동성애와 반공주의가 다소 이해하기 힘든 방법과 인식 과정을 통해 결합 되었다. 그리고 타종교와 특히 불교와의 긴장과 갈등에 대해서도 반공주의가 등장한다. 5장의 타종교 담론에서 볼 수 있었듯이 불교 지휘부를 좌파 세상으로 가려는 의도를 가지고 있는지 의심한다. 또한 6장에서 분석한 박근혜 대통령 탄핵 반대 담론과 역사 교과서 국정화 담론은 각각 공산주의자들의 국가위기를 가져오려는 음모와 좌파주의 역사관을 비판하는 것을 포함하고 있다.

한국 개신교의 반공적 태도는 일본 식민주의 시대로부터 형성되었다.[2] 그로부터 한국전쟁 직전까지도 남한의 개신교는 공산주의와 대립하였다. 그러다가 한국전쟁 경험을 통해 반공주의가 한국 사회 구성원들에게 강하게 내면화되고 중요한 이데올로기가 되었다.[3] 그리고 개신교는 반공의 탁월한 상징으로 부각되었다.[4]

한국기독교교회협의회(NCCK)의 전신인 한국기독교연합회는 반공주의를 명분으로 5 · 16 군사 쿠데타를 지지하였고, 베트남 전쟁을 공산주의의 팽창주의적 세력과 이를 저지하려는 자유 세계 간의 대결로 인식하고 파병을 지지하였으며, 1972년 7 · 4 남북공동성명에 대한 성명서에서 "교회는 진정으로 반공의 자세를 견고히 하고 앞으로 다가올 대결에 대비해야 할 것"과 "성급한 남북 대화 때문에 반공적인 여론이 억압되는 경우에는 심히 우려되는 사태

---

2) 강인철, 『한국의 개신교와 반공주의』, 59.

3) 강인철, 『한국의 개신교와 반공주의』, 68.

4) 강인철, 『한국의 개신교와 반공주의』, 74.

가 벌어질 것"이라고 경고하기도 하였다.[5] 이후 1988년 이전까지 한국 개신교는 보수와 진보 모두 반공주의를 유지하고 있었다. 그러다가 1988년 2월 37회 한국기독교교회협의회 총회에서 "민족의 통일과 평화에 대한 한국기독교회 선언"을 발표하면서 "남한의 그리스도인들은 반공 이데올로기를 종교적 신념처럼 우상화하여 북한 공산 정권을 적대시한 나머지 북한 동포들과 우리와 이념을 달리하는 동포들을 저주까지 한 죄를 범했음을 고백"하였다.[6] 반면에 1989년 한경직 목사를 중심으로 보수주의와 반공주의를 표방하는 한국기독교총연합회가 조직되어 출범하였다. 한국기독교총연합회는 2003년 미국 조지 부시 대통령의 친서를 받기도 하며 활발한 활동을 거듭했다. 1990년대로부터 현재까지 반공주의는 개신교 보수의 전유물이었다.[7]

이상에서 본 바와 같이 한국 개신교 보수는 반공주의를 제1 원리로 사용한다. 그런데 이에 대한 성찰은 부족해 보인다. 개신교 보수의 반공에 대한 강조는 기독교의 최고의 가치이며 교리에도 구체화되어 있는 신의 인간을 향한 무조건이고 절대적인 "사랑"(또는 아가페)을 넘어서 있는 것처럼 보인다. 즉, 반공주의라는 이데올로기가 개신교를 관통하여 사랑보다 상위에 있는 것처럼 보인다. 그리고 기독교에서 신의 사랑을 본받아 인간들 사이에서도 사랑을 실천하려는 것은 매우 중요하다. 그런데 공산주의자를 색출하고 단죄

---

5) 한국기독교교회협의회 70년 역사편찬위원회 편, 『하나되는 교회 그리고 세계』 (서울: 대한기독교서회, 1994), 229-230.

6) 앞의 책, 244-245.

7) 강인철, 『한국의 개신교와 반공주의』, 89.

하는 반공주의는 이러한 사랑의 실천과는 어울리지 않는다. 오히려 기독교적 사랑을 실천하는 데 반공주의는 장애물이 될 수도 있다.

나아가서 이러한 개신교 보수의 제1 원리로서 반공주의 강조는 크게 두 가지 현실적인 문제를 유발하였다. 첫째로 역설적이게도 반공주의에 지나친 강조는 개신교 보수의 분열과 내파(implosion)의 원인이 되고 있다. 공산주의자로 호명됨은 절대 악이 구현된 구체적인 실체(embodiment)가 되는 것을 의미한다. 그런데 같은 개신교 보수진영 안에서 상대를 공산주의자로 부르는 일이 발생 하였다. 최근 여의도순복음교회 이영훈 목사를 공산주의자로 몰고 가는 현상이 나타났다. 대표적 보수 인사이며 한국기독교총연합회 대표회장까지 역임한 여의도순복음교회 이영훈 담임목사는 신동아 2018년 11월호 인터뷰에서 김정은 북한 국무위원장이 답방하면

> 국가적 예우 차원에서 환영해야 한다. 문 대통령이 북한에서 환영받았으니 우리도 환영하는 게 맞다. 중국 난징대학살기념관에 가면 관람 코스 벽면에 이런 문구가 있다. '용서는 하되 잊지는 말자.' 북한에 대해서도 잊지는 말되 용서하고 품을 수 있어야 한다(이영훈 여의도순복음교회 담임목사, "신동아 인터뷰", 2018년 11월호).

라고 말한다. 이러한 인터뷰 내용을 이유로 보수 인사인 조갑제, 기독교사회책임 공동대표 서경석 목사, 그리고 구독자 7만의 유튜브 채널 Christ Lives의 크리에이터 김홍기 목사 등 보수권은 이영

훈 목사를 강력하게 비판하였고, 극우 보수 단체인 자유연대가 여의도순복음교회 앞에서 비판 시위를 열었다. 이후 여의도순복음교회는 2018년 12월 2일 "이영훈 목사는 반공주의자로서 교회는 자유민주주의의 깃발을 들고 평화통일을 위해 나아갈 것이다"는 내용의 입장문을 발표한다. 새에덴교회 소강석 담임목사도 공산주의자라는 비판을 받았다. 그러나 그는 국가조찬기도회에서 두 번이나 설교하였고, 우익 성향이 강하며, 보수 정권과 매우 높은 친화력을 가지고 있다. 그런데 한국기독교총연합회 대변인 이은재 목사는 2019년 12월 20일 "소강석 목사는 왜 주사파인가"라는 입장문을 발표한다. 이 입장문에서 이은재 목사는 2016년 총선에서 기독자유당의 표를 깎아서 가져간 기독당이 소강석 목사와 연관되어 있다는 것과 광화문 집회에 참가하지 않는다는 것을 이유로 소강석 목사를 주사파로 규정한다.[8] 이에 소강석 목사는 이은재 목사를 명예훼손으로 고소한다. 그러자 이은재 목사는 2020년 2월 3일 유튜브에 "소강석 목사에게 공개 사과합니다"라는 영상을 올린다. 소강석 목사는 이 사과를 받아들이고 고소를 취하한다.[9] 이러한 일련의 에피소드들은 개신교 보수진영 안에서 반공주의는 제1 원리로 작동하고 있지만, 누가 공산주의자인지 규정하는 데 있어서 객관적이고 분명한 원칙이 있다기보다 개인적 확신이 더 크게 작용하는 것을 보여준다. 의견이 다르면 모두 공산주의자로 규정하는 것은 범주화의 오

---

8) 뉴스앤조이, 2019년 12월 24일, "반정부 집회의 표적된 대형교회 목사들", 뉴스앤조이, 2020년 2월 5일, "한기총 대변인 소강석은 주사파·공산주의자, 북송해야…소 목사, 명예훼손 혐의 고소".

9) https://www.youtube.com/watch?v=Or1WVSQMtl8(2020년 7월 4일 접속)

류처럼 보인다. 그리고 공산주의자로 호명되는 것이 개신교 보수에게 얼마나 커다란 낙인이 될 수 있는지 잘 보여준다.

둘째로 반공주의의 입장에서 순교를 너무 자주 선언하여 마치 순교가 하나의 전략으로 환원되는 것처럼 보인다. 개신교 보수는 동성애 반대, 탄핵 반대, 종교인 과세 반대, 사학법 개정 반대 등에서 순교를 선언하였다. 각종 사회 쟁점을 공산주의자들이 한국 사회를 흔들려 하는 것으로 인식하고 그에 대한 대응으로 순교를 각오한다는 것은 비종교인들의 입장에게 이상하게 보일 수 있다. 순교는 종교에 대한 억압과 박해 가운데 신앙을 지키기 위해 목숨을 바치는 것이다. 그렇다면 공산주의자들과 사회의 여러 쟁점을 놓고 치열하게 싸우는 것이 순교와 같은 것이 될 수는 없다. 그리고 의견이 다른 개인이나 단체 또는 진보 정권이 동성애를 반대하고, 탄핵을 반대하며 종교인 과세를 비판하고, 사립학교법 재개정을 요구하는 개신교 보수의 목숨을 빼앗을 정도로 박해를 하는지도 확인해보아야 한다.

그런데 역사적으로 보면 순교 담론은 반공주의와 연결되는 과정이 있다. 먼저 1957년 2월 한국기독교연합회가 한국기독교연감을 내면서 한국전쟁 이후 순교 및 납치 교직자 명부를 발표하였다. 하지만 전체 개신교 차원에서 순교자 조사가 체계적으로 진행된 것은 1980년대에 와서 가능했다. 순교자 조사에서 반공 순교자들과 해방 후 신사참배 거부로 인한 희생자들이 순교자로 인정되었다. 한국교회순교자기념사업회가 파악한 순교자는 247명이고, 그 중 189명이 1950년에서 1951년 공산당의 기독교 탄압으로 목숨을 잃었다고 주장한다.[10] 강인철에 의하면 많은 순교자가 공산주의자에게 희생된 것으로 발표되고 나서 순교 담론과 신심 운동이 부분적으로 되살아났다. 그리하여 한국전쟁으로 공산주의자들에 의해 죽임을 당한 이들에 대한 순교 담론과 추모예배 기념사업들이 폭발적으로 증가하였다.[11] 그러므로 한국 개신교의 순교 담론은 민족주의와 반공주의가 여전히 작동하는 한국 사회의 맥락에서 만들어졌다고 볼 수 있다.[12]

## 2. 차별(또는 역차별), 위헌, 교회(또는 종교) 특수성의 반복 사용

5장에서 보았듯이 2015년 인구주택총조사 결과에 따르면 개신교인은 전체 인구 대비 19.7%로서 한국 사회 안에서 최대의 종교이다. 이러한 개신교는 사회적 위치와 영향력을 가지고 있다. 그런데 각 장의 담론 분석에서 보았듯이 한국 개신교 보수는 현재 가지고 있는 권위와 권력 그리고 특혜를 잃지 않고 지키기 위한 투쟁하는 것으로 보인다. 좀 더 구체적으로 살펴보면 개신교 보수는 사회의 주요 쟁점과 관련된 담론을 생산할 때 차별(또는 역차별), 위헌, 교회(또는 종교)의 특수성을 반복해서 사용한다. 만일 개신교 보수가 소수이고 가지고 있지 않은 권위와 권력 그리고 특혜를 새롭게 쟁취하려 했다면 담론은 달랐을 것이다. 만약 그랬다면 개신교 보수는 차별금지법과 종교인 과세법의 제정과 종교평화법 제안을 역

---

10) 데일리굿뉴스, 2018년 6월 25일, "한국 교회 순교자, 6.25 전쟁 때 집중 발생했다".

11) 강인철, 『한국의 개신교와 반공주의』, 173.

12) 강인철, 『한국의 개신교와 반공주의』, 177.

차별과 위헌을 이유로 반대하지 않았을 수도 있다. 그리고 중대형 교회 담임목사직 세습을 변호하고, 종교인 과세에 저항하고, 사학법 개정에 반대하기 위하여 교회(또는 종교)의 특수성을 주장하기 보다 개신교는 다른 종교와 같이 보편성을 가진 종교라고 주장 하였을 것이다. 그러나 앞의 각 장에서 실시한 분석에서 보았듯이 개신교 보수는 이와 같은 담론을 생산하지 않았다.

그리고 차별(또는 역차별), 위헌, 교회(또는 종교)의 특수성에 대한 주장을 반복해서 사용하여 기득권과 특혜를 유지하려는 개신교 보수의 의도는 시민사회 발전의 방향과 엇갈린다. 개신교 보수는 시민사회에 기여하기 보다 그것에 반대하는 사회적 실체의 모습을 가지고 있다. 그리하여 개신교 보수는 6장에서 보았듯이 시민사회로부터 비판을 받는 상황이 되었다. 종교가 사회의 발전이나 통합에 기여하는 것이 아니라 오히려 사회가 종교를 비판하는 상황이 되었다. 실제로 몇몇 언론매체와 시민단체들이 오히려 기득권 종교의 잘못된 관행과 행태들을 비판하는 사회적 여론을 조성하고 있다.[13] 나아가서 강돈구는 종교의 잘못된 관행과 행태들을 바로 잡기 위해서 국가적인 차원에서 제도를 정비하고 종교인을 포함해서 국가 구성원의 종교 관련 인식을 바꾸어나가는 지속적이고 과감한 노력이 필요하다고 주장한다.[14]

---

13) 강돈구, "현대 한국의 종교, 정치 그리고 국가", 강돈구 외, 『현대 한국의 종교와 정치』 (성남: 한국학중앙연구원문화와종교 연구소, 2009), 41.
14) 앞의 논문, 41.

## 3. 개신교 보수가 생산한 담론들의 역사적 불연속성과 담론들의 합체

담론은 역사적인 연속성이 없다. 담론은 역사적 통일성을 따라 생산되고 유포되지 않는다. 담론은 역사 속에서 일관성 있게 발전한 것이 아니라 단절되어있고 개별적이다. 담론은 시대와 상황에 바탕을 둔 목적에 따라 전문가와 사회를 훈육 또는 통제하려는 권력이 특정 시기에 작용하여 형성된 것이다. 각 장의 분석에서 보았듯이 국가 담론, 대통령 담론, 부자와 축복의 담론, 성 담론, 타종교 담론 그리고 시민사회의 주요 쟁점에 대한 담론들도 개신교 보수의 목적과 의도에 따라 생산되고 유포되고 변화되었다.

푸코에 의하면 역사 속에서 불연속적인 담론을 총체성 있게 재구성하려면 두 가지 방법을 시도할 수 있다. 첫 번째는 초월적 시도이다. 이 시도는 역사적 현상과 기원을 넘어서 원초적 토대를 찾으려는 시도이다. 역사 속에서 통일성이 지속적으로 유지되는 지평을 발굴하려는 시도이다. 그러나 푸코에 의하면 이러한 시도는 동어반복적이다.[15] 이러한 시도는 개신교 보수의 담론 분석에도 유용하지 않다. 앞의 각 장에서 보았듯이 개신교 보수가 생산한 담론들은 종교적인 수사를 통해 초월적인 서사를 완성하고 이를 한국 사회에 삽입하려 한다. 그러나 실제로 개신교 보수는 국가위기, 차별(또는 역차별), 위헌, 교회(또는 종교의) 특수성 등과 같이 유사한 형태와 작동 방식을 내재한 담론을 반복하고 있다. 이것을 개신교 보수의 종교적 또는 초월적 주장이라고 할 수도 있다. 하지만 비개신교인

---

15) 콜린 고든 외/심성보 외 옮김, 『통치성에 관한 연구』 (서울: 난장, 2014), 87.

을 포함한 사회 전체의 입장에서 보면 동어반복일 뿐이다.

푸코가 말한 담론의 총체성을 구성하는 두 번째 시도는 경험적인 시도 또는 심리학적인 시도이다. 이 시도는 담론의 창조자(또는 최초 생산자)가 무엇을 말하고 어떤 행위를 했는지 해석하여 숨겨진 의미와 그 의미와 연결된 것을 찾는 것이다. 그리하여 인간의 마음에 나타난 의식과 자각과 그리고 변화의 순간들을 식별하려는 시도이다. 그러나 푸코에 의하면 이러한 시도는 결국 부차적이고 핵심적이지 못하다.[16] 왜냐하면 이러한 시도는 정작 담론의 체계가 어떻게 만들어졌고, 그 작동 방식과 기능을 드러내지 못하기 때문이다. 그리고 담론 외부의 사회적 맥락을 알 수 없다. 이 시도 또한 한국 개신교 보수의 담론을 분석하는 데 유용하지 않다. 앞의 각 장에서 보았듯이 개신교 보수가 생산하고 유포한 담론들은 당시 매우 중요한 사회 쟁점들에 대한 담론이었지만, 기득권과 특혜를 유지하거나 잃지 않기 위해 대결하고 투쟁하는 자기중심적 담론이었다. 이런 개신교 보수 담론 자체의 의미가 무엇인지 파악하는 데 집중하면 왜 그리고 어떠한 맥락에서 그러한 담론이 생산되었고 사회에 어떤 영향을 미치는지 알 수 없게 된다. 그리고 결국 개신교 보수의 자기중심적 담론에서 벗어나지 못하게 된다.

푸코는 담론을 역사 속에서 연속적으로 보며 어떤 총체성이 있는지 밝혀내려 하지 않는다. 대신 그는 각 담론의 특징을 식별해내고 거대한 담론의 통일체를 개별화하고자 시도한다.[17] 예를 들

---

16) 앞의 책, 88.

17) 앞의 책, 88.

어 푸코는 성 담론은 역사적 통일성이 있어서 그에 따라 생산 유포되는 것이 아니라 시대와 상황에 바탕을 둔 목적에 따라 전문가들과 사회정책과 훈육 또는 통제하려는 권력이 특정 시기에 작용하여 형성된 것이라는 것을 밝혀내려 한다. 이러한 푸코의 담론연구는 개신교 보수가 만든 담론을 연구하는 데에도 함의하는 바가 적지 않다.

필자는 개신교 보수의 담론들을 역사적 연속성이 있는 하나의 총체적 담론으로 보지 않는다. 이 책에서 필자는 개신교 보수의 담론들이 권력을 통해 어떻게 의미가 있게 되고, 또한 어떻게 실제로 사람(한국 사회의 개신교인과 비개신교인)들의 생각과 행동을 조종하고 통제하려 하는지 확인하기 위해 개신교 보수의 담론을 각 장에서 정치, 경제, 문화, 시민사회의 영역으로 나누어 분석하였다.

그러나 한편으로 한국 개신교 보수가 생산한 담론들이 역사적 총체성이 없다고 해서 완전히 독립적이라는 것을 의미하지 않는다. 담론들은 담론들이 작동하는 실제 세계 안에서 언제나 연결되어 있다. 푸코도 담론들의 상호관계를 연구의 주요 도구로 삼는다.[18] 각 장의 분석에서 본 바와 같이 개신교 보수가 생산한 담론들은 대부분 상호 텍스트성과 상호 담론성을 기반으로 서로 연결되고 결합되어 하나의 거대 담론으로 합체된다. 한국 개신교 보수가 생산한 각 담론의 텍스트들은 서로 연결되어 있고, 또한 각 담론들은 서로 연관되어 있다. 이러한 상호 텍스트성과 상호 담론성에 의해 개신교 보수의 담론들은 서로 포섭되거나 또는 포괄하여 거대한 담

---

18) 앞의 책, 88.

론이 된다. 이렇게 합체된 개신교 보수의 담론은 한국 사회 안에 존재하는 위력적인 종교 담론이 된다. 예를 들어 반공주의는 동성애 반대 담론, 국가위기 담론, 대통령 담론, 탄핵 반대 담론, 동성애 반대 담론 심지어 타종교 담론에서도 등장한다. 한국 사회 쟁점들에 따라 개신교 보수의 담론들은 각각 다르지만 반공주의로 포괄할 수 있다. 나아가서 위에서 논의하였듯이 개신교 보수 내에서 반공주의는 다른 가치와 판단 기준보다 상위에 있다. 한국 개신교 보수는 어떤 것을 공산주의로 규정하면 그것에 강력한 비판과 비난을 쏟아붓는다.

이 책에서는 정치, 경제, 문화, 시민사회의 영역으로 나누어 담론을 분석하였지만 이와 다르게 반공주의를 중심으로 개신교 보수가 생산한 대부분의 담론을 재배열하는 것도 가능하다. 이렇게 해보면 반공주의 담론은 한국 근현대사 속에서 한국 개신교 보수가 생산한 담론들의 합체를 매개하는 이데올로기라고 볼 수 있을 것이다.

## 4. 개신교 보수의 결의론

앞의 각 장에서 본 바와 같이 한국 개신교 보수는 반공주의와 문자주의적 성서해석을 모든 사회적 주요 쟁점에 대입하여 판단한다. 그리고 그 판단을 정당화한다. 이러한 한국 개신교 보수의 모습은 가톨릭 윤리학에서 한때 유행하였던 결의론(casuistry)과 유사하다.

우선 결의론이 무엇인지 살펴보자. 결의론은 기본적으로 교리에 기반하여 옳음과 그름을 구별하여 도덕적 판단을 하는 방법이다. 이러한 결의론은 중세에서부터 고해성사에 사용되었다. 가톨릭에서 고해성사는 죄를 용서받는 방법이기 때문에 매우 중요하다. 그리고 원칙적으로 고해성사를 통해 죄를 용서받지 않은 신자는 미사에서 영성체를 받을 수 없다. 고해성사에서 사제는 신자의 죄의 고백에 선행, 기도, 금식, 노동, 주기도문 암송 등의 처분을 하고, 사죄경으로 신자의 죄를 용서한다. 고해성사에서 사제는 개별적이고 특별한 각각의 상황에서 기독교 교리를 적용하여 도덕적 판단을 한다.

그런데 가톨릭에서 발전한 결의론은 문제를 가지고 있었다. 종교개혁자 루터(Martin Luther)는 결의론이 갖는 획일성과 타율성을 비판한다.[19] 고해성사 후 사제가 정해준 금식, 철야, 노동의 시간과 분량을 정해주면 그것을 수행함으로써 자신의 의무를 다한다고 생각할 뿐만 아니라 그것만 지키고 다른 것은 이전보다 더 욕심을 부릴 수 있는 문제가 발생한다. 예를 들어 고기와 달걀을 먹지 말라고 했다면, 그것만 안 먹을 뿐이지 더 많은 생선이나 좋은 음식을 먹을 수 있다. 이러한 금식은 금식이 아니라 금식을 흉내 또는 금식에 대한 조롱(mockery)이다. 그래서 주교, 교회, 사제가 명령으로 하는 금식이지만 육체의 욕정에 붙잡혀서 금식하게 된다고 루터는 주장한다.[20]

결의론은 16세기와 17세기 예수회 사제들이 고해성사를 받을

---

19) 오성현, "루터의 신앙윤리", 「한국기독교신학논총」 61집 1호(2009), 179.

20) Martin Luther, *A Treatise on Good Works* (The Project Gutenberg EBook, 2008(1520)), 31 (온라인 출판)

때 사용하여 절정에 이르렀다. 그런데 수학자이자 물리학자이며 철학자이고 독실한 가톨릭 신자였던 파스칼(Blaise Pascal)은 가톨릭의 결의론을 신랄하게 비판한다. 파스칼은 결의론에 의한 도덕 추론을 도덕적 방임(moral laxism)이며 나아가서 비기독교적 즉, 이방적(pagan)이라고 비판한다.[21] 쉽게 말해 오늘 죄를 고백하고, 내일 선행을 하여(귀족의 경우 관대한 기부를 하여) 용서 받고, 모레 다시 죄를 짓고 또 고백할 수 있다는 것이다. 파스칼은 결의론자들이 하나님의 위대한 계명에 생명을 주는 성령(the Spirit)을 빼앗아 가고 단지 사제의 처분과 교리만 지키게 하기 때문에 결국 그들은 하나님의 사랑이 구원에 필수적이지 않다고 말할 수 있게 된다고 비판한다.[22] 파스칼의 비판으로 인해 결의론은 어려운 도덕적 의무의 사례를 다루는 모호하고 말 돌리는 방법 즉, 궤변(sophistry)을 뜻하는 것이 되었다.[23]

결의론은 규정을 정하고 이를 위반하지 않은 사람을 도덕적인 사람으로 규정할 수 있다. 그런데 이러한 결의론을 상황에 적용하였을 때 문제가 발생할 수도 있다. 규정만 지키면 된다는 생각에 얽매이게 되어 본래 규정을 만들게 된 목적을 잃어버릴 수 있기 때문이다. 나아가서 궤변이나 자신을 기만적으로 변론하는 일까지 가능하게 된다.[24] 이러한 결의론 문제를 한국 개신교 보수도 가지고 있

---

21) Blaise Pascal, *The Provincial Letters* trs. A. J. Krailsheimer (London: Penguin Books, 1967), 77-78.

22) Blaise Pascal, *The Provincial Letters*, 161.

23) 앨버트 존슨 · 스티븐 툴민/권복규, 박인숙 옮김, 『결의론의 남용』 (서울:로도스, 2014), 352.

24) 앨버트 존슨 · 스티븐 툴민, 『결의론의 남용』, 52-53.

다. 한국 개신교 보수는 사회의 각종 쟁점에 대한 비개신교인의 행동이나 진보 정부의 정책 또는 시민사회 운동들이 성서에서 취사선택한 기준에 맞지 않기 때문에 반기독교(동성애 허용, 탄핵 찬성, 종교인 과세 찬성, 종교차별, 역사 교과서 국정화 반대) 세력이거나 공산주의 또는 종북주의라는 결의론적 판단을 한다. 그러므로 개신교 보수는 그들을 반대하고 단죄해야 한다는 결론을 내린다.

이러한 개신교 보수의 결의론은 성서 전체에 나타나는 사랑(아가페)과 같은 절대적인 기독교 가치의 실천과 거리가 멀다. 안식일에 밀이삭을 잘라 먹은 제자들을 비난(마태복음 12:1-8)하는 것과 같은 율법의 결의론적 해석을 예수가 거부한 것을 개신교 보수는 심각하게 고려해야 한다.

성서의 한 부분에서 가져온 특정 기준을 한국 사회의 쟁점들에 적용하는 것은 결국 결의론의 오용으로 볼 수 있다. 예수는 마태복음 12장 7절에서 결의론적 판단을 하는 바리새인들에게 이렇게 말한다. "나는 자비를 원하고 제사(희생, sacrifice)를 원하지 아니하노라 하신 뜻을 너희가 알았더라면 무죄한 자를 정죄하지 아니하였으리라".

## 5. 한국 개신교 보수의 종파적 특성

한국 사회 안에서 개신교는 최대 종교이다. 그런데도 각 장의 담론 분석에서 보았듯이 한국 개신교 보수는 포용적인 성격보다 배타적인 성격을 가지고 있다. 그런데 배타성은 교파(denomination,

또는 교회)에서 볼 수 있는 특성이 아니라 종파(sect)에서 볼 수 있는 특성이다.

베버에 의하면 종파는 배타적 집단으로 덜 조직화되어 있고, 주변 환경에 적대적인 경향이 있고, 멤버십은 자발적이지만 어떤 조건들(특별한 교리에 대한 믿음이나 특별한 수행에 대한 동조)을 따를 것을 요구한다. 반면 교파는 제도화되고 주변 문화에 동조하는 경향이 있고, 사회의 모든 멤버들이 참여하도록 장려하며, 특수한 헌신이나 동조를 덜 요구하는 포괄적 조직이다.[25] 종파주의자들의 헌신은 교파에 속한 신자들의 헌신보다 강하고 일종의 이데올로기처럼 작동한다. 그들의 이데올로기적 헌신은 행위와 상관되어 세상으로부터 구성원을 분리한다. 그리고 종파는 전체주의적이며 구성원들에게 세속적 사회에 대한 이념적 방향을 지시한다.[26] 그래서 구체적으로 종파는 세속사회, 문화, 국가에 대하여 적대적이거나 무관심한 태도를 보인다. 때로는 개인적 카리스마를 가진 지도자를 중심으로 조직이 이끌려간다. 그리고 신학적으로 충분히 체계화되어 있지 않으나 근본주의적 성향이 강하다.[27]

앞장들에서 실시한 분석들에서 볼 수 있듯이 한국 개신교 보수는 배타적이며 신자들에게 강한 헌신을 요구한다. 그리고 4장에서 보았듯이 한국 개신교 보수는 근본주의적 성향이 농후하다. 또

25) Max Weber, *The Sociology of Religion*, 65; 이원규, 『종교사회학의 이해』, 445.

26) Bryan. R. Wilson, "An Analysis of Sect Development", ed. Bryan R. *Wilson Patterns of Sectarianism: Organisation and Religious Ideology in Social and Religious Movements* (London: Heinemann Educational Books Ltd, 1967), 24.

27) 이원규, 『종교사회학의 이해』, 446. Ernst Troelsch, *The Social Teaching of Christian Churches Vol.I* (Chicago: The University of Chicago Press, 1960), 331-343.

한 한국 개신교 보수뿐만 아니라 한국 개신교 전체는 카리스마적 지도자가 한국 개신교의 성장과 발전을 주도해왔다. 한 가지 다른 점이 있다면 그것은 한국 개신교 보수는 종파와 달리 목회자들의 조직, 단체, 기관, 교난 등이 잘 조직화되어 있다는 것이다. 이 점만 종파와 다르고 한국 개신교 보수는 종파와 유사한 특성을 대부분 가지고 있다.

종파는 교파로 발전하기도 하지만 사라지기도 하고 분열하기도 하고 여러 세대가 지나면서도 계속 종파에 머물러 있기도 한다.[28] 그러나 한국 개신교는 이미 한국 사회의 최대 종교이다. 그러므로 한국 개신교 내에서 다수를 차지하는 개신교 보수의 종파적인 특성은 한국 사회와 문화에 긴장을 가져올 수 있다. 그런데 스타크와 핑키(Rodney Stark and Roger Finke)에 의하면 긴장은 종교

---

28) Bryan. R. Wilson, "An Analysis of Sect Development", 22-23; 27-29; Richard Niebuhr H. *The Social Sources of Denominationalism* (New York: The World Publishing Co, 1957), 54. 윌슨(Bryan Wilson)은 종파를 회심 종파(conversionist sect), 재림 또는 혁명 종파(adventist or revolutionist sect), 내부지향적 회심 또는 경건주의 종파, 영지주의적 종파(gnostic sect) 등으로 나누었다. 회심 종파는 극단적 성서 숭배(bibliolatry)의 전형이다. 예로는 구세군이 있다. 재림 또는 혁명 종파는 현재의 질서가 뒤집어지는 것에 집중한다. 예로는 여호와의 증인이 있다. 내부지향적 회심 또는 경건주의 종파는 추종자들을 세상으로부터 분리하고 공동체 좀 더 구체적으로 말해 추종자들의 성령체험을 강조한다. 예로는 퀘이커가 있다. 영지주의적 종파는 어떤 비법을 담은 가르침을 강조한다. 예로는 크리스천 사이언스(Christian Science)가 있다. 이들 종파 중에서 회심 종파가 교파로 발전하는 데 가장 좋은 조건을 가졌고, 재림 또는 혁명 종파 그리고 내부지향적 회심 또는 경건주의 종파는 세상을 뒤집으려 하거나 부정하는 자체적 특징 때문에 대체로 교파로 발전하기 어렵다. 또한 니버(Niebuhr)에 의하면 종파는 사회적으로 불이익을 당하고 박탈 당한 사람들에게 매력이 있고 주로 회심을 경험한 사람들의 조직으로 시작된다. 그러나 니버는 종파 구성원들의 사회적 경제적 지위가 상승하여 중산층이 되면 종파는 사회적으로 동화되고 회심도 강조하지 않으면서 교파로 변한다고 보았다.

집단의 성장에 기여한다. 그들은 미국의 주류 자유주의 교단의 쇠퇴와 보수적 집단들의 급속하고 지속적인 성장이 긴장과 관계있었다고 본다. 그래서 스타크와 핑키는 미국 역사에서 성장은 높은 긴장이 있는 종교 집단에 집중되었으며, 낮은 긴장이 있는 종교 집단들은 쇠퇴하였다고 주장한다. 예를 들어 감리교는 증가할 때 공격적이었고, 낮은 긴장의 교단이 되었을 때 쇠퇴로 접어들었다고 주장한다.[29] 그리고 그들은 교회 교인의 수가 줄어들면 교인의 고령화가 나타나고, 성직자의 지위가 하락하고 감소한다고 주장한다.[30] 반면에 낮은 긴장 상태에 있는 종교 단체가 높은 긴장 상태로 이동하면 성장의 기회를 얻는다고 주장한다.[31]

　　나아가서 스타크와 핑키는 교파가 종파가 되는 논의를 펼친다. 그들은 자유주의에서 보수주의로 복귀는 진보적인 성직자가 하는 것이 아니라 보수적인 일반 구성원들의 즉각적이고 호의적이고 직접적인(face to face) 반응으로부터 시작될 것이라고 보았다.[32] 그들에 의하면 높은 긴장은 먼저 회중적 차원에서 일어난 다음에 교단적 수준에서 반영된다. 그래서 "교회로부터 종파로의 변화(church to sect movement)"는 정부가 보조금을 주는 규제된 종교 경제가 아니라 규제 없는 종교 경제에서 더 많이 나타날 것[33]이라고 주장한다. 스타크와 핑키는 미국 감리교를 종파에서 교파로 변화한 전형

---

29) 로드니 스타크 · 로저 핑키/유광석 옮김, 『종교 경제 행위론』 (성남: 북코리아, 2016), 241.

30) 앞의 책, 402.

31) 앞의 책, 404.

32) 앞의 책, 404-405.

33) 앞의 책 405-406.

적인 예로 인정한다. 그러나 19세기를 거쳐 20세기가 되면서 미국에서 감리교는 쇠퇴하기 시작하였다. 그러나 이러한 쇠퇴에도 1965년부터 시작된 찰스 케이서(Charles W. Keyser)의 복음 운동(Good News)과 1994년 시작된 고백 운동(Confessing Movement)은 새롭게 만들어진 지배 문화와 긴장을 증가시켰다.[34) 그리고 북인디아나연회의 복음주의협회(the Evangelical Fellowship of the Northern Indiana Conference) 회원인 신세대 복음주의 감리교 목회자들이 사역하는 교회는 교인의 쇠퇴 비율이 절반으로 감소하였고, 참석률과 지출이 뚜렷하게 증가하였다.[35) 스타크와 핑키의 주장을 따른다면 합리화되고 세속화된 현대 사회라 할지라도 종교가 사회와 문화와의 높은 긴장을 유지한다면 성장할 수 있다.

그러나 과연 한국 개신교 보수의 경우도 그럴까? 높은 긴장은 소통과 공감이 어려워지게 하는 것뿐만 아니라 갈등을 초래할 수도 있다. 그렇게 되면 앞 장들의 분석에서 보았듯이 종교는 사회통합에 기여하는 것이 아니라 사회갈등과 사회문제를 유발할 수 있다. 스타크와 핑키는 성장을 주로 교인 수와 경제적인 측면에서 측정하고 있다. 그러나 교회의 성장은 교회의 교인 수와 같이 양적인 측면에서 계량적으로만 측정할 수는 없다. 옥스퍼드대학의 신학자이자 종교사회학자인 마틴 퍼시(Martyn Percy)는 보수주의가 여전히 사회 안에서 작동하는 것을 인정하지만 성장이라는 것을 단순하게 볼 수 없다고 주장한다.[36) 보수적이지 않은 교회도 성장한다고

---

34) 앞의 책, 411-412.

35) 앞의 책 413-415.

36) Martyn Percy, "Paradox and Persuasion: Alternative Perspectives in Liberal Conservative

퍼시는 주장한다. 신학적으로는 보수적이지만 조직은 진보적인 교회, 신학적으로는 진보적(게이 레즈비언 교회 등)이지만 복음주의의 성장 전략을 빌려온 교회[37], 진보적이지도 보수적이지도 않은 후기 복음주의 교회(post-evanglical church), 보수적인 교회들이 사로잡지 못한 속박 속에 사는 대학생들이 만든 많은 기독교 연맹/동아리들 등이 그 예들이라고 말한다. 쉽게 말해 퍼시는 성장하는 교회(growing church)라는 것은 보수주의에 의해 이득을 얻는 것과 진보주의에 의해 손해를 보는 것 사이에서 쉽게 정의하고 설명하기 어렵다고 본다.[38] 나아가서 미드(Loren B. Mead)는 교회의 성장은 교인 수, 예산, 예배 참석자들과 같은 양적인 성장(numerical growth), 영적으로 성숙하는 성장(maturational growth), 회중이 유기체적인 공동체로 변화하는 유기적 성장(organic growth), 신앙의 가치와 의미를 지키고 현실 세계에서 실제화하는 성육신적 성장(incarnational growth)으로 나눈다.[39]

퍼시에 의하면 성장의 전략은 보수주의 문화와 공모하는 것이 아니라 성장과 전환(transformation)의 다양성을 배우는 것에서 나온다.[40] 진보주의는 개방성, 질문하기, 자유, 유대감 등 많은 매력

---

Church Growth", ed. Martyn Percy and Ian Markham, *Why Liberal Churches are Growing* (London: T&T Clark, 73-86.

37) 예를 들이 미국 댈러스에는 그리스도연합교단(the United Church of Christ) 소속 게이 메가 처치 Cathedral of Hope가 있다.

38) Percy, "Paradox and Persuasion: Alternative Perspectives in Liberal Conservative Church Growth", 74.

39) Loren B. Mead, *More than Numbers: The Way Churches Grow* (Bethesda, MD:Alban Institute, 1993).

40) Percy, "Paradox and Persuasion: Alternative Perspectives in Liberal Conservative Church

적인 것을 제공한다. 퍼시는 교인 수가 중요하지만 그것이 전부는 아니라고 말한다. 성장은 교인 수뿐만 아니라 제자됨의 깊이, 지역 공동체와의 연결, 영성에서 일어날 수 있다.[41] 그러므로 주류 교회는 교인 수는 조금 덜 염려하고 예배와 제자됨, 그리고 봉사활동에 더 집중해야 한다.[42] 한국 개신교 보수도 교인 수에 대한 집착보다는 사회적 신뢰와 책임에 대한 재고가 필요하다. 나아가서 한국 개신교 보수는 양적으로 한국 사회 최대의 종교이지만 종파적 특성을 가지고 있는 것에 대한 반성적 성찰이 필요하다. 종파의 특성은 사회와의 거리 두기를 넘어 단절과 도피가 될 수 있고, 악화되면 적대적 대결을 가져올 수 있기 때문이다.

---

Growth", 85.

41) 앞의 책, 86.

42) 앞의 책, 86.

# 참고문헌

강돈구. 2009. "현대 한국의 종교, 정치 그리고 국가". 강돈구 외. 『현대 한국의 종교와 정치』. 성남: 한국학중앙연구원 문화와종교연구소. 1-42.

_____. 1993. "미 군정의 종교정책". 「종교학연구」 12권. 15-42.

강수돌. 1998. "IMF 시대, 전환기의 노동운동의 과제". 「황해문화」 가을. 57-67.

강원돈. 2008. "한국 개신교의 정치 세력화의 현실과 과제". 「종교와문화」 10권. 49-75.

_____. 1991. "한국 교회에서의 지배이데올로기의 재생산". 한국산업사회연구회. 『한국 사회와 지배이데올로기』. 서울: 녹두. 359-384.

강인철. 2013a. 『한국의 종교, 정치, 국가 1945-2012』. 오산: 한신대학교 출판부.

_____. 2013b. "종교가 '국가'를 상상하는 법: 정교분리, 과거청산, 시민종교". 「종교문화연구」 21권. 83-115.

_____. 2013c. 『저항과 투쟁: 군사정권들과 종교』. 오산: 한신대학교 출판부.

_____. 2012. 『민주화와 종교: 상충하는 경향들』. 오산: 한신대학교 출판부.

_____. 2006. 『한국의 개신교와 반공주의』. 서울: 중심.

강학순. 2011. "근본주의의 극복에 대한 철학적 고찰". 「현대유럽철학연구」 27권. 71-100.

고든 · 콜린 외/심성보 외 옮김. 2014. 『푸코 효과. 통치성에 관한 연구』. 서울: 난장.

곽선희. 2008. 『스스로 종이 된 자유인』. 서울: 계몽문화사.

_____. 2005. 『네 직무를 다하라』. 서울: 계몽문화사.

_____. 2004. 『행복을 잃어버린 부자』. 서울: 계몽문화사.

기독교윤리실천운동. 2020년 2월 7일. "2020년 한국 교회의 사회적 신뢰도 여론 조사 결과".

김남국. 2004. "영국과 프랑스에서 정치와 종교: 루시디 사건과 헤드스카프 논쟁을 중심으로". 「국제정치논총」 44집 4호. 341-362.

김덕영. 2012. 『막스 베버: 통합과학적 인식의 패러다임을 찾아서』. 서울: 길.

김동호. 2001. 『깨끗한 부자』. 서울: 규장.

김삼환. 2010. 『예수님을 잘 믿는 길』. 서울: 실로암.

_____. 2009. 『문을 두드리시는 주님』. 서울: 실로암.

_____. 2004a. 『주님보다 귀한 것은 없네』. 서울: 실로암.

_____. 2004b. 『교회보다 귀한 것은 없네』. 서울: 실로암.

_____. 2003a. 『주님의 옷자락 잡고 상』. 서울: 실로암.

_____. 2003b. 『주님의 옷자락 잡고 중』. 서울: 실로암.

_____. 2000a. 『여호와를 기뻐하라』. 서울: 실로암.

_____. 2000b. 『칠 년을 하루같이』. 서울: 실로암.

_____. 1998. 『세상을 이기는 삶』. 서울: 실로암.

김성건. 2020. 『종교와 정치』. 서울: 하늘향.

_____. 2013a. "IMF 사태 이후 한국 사회문제와 개신교의 대응: 보수 교단의 빈곤 문제와 양극화에 대한 관점을 중심으로". 「원불교 사상과 종교문화」 56집. 277-319.

_____. 2013b. "고도성장 이후의 한국 교회 종교사회학적 고찰". 「한국 기독교와 역사」 38집. 5-45.

김홍도. 2005a. 『감사의 능력』. 서울: 불기둥.

_____. 2005b. 『기도의 능력』. 서울: 불기둥.

_____. 1992. 『불기둥 설교집 20』. 서울: 불기둥.

류대영. 2018. 『한 권으로 읽는 한국 기독교의 역사』. 서울: 한국기독교역사연구소.

_____. 2009. 『한국 근현대사와 기독교』. 서울: 푸른역사.

_____. 2001. 『초기 미국 선교사 연구 1884-1990』. 서울: 한국기독교역사연구소.

류성민. 2015. "동성애 동성결혼에 대한 종교적 이해: 미국과 한국 개신교를 중심으로". 「종교문화연구」 25호. 1-44.

_____. 2017. "동성결혼 합법화 이후 종교계의 대응: 미국과 한국의 개신교를 중심으로". 「

종교문화연구」 29호. 71-108.

바커 · 크리스 · 갈라신스키 · 다리우스/백선기 옮김. 2009. 『문화연구와 담론 분석: 언어
　　　정체성에 대한 담화』. 서울: 커뮤니케이션북스.

박길성. 2003. "외환위기의 사회적 비용: 삶의 질, 사회갈등, 신뢰구조". 「비교사회」 5집.
　　　105-128.

박상언. 2008. "신자유주의와 종교의 불안한 동거 IMF 이후 개신교 자본주의화 현상을 중
　　　심으로". 「종교문화비평」 13호. 60-90.

박용규. 2019. "박형룡 박사의 생애, 저술 활동, 신학 사상(1928-1960)". 「신학지남」 86권 3
　　　호. 49-98.

배덕만. 2010. 『한국 개신교 근본주의』. 대전: 대장간.

백중현. 2014. 『대통령과 종교: 종교는 어떻게 권력이 되었는가?』. 서울: 인물과사상사.

서정민. 2007. "한국 교회 초기 대부흥운동에서 길선주의 역할". 「한국교회사학회지」 21권.
　　　153-178.

서정하. 2007. "종교조직에서의 리더십과 조직 몰입: 한국 개신교회 조직을 중심으로". 「한
　　　국기독교신학논총」 49권 1호. 273-306.

소용한. 2019. "한국 개신교 보수주의와 토착화 신학". 「대학과선교」 42집. 147-170.

스타크. 로드니 · 핑키, 로저/유광석 옮김. 2016. 『종교 경제 행위론』. 성남: 북코리아.

신진욱. 2011. "비판적 담론 분석과 비판적 · 해방적 학문". 「경제와사회」 89호. 10-45.

안정국. 2015. "한국 이슬람의 현황과 종파 분화: 시아 무슬림을 중심으로". 「인문과학연구
　　　논총」 36권 3호. 156-182.

유동식. 2000. 『한국 신학의 광맥』. 서울: 다산글방.

윤경로. 2016. "분단 70년, 한국 기독교의 권력 유착 사례와 그 성격". 「한국기독교와 역사」
　　　44호. 27-65.

은수미. 2009. 『IMF 위기』. 서울: 책세상.

이기형. 2006. "담론 분석과 담론의 정치학: 푸코의 작업과 비판적 담론 분석을 중심으로".
　　　「이론과사회」 14권 3호. 106-145.

이동원. 2008. 『이렇게 사역하라』. 서울: 나침반.

＿＿＿. 2006. 『면류관을 갈망하는 인생』. 서울: 요단.

＿＿＿. 2004. 『나를 보호하는 하늘의 법칙』. 서울: 규장.

_____. 2003. 『기적을 창조하는 자가 되라』. 서울: 요단.

_____. 2001. 『이렇게 너의 성전을 거룩되게 하라』. 서울: 나침반.

_____. 2000. 『회개행전』. 서울: 규장.

_____. 1998. 『지금은 다르게 살 때입니다』. 서울: 생명의말씀사.

_____. 1998. 『이렇게 복되어라』. 서울: 나침반.

이성민. 2007. 『해석학적 설교학』. 서울: 대한기독교서회.

이수인. 2013. "종교와 종교성 그리고 정치적 태도: 불교. 개신교. 천주교를 중심으로". 『동향과전망』 88호. 290-335.

_____. 2004. "개신교 보수분파의 정치적 행위-사회학적 고찰". 『경제와사회』 64호. 265-301.

이양호. 2001. 『칼빈의 생애와 사상』. 서울:한국신학연구소.

이을상. 2006. "생명윤리(학)의 접근방법과 도덕적 정당화를 위한 규범 이론적 근거의 모색". 『철학논총』 46집 4권 267-293.

이원규. 2019. 『종교사회학의 이해』. 서울: 나남.

_____. 2018. 『한국 교회의 사회학』. 성남: 북코리아.

_____. 2003. 『기독교의 위기와 희망: 종교사회학적 관점』. 서울: 대한기독교서회.

_____. 2000. 『한국 교회 어디로 가고 있나』. 서울: 대한기독교서회.

이종성. 1987. "개혁신학이 한국 교회에 미친 영향". 『장신논단』 3호. 64-85.

이지성. 2018. "혐오의시대, 한국 기독교의 역할-극우 개신교의 종북 게이 혐오를 중심으로". 『기독교사회윤리』 42집. 218-240,

이철. 2018. "개신교 보수 교단 지도자들의 어제의 종교 분리 오늘의 정치 참여: 분리에서 참여로의 전환에 대한 이유와 명분에 대한 연구". 『대학과선교』 37집. 143-176.

_____. 2008. "1907 평양대부흥운동의 발흥과 쇠퇴원인에 대한 종교사화학적 연구: 부흥운동의 리더십을 중심으로". 『현상과인식』 104호. 109-127.

_____. 2012. "천주교 성직자와의 비교를 통해서 본 개신교 목회자 리더십 연구: 막스 베버의 권위(authority) 이론을 중심으로". 『기독교교육정보』 32권. 181-203.

이찬수. 2015. "종교 근본주의의 폭력적 구조". 『원불교사상과 종교문화』 63집. 165-197.

이태숙. 2004. 『문화와 섹슈얼리티』. 서울: 예림기획.

임희숙. 2017. 『교회와 섹슈얼리티』. 서울:동연.

오성현. 2009. "루터의 신앙윤리". 『한국기독교신학논총』 61집 1호. 171-193.

윤경로. 2016. "분단 70년, 한국 기독교의 권력유착 사례와 그 성격". 「한국기독교와 역사」 44호. 27-65.

윤승용. 1997. 『현대 한국종교문화이해』. 서울: 한울.

윤정란. 2015. 『한국전쟁과 기독교』. 파주:한울.

장민영. 2014. "인권법 측면에서의 동성 커플의 법적 인정에 대한 연구: 인권위원회와 유럽 인권재판소 사례분석을 중심으로". 「중앙법학」 16권 3호. 141-181.

장형철. 2020. "무종교 인구와 개신교 인구의 변화 그리고 탈종교화". 「기독교세계」 2월호. 14-17.

_____. 2019. "한국 개신교의 근본주의적 특성에 대한 종교 사회학적 고찰-형성과 발전을 중심으로". 「신학사상」 184집. 207-244.

_____. 2018. "2005년과 2015년 인구 총조사 결과 비교를 통해 본 불교, 개신교, 천주교 인구 변동의 특징: 연령 행정구역을 중심으로". 「신학과사회」 32권 1호. 181-219.

_____. 2016. "세월호 참사 사건에 대한 기독교 담론 분석: 성명서들과 선언문들 그리고 공식 입장 표명들을 중심으로". 「현상과인식」 40권 3호. 183-208.

전명수. 2014. "종교의 정치 참여에 대한 일 고찰: 한국의 종교와 정치발전 연구의 일환으로". 「담론201」 17권 3호. 31-56.

_____. 2010. "1960-70년대 한국 개신교 민주화 운동의 특성과 한계: 종교사회학적 접근". 「한국학연구」 35호 329-359.

정인교. 2003. 『설교학 총론』. 서울: 대한기독교서회.

정용섭. 2008. 『설교의 절망과 희망』. 서울: 대한기독교서회.

_____. 2007. 『설교와 선동 사이에서』. 서울: 대한기독교서회.

_____. 2006. 『속 빈 설교 꽉 찬 설교』. 서울: 대한기독교서회.

정태식. 2015. 『거룩한 제국: 아메리카, 종교, 국가주의』. 서울: 페이퍼로드.

_____. 2009. "공적 종교로서의 미국 개신교 근본주의의 정치적 역할과 한계". 「현상과인식」 33권1-2호. 40-67.

_____. 2007. "지식인들의 변증법적 종교 수용에 대한 사회학적 일고찰: 1907년 평양대부흥운동을 중심으로". 「사회과학연구」 33권 2호. 37-55.

_____. 2012. "종교와 정치의 긴장과 타협: 한국 개신교 대통령의 구원귀족의 역할". 「신학사상」 156집. 181-211.

조순기 · 박영실 · 최은영. 2008. "한국의 종교인구". 은기수 · 황명진 · 조순기 엮음.『한국 의 인구 주택: 인구주택총조사 종합보고서』. 437-438.

조용기. 2012.『꿈』. 군포: 한세대 출판부.

_____. 2007.『받은 복 누리는 복』. 서울: 서울말씀사.

_____. 2001.『살리시는 하나님』. 서울: 서울말씀사.

_____. 2000.『꿈꾸는 사람』. 서울: 서울말씀사.

존슨, 앨버트 · 툴민, 스티븐/권복규, 박인숙 옮김. 2014.『결의론의 남용』. 서울:로도스.

최대광. 2009. "교회와 권력: 말함과 침묵의 권력 배치".「종교교육학연구」31권. 215-231.

최윤선. 2014.『비판적 담화분석-담화와 담론이 만나는 장』. 서울:한국문화사.

푸코, 미셸. 2010.『성의 역사: 지식의 의지』. 파주: 나남신서.

한국교회탐구센터. 2020. "빅 데이터로 본 2019 한국 교회 주요 5대 이슈".

한국갤럽조사연구소 편. 2015.『한국인의 종교 1984~2014』. 서울: 한국갤럽조사연구소.

_____. 2014.『한국갤럽 데일리 오피니언 2014년 12월 2주』.

한국기독교교회협의회 70년 역사편찬위원회 편. 1994.『하나되는 교회 그리고 세계』. 서 울: 대한기독교서회.

한국기독교역사연구소. 2005.『한국 기독교의 역사 II』. 서울: 한국기독교역사연구소.

한국기독교목회자협의회. 2013.『한국 기독교 분석 리포트: 2013 한국인의 종교 생활과 의 식 조사서』. 서울: URD.

함인희. 2012. "사회경제위기와 중산층 가족의 품위하락(Falling from Grace): 가장 실직의 경험을 중심으로".「한국학연구」43집. 531-569.

헤이우드, 엔드류/조현수 옮김. 2009.『정치학』. 서울: 성균관대학교 출판부.


Bruce, Steve. 2000. *Fundamentalism*. Cambridge. Polity Press.

Bellah, Robert et al. 2008. *Habits of Heart: Individualism and Commitment in American Life*. Berkeley & California:Univ. of California Press.

Berger, Peter. 1967. *The Sacred Canopy: Elements of the Sociological Theory of Religion*. Anchor books.

Fairclough, Norman. 2010. *Critical Discourse Analysis: The Critical Study of Language*. Edinburgh: Pearson Education Limited.

_____. 2003. *Analysing Discourse: Textual Analysis for Social Research.* London: Routledge.

_____. 2001. *Language and Power.* Edinburgh: Pearson Education Limited.

_____. 1992. *Discourse and Social Change.* Cambridge: Polity.

Foucault, Michel. 1990. *The History of Sexuality: An Introduction.* London: Penguin Books.

_____. 1980. *Power/Knowledge: Selected Interviews and Other Writings 1972-1977.* ed. Colin Gordon, New York: Pantheon Books.

_____. 1972. *The Archeology of Knowledge.* New York: Pantheon.

Freeden, Michael. 2003. *Ideology: A Very Short Introduction.* Oxford: Oxford Univ. Press.

Gee, James Paul, 이수원 외 옮김. 2017. 『담론 분석 입문: 이론과 방법』. 파주: 아카데미프레스.

Jacques, T. Carol. 1998. "Whence does the Critic Speak? A Study of Foucault's Genealogy", ed. Barry Smart. *Michel Foucault: Critical Assessments Volume III.* London and New York: Routledge. 97-112.

Jäger, Siegfried and Maier, Florentine. 2009. "Theoretical and Methodological Aspects of Foulcaudian Critical Analysis and Dispositive Analysis", ed. Ruth Wodak & Michael Meyer. *Methods of Critical Discourse Analysis.* Sage: London. 34-61.

Harriot, Peter. 2016. "Exploring the Fundamentalist Mindset: The Social Psychologist's Viewpoint", ed. James D. Dunn. *Fundamentalisms: Threat and Ideologies in the Modern World.* London: I.B. Tauris & Co. Ltd. 27-44.

Hjelm, Titus. 2014. "Religion, Discourse and Power: A Contribution towards a Critical Sociology of Religion". *Critical Sociology* Vol 40-6. 855-872.

Lemeke, Jay. 2003. "Texts and Discourse in the Technologies of Social Organization", ed. Gilbert Weiss & Ruth Wodak. *Critical Discourse Analysis Theory and Interdisplinarity.* New York: Palgave Macmillan. 130-149.

Locke, Terry. 2004. *Critical Discourse Analysis.* London: Continuum.

Luther, Martin. 2008(1520). *A Treatise on Good Works.* The Project Gutenberg EBook(온라인 출판).

Mead, Loren B. 1993. *More than Numbers: The Way Churches Grow.* Bethesda, MD: Alban Institute.

Niebuhr, Richard H. 1957. *The Social Sources of Denominationalism*. New York: The World Publishing Co.

Pascal, Blaise. 1967. *The Provincial Letters*. trs. A. J. Krailsheimer London: Penguin Books.

Pecheux, Michael. 1983. *Language, Semantics and Ideology*. New York: Palgave Macmillan.

Percy, Martyn. 2006. "Paradox and Persuasion: Alternative Perspectives in Liberal Conservative Church Growth", ed. Martyn Percy and Ian Markham. *Why Liberal Churches are Growing*. London:T&T Clark. 73-86.

Phillips, Louise and Jørgensen, Marianne. 2002. *Discourse Analysis as Theory and Method*. London: SAGE.

Richardson, John E. 2007. *Analysing Newspers: An Approach from Critical Discourse Analysis*. New York: Palgrave Macmillan.

Roberts, Keith A. 1984. *Religion in Sociological Perspective*. Homewood, Illinois: Dorsey Press.

Smart, Barry. 1986. "The Politics of Truth and the Problem of Hegemony", ed. David Couzens Hoy. *Foucault: A Critical Reader*. Oxford: Basil Blackwell. 157~173.

Titunik, Regina. 2005. "Democracy, Domination, and Legitimacy in the Max Weber's Political Thought", ed. Charles Camic et al. *Max Weber's Economy and Society*. California: Stanford University Press.

Troelsch, Ernst. 1960. *The Social Teaching of Christian Churches Vol I*. Chicago: The University of Chicago Press.

van Dijk, Teun. 2009. "Critical Discourse Studies: a Sociocognitive Approach", ed. Ruth Wodak and Michael Meyer. *Methods of Critical Discourse Analysis*. London: Sage. 62-86.

_____. 2001. "Critical Discourse Anaysis", ed. Deborah Schiffrin, Deborah Tannen and Heidi E. Hamilton. *The Handbook of Discourse Analysis*. Oxford: Blackwell. 352-371.

Weber, Max. 1978. *Economy and Society Vol 1: An Outline of Interpretive Sociology*. Berkeley:University of California Press.

_____. 1976. *The Protestant Ethic and The Spirit of Capitalism*. trs. Talcott Parsons. New York: George Allen & Unwin.

_____. 1963. *The Sociology of Religion*. trs. Ephraim Fischcoff. Boston: Beacon Press.

_____. 1947. *The Theory of Social and Economic Organizations*. trs. A. M. Handerson and T. Parsons. New York: Oxford University Press.

Wilson, Bryan, R. 1967. "An Analysis of Sect Development", ed. Bryan R. Wilson. *Patterns of Sectarianism: Organisation and Religious Ideology in Social and Religious Movements*. London: Heinemann Educational Books Ltd. 22-45.

Wodak, Ruth. 2008. "Introduction: Discourse Studies-Important Concepts and Terms", ed. Ruth Wodak and Michal Krzyznowski. *Qualitative Discourse Analysis in the Social Sciences*. New York: Palgave Macmillan. 1-29.

_____. 2002. "Friends or foe:the defamation or legislate and necessary criticism? Reflections on recent political discourse in Austria". *Language and Communication* Vol 22. 495-517.

# 찾아보기

142, 144~145, 148~162, 167, 169,
249~251, 268, 270, 277, 343, 366

길선주 / 21~22

김덕영 / 211

김동엽 / 187, 200

김동호 / 80~81, 85~86, 88~91, 98,
105, 109, 308

김삼환 / 80~82, 87, 94~95, 109, 121,
140, 172, 272, 282, 290~291

김성건 / 15, 89~90, 105

김재준 / 21~22, 27

김홍도 / 17, 33, 80~82, 84, 93, 109,
114

ㄱ

강돈구 / 153, 369

강원돈 / 31, 151

강인철 / 27, 29~32, 36, 75, 107~108,
112, 114, 118, 155, 249, 363~364,
368

결의론 / 10, 373~376

결혼보호법 / 205, 227~228

곽선희 / 80~82, 187~188, 95~98,
106~107

교회(또는 종교) 특수성 / 368

교회세습반대운동연대 / 281, 308

국가조찬기도회 / 9, 17, 27, 29, 35,
116~119, 125~126, 130~138, 140,

ㄴ

난민법 / 236, 239, 247~248

니버(Richard Niebuhr) / 378

ㄷ

담론의 공작(technologization of
discourse) / 59. 63~66, 103, 109,
115, 153, 161

동성애 / 9, 17, 48, 122, 164~230,
232~233, 241, 251, 269, 296, 303,
317, 319~320, 332, 347, 361~363,
367, 373, 376

ㄹ

레미키(Jay Lemeke) / 47

로버츠(Stacy L. Roberts) / 19, 21

로크(Terry Locke) / 58, 152

루터(Martin Luther) / 110, 374

류대영 / 19, 20~21, 24, 34~36

류성민 / 225~226, 229

리처드슨(John E. Richardson) / 55, 60


ㅁ

메이첸(John Gresham Machen) / 19,
    23

무슬림 / 231~232, 235~240, 246, 248

미시오 데이(Missio Dei) / 27~28


ㅂ

박상언 / 103, 105

박형룡 / 21~23, 27

반 데이크(Teun van Dijk) / 40,
    42~43, 49

반공주의 / 10, 24, 26, 29~30, 34, 118,
    277, 361~368, 373

반동성애기독시민연대 / 172,
    174~175, 178, 180~181, 188, 195,
    214~215, 218~219

배덕만 / 19~20

백남선 / 170

버거(Peter Berger) / 211

베버(Max Weber) / 105, 211,
    304~305, 307, 377

벨라(Robert Bellah) / 117

보닥(Ruth Wodak) / 40, 42, 46~47,
    52, 58, 60, 102, 150

브루스(Steve Bruce) / 157~158

비판적 담론 분석이론 / 9, 14, 49, 54,
    57, 59, 75

빌리 그래함(Billy Graham) / 28


ㅅ

사립학교법 / 17, 35, 129, 136, 189,
    256, 317, 329~338, 340, 357, 367

상호 담론성(interdiscoursivity) / 59,
    61, 100, 150, 161, 221, 253, 280,
    302, 341, 355, 372

상호 텍스트성(intertextuality) /
    58~61, 102, 149~150, 159, 161,
    253, 280, 302, 341, 372

샬롬 나비 / 240, 264, 270~271

선교의 자유 / 243~244

세습 / 10, 17, 48, 123, 195, 241, 256,
    281~288, 290~308, 315, 335, 347,
    357, 369

소강석 / 121, 131, 133, 140, 142, 172, 269, 270~272, 287, 292, 298, 309, 366

송창근 / 22

스마트(Barry Smart) / 44, 101

스타크와 핑키(Rodney Stark and Roger Finke) / 378~380

수쿠크 / 151, 231, 235~237, 245~246, 249, 251, 253

순교 / 10, 132, 144, 189~190, 264, 269, 314, 319~320, 332, 367~368

시민사회 / 8, 10, 48, 70, 189, 201, 256~259, 271, 301~303, 308, 315, 327~329, 332, 342, 347, 356~358, 369~370, 372~373, 376

**ㅇ**

양태(modality) / 18, 56, 77, 97~100, 109, 146~147, 149, 161, 213~214, 216~218, 220~221, 245, 247~248, 253, 273, 275~276, 297, 300, 322, 324~326, 337, 340~341, 350~354

역사 교과서 / 10, 17, 48, 159, 195, 241, 256, 296, 320, 336, 342~358, 363, 376

역차별 / 10, 181, 190, 195~196, 198~199, 216, 224, 241~242, 288, 296~297, 299, 301~302, 320, 369~370

예거와 마이어(Jäger Sigfried and Florentine Maier) / 42, 51

위헌 / 10, 122, 155, 205~206, 227~228, 243~244, 249, 282, 300, 311, 313~314, 317~318, 321~322, 327, 333, 336~337, 341, 357, 368~370

윌슨(Bryan Wilson) / 378

유동식 / 21~23

윤정란 / 25~26

이데올로기 / 24, 43~46, 50~51, 58, 63~64, 67, 71, 91, 93, 104~109, 150~152, 160~162, 223, 225, 230, 306, 363~364, 373, 377

이기형 / 40, 42~44, 49, 165

이동원 / 80, 81, 91, 93, 95, 105, 109, 120

이수인 / 32

이영훈 / 33, 121, 123, 171~172, 189, 232~233, 238, 251~252, 266, 274, 294~295, 365~366

이원규 / 16~17, 26~27, 29, 230, 304, 377

이철 / 33, 35, 158, 304

임보라 / 178

임희숙 / 44, 222

ㅈ

자연화(naturalization) / 59, 67,
104~105, 107

장르 / 77, 84, 99, 109, 115, 125, 148,
161, 173, 213, 220, 234, 259, 276,
283, 311, 330, 344

장형철 / 17, 31, 62, 308

재맥락화(recontextualization) / 59,
61~63, 280, 358~359

저항 / 27, 43, 45~47, 49, 63, 66, 109,
115, 178, 189~190, 219, 235, 257,
268, 311, 313~314, 321~322, 327,
332~334, 341, 350, 369

적산불하 / 23, 154

전광훈 / 33, 35, 123, 129, 142~144,
303

전명수 / 113

전병금 / 120, 172

접합(articulation) / 106~107, 151, 194

정경옥 / 21

정용섭 / 89, 96

정태식 / 113, 155, 158, 160

조용기 / 27, 32~33, 80~81, 83~85,
93~94, 98~99, 109, 120, 123~124

종교인 과세 / 10, 17, 48, 123, 155,
189, 195, 241, 243, 256, 269, 290,
296, 309~329, 332, 335~336, 347,
357, 367~369, 376

종교평화법 / 234, 242~245, 249, 252,
254, 368

종북 / 132~133, 144, 151, 181, 190,
194, 225, 260, 264~267, 269,
276~277, 362, 376

종북 게이 / 194, 225, 362

종파 / 10, 231, 309, 321, 324,
376~379, 382

진리효과 / 44~45, 222, 224, 227, 230,
278, 301, 308

ㅊ

차별(또는 역차별) / 368~370

차별금지법 / 122~123, 164, 166~178,
181~182, 188~190, 192~193, 196,
198~199, 202, 204, 208~210, 212,
214~216, 218~220, 224~225, 227,
232, 242~243, 252~253, 368

채영남 / 187

최윤선 / 49~50, 52~53, 58

ㅋ

카리스마 / 140, 303~307, 377~378

칼뱅주의 / 19, 22~23, 211

케이서(Charles W. Keyser) / 380

키이스(Keith Roberts) / 306

**ㅌ**

탄기국(대통령탄핵무효국민저항총궐
기운동본부) / 257, 262, 274~275,
277~278

탄핵 촛불 / 10, 17, 48, 256, 268, 276,
357

태극기 집회 / 36, 257, 262, 257, 269,
274


**ㅍ**

파스칼(Blaise Pascal) / 375

퍼시(Martyn Percy) / 380~382

페쇠(Michael Pecheux) / 106

페어클로프(Norman Fairclough) /
38~39, 41~43, 45~46, 48, 51~64,
67, 90~91, 97, 101, 103~104,
149~150, 152

평양대부흥 / 20~21, 133, 157~158

표상(representation) / 54~56, 61, 77,
86~87, 89, 93, 99~100, 102, 109,
115, 204, 219, 268

푸코(Michel Foucault) / 39~44, 49,
115, 165~166, 301, 370~372

프리덴(Michael Freeden) / 107

필립스와 죄르겐센(Louise Phillips and
Marianne Jørgensen) / 46, 57~58


**ㅎ**

한경직 / 22, 26, 30, 121, 300, 364

한국교회언론회 / 172, 177, 179, 182,
190~194, 196, 205, 207, 215~216,
243, 246, 343~346, 348~350, 356

한국기독교교회협의회 / 18, 28, 30,
250, 363~364

한국기독교총연합회 / 9, 17~18, 30,
33, 36, 114, 118, 121~162, 167,
179, 189, 193, 199~200, 205~207,
212~213, 217~218, 232~235,
241~242, 247, 250~252, 257, 262,
266, 274~275, 277~281, 284~285,
292~296, 302, 309~310, 312,
331~333, 335, 337, 341, 343~344,
353, 358, 361~362, 364~366

한국전쟁 / 24~26, 363, 367~368

할랄 도축장 / 231, 238, 247~248

해리 포스딕(Harry Emerson Fosdick)
/ 23

해리엇(Peter Harriot) / 157, 159